十力
文化

國考館

圖解
刑事訴訟法
第六版
國家考試的第一本書

法學博士
錢世傑—著

追求最易懂的書

自從開始撰寫圖解國家考試書籍系列，從刑法、民法、行政法、憲法，一直到法學緒論，幾乎可以想到的基本法律書籍，都已經寫過了。刑事訴訟法這本書出版於2010年6月，算是最早期出版的國家考試類書籍，至今已熱銷了13年，現正式進入第六版。本書因爲市場反應良好，每次改版均逐步地將内容加深、變廣，並增加精選考題與解析供讀者檢視成果並逐年更新，本版次主要更新內容如下：

① 暫行安置規定
② 交付審判制度之轉變
③ 刑事訴訟法第348條等修正規定
④ 新增考題與解析及第五版之內容勘誤與修正

筆者早期的研究領域偏向刑事訴訟法，再加上工作的關係，可以用許多實際的案例輕鬆描述訴訟程序，也因此許多圖解的内容都很到位，讓比較沒有機會接觸刑事訴訟程序的讀者，能夠很快地瞭解刑事訴訟程序的概況。

複雜的訴訟制度

刑事訴訟法的學說爭論雖然不多，但還是有很多讓人頭痛的理論，諸如單一性、同一性，這種讓人一想就煩惱的理論，再加上法律文字上的詰屈聲牙，也加深了考生在刑事訴訟法學習上的挫折感。

本書隸屬於「國家考試的第一本書」系列，所以並不深究學說上的理論，重點在於如何讓讀者快速地透過圖解的方式，理解刑事訴訟法的程序與概念。在筆者出版的三階段「理解→記憶→應用」，屬於「理解」階段的書籍。其次，在此階段中，本書僅針對國家考試中選擇題的部分進行簡易的解說讓讀者能夠輕易地達到理解與解題的目標。

法庭旁聽是不錯的方式

　　刑法與刑事訴訟法，兩者一為實體法，一為程序法。刑法的內容是犯罪者是否構成要件該當特定之罪名，例如殺人罪必須具備「殺」、「人」等要件；而刑事訴訟法並不是討論特定行為是否成立刑法罪名的法律，主要是建立一套保障人權、追求正義的調查、審判程序，例如哪些人可以審判、該怎麼訊問、哪些證據可以採用、判決、上訴的程序等，與刑法並不相同，程序上的事項有些繁雜，一定要跑過一次流程，才會大概瞭解這些規定的目的。

　　所以，建議各位讀者可以就近前往居住縣市的法院，只要打開門就可以進去旁聽，多聽幾個案子，比照一下刑事訴訟法的規定，相信對學習刑事訴訟法相當有幫助，也更能夠理解實務上運作的流程。

錢世傑

中華民國 112 年 9 月 15 日

目 錄
CONTENTS

目 錄
CONTENTS

第一篇

基本概念

1 認識刑事訴訟的流程

■ 基本概念

　　刑事是最嚴厲的處罰方式，例如死刑、無期徒刑等。還記得周潤發主演的「監獄風雲」，獄中的惡勢力在典獄長的縱容下，即使是輕罪入獄的新犯人，也遭到百般欺凌，劇中的血腥暴力讓觀眾緊張到難以喘口氣。假如你是刑事案件的被告，當然擔心萬一被關到監獄中，會不會有類似的凌虐狀況。

　　本書將刑事訴訟的程序分成13個階段，除了基本概念與原理原則外，主要是介紹偵查階段、審判階段以及執行階段。13篇之篇名，分別為「基本概念」、「刑事訴訟的重要基本原則與概念」、「程序基本概念」、「告訴與告發」、「偵查程序」、「起訴」、「審判程序之進行」、「上訴與抗告」、「再審與非常上訴」、「沒收特別程序」、「執行程序」、「自訴」、「刑事附帶民事訴訟」。

　　當犯罪事實發生後，大多是由執法人員進行調查，偵查到一定階段時，則由檢察官向法院起訴、由法院進行審理；當事證明確，即由法院審判定罪，如為有罪，則進行執行程序，例如執行死刑、入監服刑。(如右頁圖)

刑事訴訟的流程

① 犯罪事實發生

② 偵查階段

③ 審判階段

④ 執行階段

　　很多人來問有關打官司的問題時，搞不清楚程序，明明還在檢察官偵查階段，卻誤以為已經在法院審理階段，筆者很難精確地回覆其所需要的答案。例如，本應在偵查階段向檢察官爭取緩起訴，但是卻說成已經在審理階段，審理階段爭取的是緩刑而非緩起訴，就可能導致回覆錯誤內容。

2 偵查階段

　　七億洗錢疑案、國務機要費案、SOGO案、林益世貪瀆案、南迴搞軌案、雙子星收賄案、第一銀行吐鈔案，身處臺灣的民眾對這些案件都耳熟能詳，執法人員投入極大的心力發掘案件的真相，不論偵辦結果如何，辛苦的執法人員都值得民眾鼓勵。

　　犯罪事實發生後，偵查程序就會因為告訴、告發、自首等原因開始啟動，偵查階段主要是查明被告的犯罪事實。（刑訴§228 I）

　　原則上，偵查階段可以分成兩大部分，第一線的執法人員以及第二線的檢察官，第一線的執法人員在檢察官的指揮之下，進行偵查的作為。

　　一般而言，第一線的執法人員以警察、調查官、海巡人員、憲兵等為主。（刑訴§229～231）

　　警察的人數最多，負責的業務也最廣，除了一般的竊盜、強盜、殺人等刑事案件，還必須協助處理家庭暴力、夫妻吵架、偷渡客、集會遊行、護照失竊、大陸人士來臺等繁雜的工作。

　　再以調查局為例，由於人力有限，所以偵辦的案件必須具備一定人數與受害金額方得受理。如理律法律事務所劉偉杰監守自盜30億元案，經調查局介入調查後，除確認由劉某所為，並積極釐清其洗錢手段與藏匿蹤跡。

偵查流程

第一線偵查機關
以警察、調查
人員、海巡人
員、憲兵等為主

移(函)送

第二線偵查機關
檢察官為偵查主
體(檢察事務官
輔助偵查)

起訴

法院審理
若發現確實的犯
罪事實,則由檢
察官起訴,移送
法院由法官審理

　　警方、調查局詳細的工作職掌可參考各單位之網站,網站上也有
許多新的資訊可供參考:

單位名稱	網　址
法務部調查局	http://www.mjib.gov.tw
內政部警政署	http://www.npa.gov.tw

　　調查局的執掌與警方類似，像兩個單位都有偵辦經濟犯罪、電腦犯罪，但仍有許多不同之處，例如調查局並不負責偵辦殺人、傷害、誹謗類型的刑事案件，但負責公務人員的肅貪工作、國家安全工作。

　　第二線則是<u>檢察官</u>，<u>檢察官是偵查的主體</u>，目前設有檢察事務官，協助檢察官進行案件的偵查。

■ 檢察一體

　　所謂的檢察一體，是規範檢查作業體系之行政約束程序，依據<u>法院組織法</u>第63、64條規定，檢察長固然有指定檢察官辦案、強制更換承辦檢察官以及決定起訴與否的權力，但這些都是行政指揮與監督的「<u>行政管理權力</u>」，並不能影響檢察官獨立偵查之權力。換言之，檢察長有較高的指揮權，並不表示檢察官就毫無獨立起訴之權力。

> **實務案例** 李子春未經審核移送法院
>
> 　　臺灣司法史上曾發生一起李子春未經上級審核，就自行移送到法院的案例，檢察總長跳上火線說起訴無效，但是法官卻認為李子春是檢察官，其所提起之起訴即便沒有踐行內部程序，對於法院而言起訴當然有效。

■ 行政的黑手伸入檢察體系

　　審檢分立，檢察官是站在國家的立場上追訴犯罪，與被告站在相對立的立場，彼此之間進行攻防，由法院針對雙方攻防之結果，以中立第三者的角色，判斷是否應將被告論罪科刑。

　　只是，檢察官仍為行政體系之一環，政治、行政的黑手往往以各種手段，意圖干預犯罪偵查之進行，我國民主發展的歷程中，總是看得到政治操弄的痕跡。民國96年間，法務部空前調動26位檢察長，部分人事調動，有懷疑是因為特定案件不願意配合上意而遭撤換。當時檢察體系為抗議政治力介入，連署掀起不合作運動，有3位檢察長率先發難，拒絕接任新職，也引發輿論動盪。未來，若檢察一體的架構不變，希望能找到獨立偵查與品質監督間的平衡點，更能防止政治黑手沾染其中。

相關考題

下列人員，於其管轄區域內，何者依法不能取得司法警察或司法警察官的地位？　(A)警察替代役男　(B)法務部調查局調查員(官)　(C)警察　(D)憲兵	(A)
【98五等原住民庭務員-民事訴訟法大意與刑事訴訟法大意】	

相關考題　　訊問後有羈押必要之處置

被告於犯案後親自向檢察官自首，檢察官訊問後，認為符合羈押之要件，且有羈押之必要，擬聲請法院羈押被告時，檢察官應如何逮捕被告始為合法？　(A)得法院許可後予以逮捕　(B)得被告同意後予以逮捕　(C)盡告知義務後予以逮捕　(D)直接逕行逮捕	(D)
【103五等司法】	

解析：刑事訴訟法第228條第4項規定：「被告經傳喚、自首或自行到場者，檢察官於訊問後，認有第101條第1項各款或第101-1條第1項各款所定情形之一而無聲請羈押之必要者，得命具保、責付或限制住居。但認有羈押之必要者，得予逮捕，並將逮捕所依據之事實告知被告後，聲請法院羈押之。第93條第2項、第3項、第5項之規定於本項之情形準用之。」

3 審判階段

犯罪事實經過調查後，檢察官認為事證明確則起訴被告，或法院裁定准予提起自訴，案件便進入法院審理。

原則上，我國刑事審判制度採行「三級三審制」。

一 第一審

第一審是事實審，除簡式審判程序及簡易程序之案件外，由3位合議庭法官審理、判決，但於審判期日前，得由1名受命法官召開調查庭。（刑訴§228～343）

二 第二審

無論公訴檢察官或被告，若不服地方法院第一審的判決，則可以上訴至管轄第二審的高等法院，該審與第一審一樣是事實審，也是由3位合議庭法官組成，主要審理、判決的範圍為上訴不服的部分，其審判程序原則上與第一審法院同。（刑訴§344～360通則、§361～374）

三 第三審

不服高等法院第二審判決或第一審判決而上訴者，除刑事訴訟法第376條所列的判決外，得上訴至最高法院。該審級為法律審，須以判決違背法令為理由，始得為之，其審判程序由5位合議庭法官組成，但原則上不開庭。（刑訴§375～402）

四 再審、非常上訴

如果判決確定後，也就是不能再行上訴的案件，若符合特殊的要件，仍然可以提起再審或非常上訴。

(一) 再審

針對確定判決認定事實有誤所設之非常救濟途徑，無論被告或檢察官均得提起。(刑訴§420～440)

(二) 非常上訴

針對確定判決違背法令所設之非常救濟途徑，只有<u>最高法院檢察署檢察總長</u>才能提起。(刑訴§441～448)

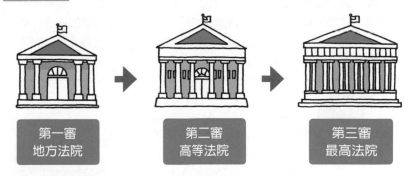

| 第一審 地方法院 | 第二審 高等法院 | 第三審 最高法院 |

實務案例 蘇建和三人殺人案

例如知名的蘇建和等三人殺人案，反覆多次非常上訴及再審，姑且不論事實真相為何，經過社會集體的檢驗，突顯出過去司法程序的粗糙，蘇建和在2003年還曾自嘲地說出一句經典的話：「個人在臺灣司法實務界服務了12年」。

【法官與檢察官的不同】

　　常有當事人因為犯罪案件向筆者詢問法律問題時,描述自己的案件已經進入「法官」審理的程序,該注意什麼事情呢?

　　聽到「法官」二字,直覺上就是進入審理程序,於是介紹如何在法庭上進行辯論攻防。可是討論了許久才慢慢發現,案件根本還在檢察官調查程序中。當事人所謂曾經到過法庭,也只是檢察官的偵查庭。

　　檢察官與被告是屬於相對立的兩造,檢察官代表國家,進行追訴犯罪的工作,積極蒐集被告的犯罪事證,以求順利將其繩之以法;被告則努力為自己進行無罪辯護。最後,雙方當事人經法庭攻防後,由公正第三人的法官就呈堂的證據中,決定被告是否有罪。所以,檢察官與法官所扮演的角色並不相同。前面提到的例子,所謂偵查庭,也只是檢察官調查犯罪事實的階段,還沒有進入法官審理的階段。(參照右圖)

相關考題

公訴程序中,當事人是指何人? (A)檢察官與被告 (B)法官與被告 (C)告訴人與被告 (D)檢察官與法官 　　　　　　【97五等司特-民事訴訟法大意與刑事訴訟法大意】	(A)
在我國刑事訴訟法規定下,審判中下列何者代表國家訴追被告之犯罪? (A)法官 (B)告訴人 (C)公設辯護人 (D)檢察官 　　　　　　【98五等原住民庭務員-民事訴訟法大意與刑事訴訟法大意】	(D)

相關考題　　訴訟主體

由我國刑事訴訟法觀之,在公訴案件中,下列何者不必然為訴訟主體? (A)被害人 (B)法院 (C)檢察官 (D)被告 　　　　　　【106司特五等-民事訴訟法大意與刑事訴訟法大意】	(A)

從被告的角度來看，在檢察官審理的過程中，最重要的就是能否辯解成功，檢察官認定犯罪事證不足或符合其他特定要件(經和解而告訴權人撤回告訴)，而給予不起訴處分；退而求其次，在事證明確的前提下，能否爭取緩起訴，例如透過與被告的和解，即便是非告訴乃論罪，檢察官也認為既然雙方當事人已經和解，而案情業屬輕微，同意在給付特定團體一定捐款金額後，給予被告緩起訴。

若進入到法院審理的階段，則對於被告而言，最好的結果則是無罪，退而求其次才是所謂的緩刑，如案情輕微、沒有前科，或與被害人達成和解等因素，都可能成為法院判處緩刑的依據。

相關考題

刑事訴訟法第 268 條規定法院不得就未經起訴之犯罪審判，乃屬控訴原則。控訴原則以三面訴訟為其特色，下列何者不包含在三面關係中？ (A)告訴人 (B)被告 (C)檢察官 (D)法官 【110司特五等-民事訴訟法大意與刑事訴訟法大意】	(A)
我國刑事審判制度的敘述，下列何者正確？ (A)只有告訴制度 (B)只有自訴制度 (C)兼採公訴和自訴 (D)兼採公訴和告訴 【110司特五等-民事訴訟法大意與刑事訴訟法大意】	(C)

4 執行階段

　　經過法院確定判決後，即依據刑的種類，移交至各機關加以執行。基本上，刑可以分成下列兩種：

- 主刑：包括死刑、無期徒刑、有期徒刑、拘役、罰金。(刑§33)
- 從刑：褫奪公權。(刑§36 I)

　　此外，符合特殊情況者，則施以保安處分，常見者如下：(刑§86～99，其中刑§91、94、97已刪)

- 進入感化教育處所，施以感化教育。
- 刑的執行完畢或赦免後，還是有再犯或有危害公共安全的可能，則令入相當處所施以監護。
- 吸毒、酗酒的禁戒。
- 有犯罪之習慣或因遊蕩或懶惰成習而犯罪者，令入勞動場所強制工作。
- 強制治療。
- 保護管束。

　　另訂有「沒收特別程序」，規定在刑事訴訟法第455-12條至第455-37條中。

法律大補丸

　　死刑與徒刑的執行比較常在報章媒體上看到。臺灣死刑犯不多，隨著時代的發展，死刑的執行也比較文明化，不再有古代五馬分屍、吊刑等，我國目前採行槍決的模式，也不會讓家屬見最後一面，以避免情緒失控的情況發生。

其他刑的執行由各個機關分別執行，由法務部矯正機關負責。目前法務部所屬犯罪矯正機關，依性質可分為監獄、少年輔育院、技能訓練所、矯正學校、看守所、少年觀護所及戒治所等七類。(如下表)

監 獄	執行經刑事判決確定的受刑人。
少年輔育院	收容經少年法庭裁處感化教育的少年。
技能訓練所	收容強制工作受處分人(如慣竊)及受感訓處分人(如流氓)。
看 守 所	羈押偵查或審判中的刑事被告。
少年觀護所	收容調查、偵查及審判中未滿18歲少年。
戒 治 所	受戒治人之心理輔導、階段性處遇。
矯 正 學 校	少年徒刑、拘役及感化教育受處分人。

實務見解 顏清標假釋案

前立委顏清標因貪污案，2012年遭判7年徒刑定讞，2013年2月入監服刑，扣除曾遭收押8個月、入監服刑267天，經服刑1年3個月後，已逾假釋門檻，2014年6月6日假釋出獄。但因為一般受刑人假釋流程大約1個月，顏清標卻異常快速而遭民眾質疑享有特權。

5 我該聘請律師嗎？

一 聘請律師絕對不是心虛！

「只有心虛的人，才需要請律師！」一直到現在，臺灣的社會仍然有人保有這樣的看法。但是，這絕對是錯誤的！無論是犯罪嫌疑人或被告，都有權請律師為其辯護，這是天經地義的人權法治觀念，自認有罪的人需要請律師，可以透過律師的法律見解，讓檢察官或法官瞭解自己為何犯罪，作為是否從輕量刑的參考；而自認無罪的人更要請律師，可以避免自己或審判者的疏忽，未注意到某些重要且有利的證據，反而被起訴或被判有罪。所以，被告得隨時選任辯護人。犯罪嫌疑人受司法警察官或司法警察調查者，亦同。（刑訴§27Ⅰ）

除了強制辯護案件，在審判時應該為被告指定律師或公設辯護人外，其他案件的被告或犯罪嫌疑人無論在偵查中或審判中，都可以自行決定是不是請律師辯護，甚至被告或犯罪嫌疑人不請律師，他的法定代理人、配偶、直系或三親等內旁系血親或家長、家屬，還可以獨立為被告或犯罪嫌疑人選任辯護人。（刑訴§27Ⅱ）1個人最多可以同時有3位辯護律師。（刑訴§28）

實務見解 顧立雄律師婉拒委任案

有御用律師之稱的顧立雄，向來替前總統陳水扁進行各類案件之辯護，但是在國務機要費案中，卻突然宣布已解除與陳水扁間的委任，甚至表示將解除其他案件之委任關係。律師未必會接受當事人之委任，故是否為主動解除委任，曾引起多方揣測。

律師在刑事訴訟中能為被告做的事	
偵查階段	1. 搜索、扣押、訊問時在場 2. 於搜索、扣押、訊問時向偵查人員陳述意見 3. 接見羈押中的被告 4. 聲請檢察官迴避
審判階段	1. 為被告辯護 2. 閱覽卷宗及證物，並得抄錄或攝影 3. 接見羈押中的被告 4. 聲請調查證據 5. 詰問證人、鑑定人 6. 聲請法官迴避 7. 對審判長或受命法官有關證據調查或訴訟指揮之處分不服，而聲明異議 8. 為被告利益提起上訴(但不得與被告明示之意思相反)

相關考題

刑事訴訟程序中每一被告最多可以選任幾位辯護人？ (A)1位　(B)2位　(C)3位　(D)4位 【97五等司特-民事訴訟法大意與刑事訴訟法大意】	(C)
刑事訴訟法規定，每一被告選任辯護人之人數以多少人為限？ (A)1人　(B)2人　(C)3人　(D)無限制 【98五等司特-民事訴訟法大意與刑事訴訟法大意】	(C)
每一刑事被告選任辯護人，不得逾幾人？ (A)2人　(B)3人　(C)5人　(D)無限制 【99五等司特-民事訴訟法大意與刑事訴訟法大意】	(B)

花錢請律師對案情有幫助嗎？

選任律師辯護，在起訴前，應該提出委任書狀給檢察官或司法警察官；起訴後，在每一個審級都要提交一份給法院。所以，一般刑事案件委任律師，常常是以偵查階段算一個委任案件，起訴後每個審級都各算一個委任案件，並依照案件的複雜程度，收取不一的委任費用。但是，花錢請律師，到底有沒有用？

在偵查階段，律師主要任務是受被告或犯罪嫌疑人委託，於偵查人員訊問時在場，並可以陳述意見，但不能妨礙偵查人員辦案，所以這時候的律師往往只是負責在場監督偵查人員不會刑求、記錄偵訊內容而已（刑訴§245Ⅱ）。如果要說服偵查人員接受被告無罪的說詞，並不容易，所以有時候律師寧可指導被告不再答辯，直接讓檢察官依現有證據起訴，到審判程序再來「絕地大反攻」！

審判階段才是律師的主戰場，身為辯護人的律師必須在法庭上為被告進行辯護、聲請調查證據、實施交互詰問、協助被告分析認罪協商的利弊得失。

閱卷及接見羈押中的被告

除此之外，律師有一項被告沒有的權利，就是「閱卷」的權利，可以在全案進入審判階段後，向法院聲請檢閱卷宗及證物，並且可以抄錄、重製或攝影，這對被告相當重要，可以知道偵查人員到底掌握了多少的證據，進而決定在訴訟上如何進行答辯。（刑訴§33Ⅰ）

接見羈押中的被告，可以讓被告與律師討論案情，藉此充分保障被告得受辯護的權利。且有時候法院核准檢察官將被告「收押禁見」時，禁見對象並不包括律師，這時候律師就成了被告與外界唯一的交流管道了。

特別要注意的，即使是律師，也沒有權利為被告捏造謊言或假證據，一旦被發現，不但觸犯偽造湮滅刑事證據罪，該名律師可能連執業資格都不保，而被告說詞的可信度也將被大打折扣。但是，律師對於所得知不利被告的證據，則有保密的權利與義務。(刑訴§182拒絕證言權)

看電影讀法律

電影「魔鬼代言人」裡的主角律師凱文，在一場即將贏得勝訴的官司中，發現他的當事人竟然真的是犯人，他只能選擇以終止委任方式退場，而不能像證人一樣，勇敢地跳出來指控被告的犯行。

你真的是犯人？

你認為呢？

四 輕微案件被告毋庸到庭

最重本刑為<u>拘役</u>或<u>專科罰金</u>之案件，被告於審判中或偵查中得委任代理人到場。但法院或檢察官認為必要時，仍得命本人到場。(刑訴§36)

自訴人應委任代理人到場。但法院認為必要時，得命本人到場。(刑訴§37 I)本條主要是配合刑事訴訟法第319條第2項之增訂：「前項自訴之提起，應委任律師行之。」而檢察官於審判期日所得為之訴訟行為，於自訴程序，由自訴代理人為之。(刑訴§329 I)自訴人未委任代理人，法院應定期間以裁定命其委任代理人；逾期仍不委任者，應諭知不受理之判決。(刑訴§329 II)

相關考題　　委任代理人到庭

審判期日，於下列何種情形，被告得委任代理人到庭？　(A)被告所犯最重本刑為拘役或專科罰金之案件　(B)被告因疾病不能到庭　(C)被告心神喪失　(D)被告顯有應諭知無罪判決之情形 【100五等司特-民事訴訟法與刑事訴訟法大意】	(A)
被告有辯護人者，文書之送達應如何處理？　(A)送達給其中一位辯護人即可　(B)分別送達給該位辯護人　(C)逕行登報公示送達即可　(D)無須送達給辯護人 【97五等司特-民事訴訟法大意與刑事訴訟法大意】	(B)
解析：刑事訴訟法第32條規定：「被告有數辯護人者，送達文書應分別為之。」	

相關考題　委任代理人到庭

關於被告得委任代理人到場案件，以下的敘述，何者正確？　(A)僅限於在審判中，最重本刑為專科罰金之案件　(B)調查中、偵查中及審判中，最重本刑為拘役或專科罰金之案件　(C)審判中和偵查中，最重本刑為 6 個月以下有期徒刑之案件　(D)審判中和偵查中，最重本刑為拘役或專科罰金之案件 【102 司特五等 - 民事訴訟法大意與刑事訴訟法大意】	(D)

6 沒錢請律師怎麼辦？

一 強制辯護案件

被告請律師有前述諸多的好處，但我國的刑事訴訟法原則上不採取強制辯護制度，不會因為沒請律師就停止訴訟程序。只有在審判階段遇到下列案件，而被告卻未選任辯護人時，審判長才會指定公設辯護人或律師為其辯護：

1. 最輕本刑為3年以上有期徒刑的案件
2. 高等法院管轄第一審的案件
3. 被告因精神障礙或其他心智缺陷無法為完全陳述的案件
4. 被告具原住民身分，經依通常程序起訴或審判者
5. 被告為低收入戶或中低收入戶而聲請指定辯護人的案件
6. 審判長認為有必要指定辯護人的案件

（刑訴§31 I）

什麼！我要幫阿扁辯護！

公設辯護人

> **實務見解** 陳水扁與強制辯護
>
> 陳水扁所犯為3年以上有期徒刑，為突顯司法不公，放棄委聘律師為其辯護，法院遂指定公設辯護人為其辯護。

二 偵查中之羈押程序

偵查中之羈押審查程序未經選任辯護人者，審判長應指定公設辯護人或律師為被告辯護。但等候指定辯護人逾4小時未到場，經被告主動請求訊問者，不在此限。(刑訴§31-1 I)

前項選任辯護人無正當理由而不到庭者，審判長得指定公設辯護人或律師。(刑訴§31-1 II)

前條第3、4項之規定，於第1項情形準用之。(刑訴§31-1 III)

所謂前(31)條第3項：「被告有數人者，得指定1人辯護。但各被告之利害相反者，不在此限。」

第4項：「指定辯護人後，經選任律師為辯護人者，得將指定之辯護人撤銷。」

Q：可否委任非律師之當事人幫忙辯護呢？

A：法律規定應該由律師進行辯護，畢竟律師對於訴訟程序較為瞭解。但是有些特殊的案件，或者是親朋好友間，若有熟悉法律事務者(如擔任法律系所的教授)，也可以在審判中聲請，經審判長許可後，還是可以選任非律師為辯護人。(刑訴§29)

【刑事訴訟法第29條】

辯護人應選任律師充之。但審判中經審判長許可者，亦得選任非律師為辯護人。

三 檢閱卷宗及證物

辯護人於審判中得檢閱卷宗及證物並得抄錄、重製或攝影。(刑訴§33 I)

被告於審判中得預納費用請求付與卷宗及證物之影本。但卷宗及證物之內容與被告被訴事實無關或足以妨害另案之偵查,或涉及當事人或第三人之隱私或業務秘密者,法院得限制之。(刑訴§33 II)

被告於審判中之卷證獲知權,屬其受憲法訴訟權保障所應享有之防禦權,自得親自直接行使而毋庸經由辯護人輾轉獲知,且不應因被告有無辯護人而有差別待遇。又刑事案件之卷宗及證物,係據以進行審判程序之重要憑藉,基於憲法正當法律程序原則,除卷宗及證物之內容與被告被訴事實無關或足以妨害另案之偵查,或涉及當事人或第三人之隱私或業務秘密者,法院得予以限制外,自應使被告得以獲知其被訴案件卷宗及證物之全部內容,俾能有效行使防禦權。再者,在現代科學技術日趨便利之情況下,透過電子卷證或影印、重製卷宗及證物之方式,已可更有效率提供被告卷證資料,以及減少提解在押被告至法院檢閱卷證之勞費。

被告於審判中經法院許可者,得在確保卷宗及證物安全之前提下檢閱之。但有前項但書情形,或非屬其有效行使防禦權之必要者,法院得限制之。(刑訴§33 III)

為確保被告於審判中之訴訟主體地位,如法院認為適當者,在確保卷證安全之前提下,自得許其親自檢閱卷證;惟倘有第2項但書之情形,或檢閱卷證並非被告有效行使防禦權之必要方式者,法院自得予以限制;法院作成許可與否之裁定前,本得衡情徵詢檢察官、辯護人等訴訟關係人,或權益可能受影響之第三人意見,或為其他必要之調查。另於判斷檢閱卷證是否屬被告有效行使防禦權所必要時,法院

檢閱卷宗

【第737號解釋】

依刑事訴訟法第33條第1項、第101條第3項規定,犯罪嫌疑人及其辯護人於偵查中羈押審查程序得從而獲知之卷證資訊,僅為聲請羈押事由所依據之事實,是否合憲?

【解釋文】

本於憲法第8條及第16條人身自由及訴訟權應予保障之意旨,對人身自由之剝奪尤應遵循正當法律程序原則。偵查中之羈押審查程序,應以適當方式及時使犯罪嫌疑人及其辯護人獲知檢察官據以聲請羈押之理由:除有事實足認有湮滅、偽造、變造證據或勾串共犯或證人等危害偵查目的或危害他人生命、身體之虞,得予限制或禁止者外,並使其獲知聲請羈押之有關證據,俾利其有效行使防禦權,始符憲法正當法律程序原則之要求。其獲知之方式,不以檢閱卷證並抄錄或攝影為必要。

(舊)刑事訴訟法第33條第1項規定:「辯護人於審判中得檢閱卷宗及證物並得抄錄或攝影。」同法第101條第3項規定:「第1項各款所依據之事實,應告知被告及其辯護人,並記載於筆錄。」

整體觀察,偵查中之犯罪嫌疑人及其辯護人僅受告知羈押事由所據之事實,與上開意旨不符。有關機關應於本解釋公布之日起1年內,基於本解釋意旨,修正刑事訴訟法妥為規定。

逾期未完成修法,法院之偵查中羈押審查程序,應依本解釋意旨行之。

宜審酌其充分防禦之需要、案件涉及之內容、有無替代程序、司法資源之有效運用等因素，綜合認定之，例如被告無正當理由未先依第2項請求付與卷宗及證物之影本，即逕請求檢閱卷證，或依被告所取得之影本已得完整獲知卷證資訊，而無直接檢閱卷證之實益等情形，均難認屬其有效行使防禦權所必要，皆附此敘明。

對於前二項之但書所為限制，得提起抗告。(刑訴§33Ⅳ)

持有第1項及第2項卷宗及證物內容之人，不得就該內容為非正當目的之使用。(刑訴§33Ⅴ)

辯護人於偵查中之羈押審查程序，除法律另有規定外，得檢閱卷宗及證物並得抄錄或攝影。(刑訴§33-1Ⅰ)

辯護人持有或獲知之前項證據資料，不得公開、揭露或為非正當目的之使用。(刑訴§33-1Ⅱ)

無辯護人之被告於偵查中之羈押審查程序，法院應以適當之方式使其獲知卷證之內容。(刑訴§33-1Ⅲ)

相關考題

刑事程序中，許用代理人之案件，代理人之過失效力為何？ (A)視為本人的過失 (B)不視為本人之過失 (C)視為無過失 (D)效力未定 【97五等司特-民事訴訟法大意與刑事訴訟法大意】	(A)
解析：依刑事訴訟法第67條第2項規定：「許用代理人之案件，代理人之過失，視為本人之過失。」	
下列何人不得擔任輔佐人？ (A)被告之配偶 (B)自訴人之父親 (C)被害人之家長 (D)被告之舅父 【109司特五等-民事訴訟法大意與刑事訴訟法大意】	(C)

相關考題

題目	答案
依司法院釋字第737號解釋，於下列何者情形，辯護人得獲知檢察官據以聲請之理由？　(A)偵查階段進行偵訊時　(B)偵查階段進行搜索扣押時　(C)偵查階段進行拘提逮捕時　(D)偵查階段進行羈押訊問時　【105司特五等-民事訴訟法大意與刑事訴訟法大意】	(D)
依刑事訴訟法，下列關於辯護人在偵查階段權利之敘述，何者錯誤？　(A)司法警察詢問犯罪嫌疑人時，辯護人得在場並得陳述意見　(B)偵查中之羈押審查程序，基於偵查不公開，辯護人不得閱覽卷證　(C)辯護人在偵查中得與受拘提或逮捕之被告或犯罪嫌疑人接見　(D)檢察官實施勘驗時，如有必要，得通知辯護人到場　【106司特五等-民事訴訟法大意與刑事訴訟法大意】	(B)

解析：刑事訴訟法第33-1條：「Ⅰ辯護人於偵查中之羈押審查程序，除法律另有規定外，得檢閱卷宗及證物並得抄錄或攝影。Ⅱ辯護人持有或獲知之前項證據資料，不得公開、揭露或為非正當目的之使用。Ⅲ無辯護人之被告於偵查中之羈押審查程序，法院應以適當之方式使其獲知卷證之內容。」

題目	答案
警察逮捕犯罪嫌疑人經權利告知後，犯罪嫌疑人要求選任辯護人到場。下列敘述何者正確？　(A)為能遵守24小時之時限，應於辯護人到場前先行偵訊犯罪嫌疑人　(B)基於偵查不公開，應將犯罪嫌疑人與辯護人隔離　(C)偵訊過程中，辯護人既已在場，犯罪嫌疑人不可保持緘默　(D)偵訊結束後，犯罪嫌疑人於筆錄簽名前，辯護人可以閱覽該項筆錄　【105司特五等-民事訴訟法大意與刑事訴訟法大意】	(D)
下列有關律師接見權之敘述，何者錯誤？　(A)辯護人接見偵查中受逮捕被告之權利，不得限制之　(B)辯護人接見羈押被告之權利，不得限制之　(C)檢察官對於辯護人與受拘提被告之接見，有急迫情形且具正當理由時，得暫緩之　(D)限制辯護人之接見權應用限制書　【107司特五等-民事訴訟法大意與刑事訴訟法大意】	(B)

題目	答案
下列何者不得獨立為被告選任辯護人？ (A)被告之姐姐 (B)被告之養子 (C)被告之未婚妻 (D)被告之父母 【107司特五等-民事訴訟法大意與刑事訴訟法大意】	(C)
依刑事訴訟法規定，辯護人或代理人於下列何種程序中，不得檢閱卷宗及證物或抄錄或攝影？ (A)第一審言詞辯論終結後、宣示判決前 (B)偵查中之羈押審查程序 (C)於偵查中，經司法警察官通知依法設立之法律扶助機構，指派辯護人到場為犯罪嫌疑人辯護 (D)受聲請交付審判之委任 【108司特五等-民事訴訟法大意與刑事訴訟法大意】	(C)
解析：(D)交付審判制度已修正。	
下列刑事案件，何者不屬未經選任辯護人者，審判長應指定公設辯護人或律師為被告辯護或協助之案件？ (A)高等法院管轄第一審案件 (B)於協商程序，被告表示所願受科之刑逾有期徒刑6月，且未受緩刑宣告之案件 (C)最輕本刑為3年以上有期徒刑之罪之第三審上訴案件 (D)被告因精神障礙或其他心智缺陷無法為完全之陳述之案件　【107司特五等-民事訴訟法大意與刑事訴訟法大意】	(C)
甲因涉犯殺人未遂罪，經司法警察通知到場詢問，下列何者正確？ (A)甲未選任辯護人，檢察官應指定公設辯護人或律師為甲辯護 (B)未與甲同居之堂哥，得獨立為甲選任辯護人 (C)甲可選任不具律師資格之大學法律系教授為其辯護 (D)與甲分居之配偶，得獨立為甲選任辯護人 【111司特五等-民事訴訟法大意與刑事訴訟法大意】	(D)

7 如何撰寫答辯狀?

被告可以提出答辯狀。所謂答辯狀,通常是針對檢察官起訴的內容,對法院加以解釋,說明自己並沒有觸犯檢察官所述之犯罪事實,或者是檢察官對於法律之見解有錯誤;也可能是自己認罪,希望法院能給一些機會從輕發落,包括量刑從輕、減刑、免刑,或聲請宣告緩刑的答辯。

刑事訴訟法有明列答辯之規定,例如準備程序中,法院得於第一次審判期日前,傳喚被告或其代理人,並通知檢察官、辯護人、輔佐人到庭,行準備程序,訊問被告、代理人及辯護人對檢察官起訴事實是否為認罪之答辯及決定可否適用簡式審判程序或簡易程序。(刑訴§273 I ②)

又如第三審上訴,依據刑事訴訟法第383條規定:

> I 他造當事人接受上訴書狀或補提理由書之送達後,得於10日內提出答辯書於原審法院。
> II 如係檢察官為他造當事人者,應就上訴之理由提出答辯書。
> III 答辯書應提出繕本,由原審法院書記官送達於上訴人。

答辯狀的格式參考如右頁,可以透過答辯狀的模擬練習,深入瞭解刑事訴訟法的相關規定,不只學會基本規定,還能瞭解實務運作。

刑事答辯狀

案號：○○年度○○字第○○○號　　　股別：○股

被告：○○○　　　　　　住居所：○○○○○○

為被訴○○○○案件，謹狀答辯事：

一、公訴人起訴認定被告涉有【罪名】之嫌，無非係
　　以：【略述檢察官起訴之事實理由】，惟公訴人所
　　認各節，實有重大誤會，詳述如下：

㈠被訴○○部分的答辯：
．．．．．．．．．．．．．．．．．．．．．

㈡被訴○○部分的答辯：
．．．．．．．．．．．．．．．．．．．．．

二、綜上所述，懇請　鈞院明察，惠賜無罪的判決，
　　以維被告權益，無任感禱。

此致
○○地方法院 公鑒
附件及證據

附件一、○○○○○
人證一、○○○○○
物證一、○○○○○
書證一、○○○○○

　　　　　　　具狀人：○○○　㊞
　　　　　　　撰狀人：○○○　㊞

中　華　民　國　○○　年　○○　月　○○　日

檢察官起訴：「被告因過失傷害案件，已經偵查終結，……」則答辯狀本文第一行就要寫「為被訴過失傷害案件……」。

但要注意，如果檢察官認定被告涉嫌多項罪名，起訴狀本文第一行會寫「被告因○○○等案件，已經偵查終結，……」不但答辯狀本文第一行要記得寫「為被訴○○○等案件……」還要記得針對檢察官所指控的所有犯罪都提出答辯。

答辯部分包括事實上的答辯、法律上的答辯，以及從輕量刑、減刑、免刑、聲請宣告緩刑的答辯。

一般在給法院參考用的判決、判例、行政解釋函令、外國法令、文獻等非直接作為證據使用的資料，常以附件方式提出。

包括人證（如果要聲請傳喚誰到庭作證，記得至少應註明該人的姓名及聯絡地址）、物證（譬如凶器）、書證（譬如訊問筆錄）等。

■注意事項：

● 刑事訴訟法並沒有規定答辯狀應該要具備什麼格式，但表明特定刑事案件所需的<u>股別</u>、<u>案號</u>、<u>被告姓名</u>、<u>住居所</u>等內容，都要寫清楚。

● 答辯部分包括下列三部分：

1. 事實上的答辯：

　　針對檢察官所控訴的犯罪事實是否真正提出答辯。譬如檢察官指控被告在某日某時開車經過某路段，撞傷被害人後逃逸，但被告當時根本不曾出現在該路段，被告就應該對此錯誤的事實提出答辯，如不在場證明。

2. 法律上的答辯：

　　被告也可以反駁檢察官所控訴的犯罪事實不符合法律所規定的構成要件，譬如檢察官起訴被告涉嫌刑法第271條第1項的故意殺人罪，但被告認為自己並非故意，所犯僅是刑法第276條的過失致人於死罪。

3. 從輕量刑、減刑、免刑、聲請宣告緩刑的答辯：

　　被告在答辯時，也可以提出事證證明自己的犯罪行為情堪憫恕，請求法官從輕量刑；而法律上規定被告的某些行為「得減輕其刑」（譬如自首）或「應減輕其刑」（譬如擄人勒贖，未經取贖而釋放被害人）；或主張符合緩刑的要件，請求法官斟酌，予以緩刑，讓被告免於牢獄之災。雖然這些事項法官都應該依法審酌，但為<u>避免法官忽略，仍然建議寫答辯狀時，不厭其煩地提醒法官注意</u>。

【刑法修正小常識】

　　民國95年7月1日以後犯罪的自首，刑法第62條從原本規定「必」減輕其刑，改為「得」減輕其刑，全權交由法官依具體個案自行斟酌、判斷。

綠島監獄：回憶打動人心的「綠島小夜曲」

「這綠島像一隻船，在月夜裡搖啊搖……」相信大家都聽過這首歌，據說這首歌是囚禁在綠島監獄的犯人所作，這名受刑人因忌妒而殺人，更因爲抒發思念愛人之心而寫下這首動人心弦的歌曲。

綠島小夜曲的作者到底是誰？暫且擱置一邊，讓我們占用一些版面來介紹綠島監獄。

綠島監獄於民國60年代開始動工，爲了節省公帑，由80名具營繕技術之受刑人自行興建。由於地處離島，設立的目的就是專門收容臺灣各監獄的頑劣分子、最難以管教或根本無法管教的對象。利用外島隔絕的地理環境予以集中嚴格矯治，屬於高度監控型態的隔離監獄。

早期的「一清專案」，逮捕數千名的黑道分子，直接搭上直升機就送往綠島監獄。由於很多都是被亂「咬」而含冤入獄，現在不少當時的大哥已獲得冤獄賠償，這些監獄的際遇、歷史的故事，也造就許多新的黑道勢力，「天道盟」就是最知名的幫派，對於臺灣的影響相當深遠。

取材自臺灣綠島監獄網站
(http://www.gip.moj.gov.tw)

下列關於被告辯護人之敘述，何者錯誤？　(A)被告之配偶得獨立為被告選任辯護人　(B)審判中的辯護人必須為律師　(C)每一被告選任辯護人，不得逾3人　(D)未選任辯護人之被告因精神障礙無法為完全之陳述者，法院應指定公設辯護人或律師為被告辯護 　　　　　【105司特五等-民事訴訟法大意與刑事訴訟法大意】	(B)
下列那一種情形，於通常審判程序中未經選任辯護人，審判長應主動為被告指定公設辯護人或律師為其辯護？　(A)被告為中低收入戶而未聲請指定者　(B)被告所犯為最輕本刑1年以上有期徒刑之罪者　(C)被告為精神障礙者，但尚能部分陳述　(D)被告有原住民身分而依通常程序審判者 　　　　　【105司特五等-民事訴訟法大意與刑事訴訟法大意】	(D)
下列何者非辯護人得實行的權利？　(A)審判中，閱卷權　(B)審判中，證據調查聲請權　(C)偵查中，聲請撤銷羈押　(D)審判中，抗告權 　　　　　【104司特五等-民事訴訟法大意與刑事訴訟法大意】	參見解析

解析：原答案為(D)，實務見解業已修正如下：憲法法庭111年憲判字第3號判決：就被告之辯護人而言，為有效保障被告之訴訟權，被告之辯護人對於法院羈押或延長羈押之裁定，除與被告明示意思相反外，自得為被告之利益而抗告，始與憲法第8條保障人身自由及第16條保障訴訟權之意旨無違。因此，辯護人於審判中亦會有抗告權之實行。

第二篇

刑事訴訟的重要基本原則與概念

1 正當法律程序原則

一 基本概念

　　司法制度無法期待每一位法官都像包公一般，能夠公正合理地做出判決。因此，遂有正當法律程序原則之概念產生，任何刑事訴訟程序都必須遵循法律所建構的程序，且相關程序內容必須符合公平正義且正當合理。正當法律程序多次在大法官會議解釋文中被引用，如第436號解釋：「軍事審判機關所行使者，亦屬國家刑罰權之一種，其發動與運作，必須符合正當法律程序之最低要求……。」

二 實質內涵

　　正當法律程序的內涵，主要包括下列三種：

（一）**法律保留原則**：憲法第8條「法律另定」、「法定程序」，即屬法律保留原則。

（二）**公平審判原則**：沒有公平訴追，就沒有正確審判結果。例如審判程序中，法官有應迴避的事由而不迴避時，其判決結果很難期待有公正性。

（三）**不自證有罪原則**：刑法第165條，對於偽造、變造、湮滅或隱匿關係他人刑事被告案件之證據，或使用偽造、變造之證據者，設有處罰規定。但是，對於「自己」的證據則不在本條處罰的範圍。因為自我保護是人類的天性，強迫被告提出不利自己的證據是不符合人性，且容易產生刑求逼供的情況，反而有違反保障人權的基本原則。

美國正當法律程序規定

Due process of law 出自於美國憲法修正案，分別規定在第5條及第14條的內容中。主要意旨在於政府機關要剝奪人民生命、自由或財產時，應遵循正當的法律程序。

【美國憲法修正案第5條】

……未經正當法律程序，不得被剝奪生命、自由或財產……(...... nor be deprived of life, liberty, or property, without due process of law ......)

【美國憲法修正案第14條】

……未經正當法律程序，任何國家不得剝奪民眾的生命、自由或財產……(...... nor shall any State deprive any person of life, liberty, or property, without due process of law ......)

實務見解 電影「門徒」與不自證有罪原則

電影「門徒」中，有一幕場景是警察要撞門衝進海洛因工廠時，製作海洛因的師傅利用警察撞門進來的空檔，立刻要求小弟將海洛因沖到馬桶去，以湮滅罪證，還一直對旁邊的共犯說：「多沖掉一點，被抓到的量愈少，判刑愈輕……」這種湮滅證據行為，刑法第165條並未加以處罰，只處罰湮滅他人證據的行為。這是因為若要強求當事人證明自己有罪，實在是強人所難，人性上自然會進行湮滅事證的「正常」行為，故只對於湮滅他人證據，侵害司法調查的行為加以處罰。

相關考題

刑事被告詰問證人之權利，屬於下列何者之保障範圍？ (A)罪刑法定主義 (B)正當法律程序 (C)不當連結禁止原則 (D)法官自由心證原則 【100關稅四等-法學知識】	(B)

2 無罪推定原則

　　無罪推定原則，英文為 Presumption of innocence，還未經由公開審判確定有罪之前，應推定犯罪嫌疑人或被告為無罪。西元1764年，義大利刑法學家貝卡利亞在其《論犯罪與刑罰》一書中，提出無罪推定的主張，認為：「在法官判決之前，一個人是不能被稱為罪犯的。」我國刑事訴訟法第154條第1項：「被告未經審判證明有罪確定前，推定其為無罪。」即為無罪推定原則之規範。

　　無罪推定原則之規定，是在民國92年1月14日修正通過，其立法理由強調世界人權宣言第11條第1項規定：「凡受刑事控告者，在未經獲得辯護上所需的一切保證的公開審判而依法證實有罪以前，有權被視為無罪。」此乃揭示國際公認之刑事訴訟無罪推定基本原則，大陸法系國家或有將之明文規定於憲法者，我國憲法雖無明文，但本條規定原即蘊涵無罪推定之意旨，爰將世界人權宣言上揭規定，酌予文字修正，增訂本規定，並就刑事訴訟法保障被告人權提供其基礎，引為本法加重當事人進行主義色彩之張本。

> **實務見解** 太極門案
>
> 　　太極門洪石和以氣功治病、隔山打牛功夫招收會員，於民國85年間遭會員檢舉詐財。纏訟十多年，才終於在96年7月間，由最高法院判決無罪定讞。檢方提出各項的質疑，例如在隔山打牛的部分，雖然曾有會員作證表示，當初各項神功表演都事先套招，但會員事後又表示在表演時確實感覺到一股力量，前後反覆的證詞，無法使法院產生確定有罪的心證而判決無罪。這十餘年間，檢方提出的各項質疑，在法院確定判決前，只能代表一種懷疑，並不代表洪石和有罪，而應推定為無罪。

● 功能一：促使法官公平審判

在證據尚不足以證明被告有罪之前，法官必須透過公平審判的機制，以證據為基礎逐步釐清事件發生的事實真相，並進而形成有罪、無罪的心證。在此過程之前，不得有認定有罪之談話或動作。

● 功能二：減低司法錯誤

「寧願錯殺一百，不願縱放一人」的結果，固然使得犯罪者難逃法網，但也容易導致冤獄的司法錯誤。無罪推定原則是以證據為基礎，有了充足的證據，才得以認定被告有罪，如此一來可以降低司法錯誤之發生。

● 功能三：增進人權保障

無罪推定原則是要求刑事程序必須以一定的證據蒐集、認定犯罪事實的程序，來決定被告是否該當不法構成要件，此一程序之原點是認定被告無罪，無分真正有罪被告與真正無罪被告，均共同適用。

相關考題 **無罪推定原則**

有關刑事訴訟法無罪推定原則之敘述，下列何者正確？ (A)有罪事實，檢察官應負舉證責任 (B)有罪事實，法官應負舉證責任 (C)無罪事實，法官應負舉證責任 (D)無罪事實，被告應負舉證責任 【111司特五等-民事訴訟法大意與刑事訴訟法大意】	(A)

3 自由心證原則

　　對於證據的評價，由法院基於事實之探究審酌，依據經驗法則及邏輯思維的推論，自由判斷認定，稱之為自由心證原則。此一判斷證據證明力的程序，並不能由法官恣意而為，或者是不具備合理邏輯推論的過程。

　　法官可否依據自由心證原則，任意推翻鑑定報告的內容。例如蘇建和三人殺人案，國際鑑識專家李昌鈺也出庭提供意見，法院究竟該採信法醫研究所的鑑識意見，還是李昌鈺的鑑識意見？最後，高等法院認定法醫研究所採取的「刀痕角度鑑定」曾經國科會審查通過，以刀痕判斷凶器方式，國外也有文獻基礎，況且李昌鈺自承法醫研究所使用的鑑識方法，其並不清楚，故高等法院認為李昌鈺的鑑定意見尚無法推翻法醫研究所的鑑定意見，再判處蘇建和三人死刑。反之，若未經一套合理推論流程以及理論上之基礎，即斷然不採或推翻特定專家的鑑定意見，則有自由心證原則濫用之疑慮。

歷史故事　所羅門王的智慧

　　兩名分別身著藍色與綠色洋裝的婦人各抱著一個嬰兒來見所羅門王，其中一個嬰兒已經死亡。兩位婦人都聲稱活著的嬰兒是其親生，並且為此爭吵不休。她們希望所羅門王主持公道，究竟誰才是嬰兒的親生母親。所羅門王不假思索，建議將嬰兒公平地切成兩半，一人一半。此時其中一名婦人立即大哭承認孩子是對方的。所羅門王於是下令將孩子交還給哭泣的婦人，說：「孩子是屬於那個不願意看到嬰兒被殺的母親。」

相關考題

我國刑事訴訟法對於「自由心證」有無限制的規定？試說明之。（25分）

【100四等司特-刑事訴訟法概要】

4 直接審理原則

一 直接審理原則之概念

直接審理原則，主要是要求訴訟主體都必須親自到場，透過面對面的方式參與訴訟程序。法官對於證據的價值得在合理的經驗法則基礎下，自由地做出判斷。為了要更充分及深入地瞭解刑事案件的相關人、事，直接審理原則的適用就有其必要性。

二 有關直接審理原則之規定

● 刑訴第281條第1項規定：「審判期日，除有特別規定外，被告不到庭者，不得審判。」

● 刑訴第294條第1項規定：「被告心神喪失者，應於其回復以前停止審判。」

● 刑訴第294條第2項規定：「被告因疾病不能到庭者，應於其能到庭以前停止審判。」

若是被告不到庭，刑事案件方面原則上是不得審判。尤其是當有心神喪失、精神疾病的情形時，更應該暫停審判程序，故法條規定是「應」停止審判程序。

調查證據程序中，也有直接審理原則，如刑訴第159條第1項規定：「被告以外之人於審判外之言詞或書面陳述，除法律有規定者外，不得作為證據。」有學者認為此一條文屬於直接採證原則，與直接審理原則成為直接原則的兩個子原則。

直接審理原則相關概念

直接原則 → 直接審理原則
　　　　 → 直接採證原則

直接原則包括兩項子原則，其一為直接審理原則，其二為直接採證原則。後者，本質上屬於證據方面的程序原則。

直接採證原則相關規定

§159 I	被告以外之人於審判外之言詞或書面陳述，除法律有規定者外，不得作為證據。
§160	證人之個人意見或推測之詞，除以實際經驗為基礎者外，不得作為證據。
§165 I	卷宗內之筆錄及其他文書可為證據者，審判長應向當事人、代理人、辯護人或輔佐人宣讀或告以要旨。

刑訴§164：「Ⅰ審判長應將證物提示當事人、代理人、辯護人或輔佐人，使其辨認。Ⅱ前項證物如係文書而被告不解其意義者，應告以要旨。」本規定是直接審理原則的當然結果。

刑訴§196：「證人已由法官合法訊問，且於訊問時予當事人詰問之機會，其陳述明確別無訊問之必要者，不得再行傳喚。」學者林山田認為與直接採證原則不符，宜加以刪除。

相關考題

下列何者非我國刑事審理程序所遵循之基本原則？　(A)直接審理原則　(B)言詞審理原則　(C)分散審理原則　(D)公開審理原則 【108司特五等-民事訴訟法大意與刑事訴訟法大意】	(C)

5 罪疑唯輕原則

一 罪疑唯輕原則之概念

　　犯罪偵查工作並沒有「時光機器」，能夠回到犯罪發生當時，還原完整的面貌。只能像是考古學一樣，憑恃著過去遺留下來的殘骸，再透過專家知識，儘量拼湊、堆疊出原本的面貌。

　　CSI犯罪現場節目，讓民眾瞭解到犯罪採證的重要性，也明瞭到透過嚴謹的採證，有助於犯罪事實的呈現。但即使經由嚴謹的採證程序，也未必皆能完整地還原事實真相，若無法明確認定被告是否有罪時，就必須做出有利於被告的認定。此種證據評價程序上的原則，稱之為「罪疑唯輕」原則，常與「無罪推定原則」一併使用。

二 罪疑唯輕與罪疑唯無

　　罪疑唯輕原則，又稱之為「罪疑唯無原則」。所謂「罪疑唯輕原則」，是指當證據不明確時，法官無法對於被告有罪的成立形成毫無遲疑的確信，就必須判決被告無罪；套句比較通俗的說法，就是「寧願錯放一百，不願錯殺一人」。反之，若為「寧願錯殺一百，不願錯放一人」，則可稱之為「罪疑唯有」，實不符合法治國家的要求。

　　過去社會大眾對於犯罪者，總是希望速審速結，務必以最嚴格的刑罰加以制裁，也讓司法實務工作者忘記了罪疑唯輕原則的存在。對於證據無法明確定罪之情形，仍判處有罪，頂多在刑罰裁量上稍微降低而已，若堅持罪疑唯輕者，則往往會引發社會輿論的強烈批判。然而，即便面對強大的社會壓力，仍應堅守法律程序守護者的防線。

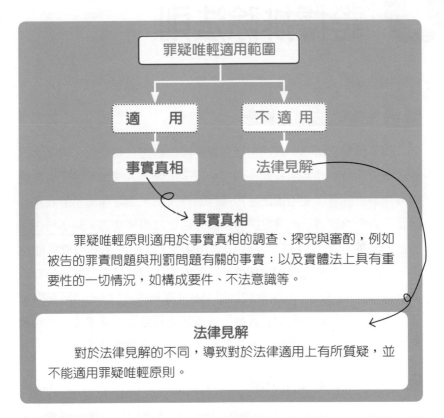

事實真相

　　罪疑唯輕原則適用於事實真相的調查、探究與審酌，例如被告的罪責問題與刑罰問題有關的事實；以及實體法上具有重要性的一切情況，如構成要件、不法意識等。

法律見解

　　對於法律見解的不同，導致對於法律適用上有所質疑，並不能適用罪疑唯輕原則。

實務見解 華定國弒母案

　　民國63年間，住在石門鄉的華定國，被指控逼姦養女不成，遭母親責難進而弒母。本案創下更審18次，纏訟15年的期間，12度被判死刑，至第11次更審，卻獲判無罪，而後陸續維持7度更審無罪的判決，最後以無期徒刑定讞。由於華定國堅持無罪，監察院曾經介入調查，最後兩名員警涉嫌有罪，並遭判決有罪，造成「華定國無罪，偵辦員警有罪」的特殊結果。

6 證據排除法則

一 證據排除法則之概念

刑事訴訟之目的，固在發現真實，藉以維護社會安全，惟追訴犯罪之偵查手段亦應合法純潔、公平公正，以保障人權，若容任偵查機關得為追訴犯罪而使用違法手段遂行偵查，對人權之保障不無戕害。因此，偵查機關違法取得之證據，當應否定其證據能力，將不利益歸諸追訴犯罪之偵查機關，以抑制違法偵查，此即所謂的證據排除法則。例如未依事先取得搜索票所執行的搜索，構成違法搜索，自有證據排除法則的適用。刑事訴訟法第158-4條規定：「除法律另有規定外，實施刑事訴訟程序之公務員因違背法定程序取得之證據，其有無證據能力之認定，應審酌人權保障及公共利益之均衡維護。」

二 自白與證據排除法則

被告之自白須具備「任意性」，也就是不得出於強暴、脅迫、利誘、詐欺、疲勞訊問、違法羈押或其他不正方法。只要有不正方法之存在，進而影響被告自白應有的自由意志基礎，不論此種不正方法是否為偵訊人員所為，或者是偵訊人員以外的第三人，應認為不具自白任意性，而適用證據排除法則，該自白不應具有證據能力。(95台上7001)過去自白稱之為「證據之王」，任何證據都力求涉嫌人(被告)的自白，有沒有其他證據就不重要了。但也因此造成許多刑求的事件，為此我國才修法強化自白的「任意性」，自白也不再具備「證據之王」之地位了。

毒樹果實理論與衍生證據的排除

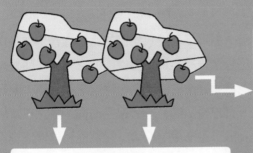

毒樹的果實

從毒樹上長出來的果實，也將被視為是有毒的，原則上不能採為證據。但是在例外的情況下，仍可採為證據，這些例外包括「獨立來源」、「必然發現」、「稀釋原則」等三種。

毒樹

違法取得的證據，如同毒樹一般，在法庭審理過程中，本即應當加以排除，不具備證據能力，不得採為認定事實、適用法律之基礎。

毒樹果實理論

源自於 Silverthrone Lumber Co. v. U.S.案，違法直接取得的證據可稱之為「毒樹」，基於該違法取得的證據，再以其他手段取得的證據，即便是合法取得，也如同毒樹長出來的果實一般，也是有毒的果實，不得採為證據。

目 電話錄音與證據排除法則

實務上，曾經就侵害通訊秘密的電話錄音，可否採為證據？

認為電話錄音所侵害者為通訊秘密，但被侵害者所犯為殺人行為，經審酌人權保障及公共利益之均衡維護結果，認不適用證據排除法則，仍應認有證據能力，得為裁判基礎。(94台上5235)

所以，部分法院的見解，對於侵害通訊秘密的電話錄音，未必採取證據排除法則，而將電話錄音視為不具備證據能力之證據。而是輔以利益衡量之原則，判斷所侵害之法益以及所保護之法益，兩者孰輕孰重。以上述例子而言，一個是隱私權，一個是生命權，雖然在某種程度上侵害了隱私權，但相較於生命權之保障，雖然此一證據沾有違法的污點，法院仍將之採為認事用法之證據。

人權保障　　　公共利益

【刑事訴訟法第158-4條】

除法律另有規定外，實施刑事訴訟程序之公務員因違背法定程序取得之證據，其有無證據能力之認定，應審酌人權保障及公共利益之均衡維護。

實務見解 辛普森殺妻案

　　美國足球明星辛普森殺妻案，刑事案件最後判決無罪，引發美國一陣譁然，進而批判美國刑事訴訟體系的許多機制，諸如陪審團、證據排除法則、當事人進行主義等規範。擔任辛普森律師團的顧問，也是《合理的懷疑》一書作者亞倫‧德蕭維奇（Alan M. Dershowitz），認為警方常採取違法蒐證的手段，為遏止此一現象，堅持證據排除法則存在的必要性。

殺人現場的手套，太小了！

殺人現場的手套
在辛普森妻子的命案現場中，
找到一副手套，當初並作為認定是辛普森
犯案的重要證據之一，但是在法庭上，
當律師要求辛普森戴上黑色手套時，
卻因為太小而無法戴上。關鍵的證據，
反而成為辛普森脫罪的重要利器。

後續發展：辛普森的假設殺妻
　　1994年殺妻案發生的12年後，辛普森出版了一本自傳，詳細描述自己如何在假設的情況下殺了妻子，並與電台合作進行宣傳。此舉引發受害者家屬的不滿，認為是在傷口上灑鹽，民眾也強烈地批評出版社與電台，最後電台終於出面道歉。

7 案件單一性與案件同一性

案件單一性與同一性，向來是刑事訴訟法中的迷宮，單一性主要是論及起訴效力及審判之範圍，同一性則是判斷是否有重複起訴之情況。此一迷宮，走進去之後未必能走得出來，究其原因，本書認為未必有分類之必要，但以下仍整理相關見解。

一 案件單一性

案件單一，是指訴訟法上已不可分的一個客體予以處理，稱此案件係屬單一。案件欲為單一，必須是被告單一、犯罪事實單一。被告一個人，自屬被告單一，如果被告是數人，案件則當然是數個；犯罪事實單一，則是指實質上一罪或處斷上一罪屬之，所謂實質上一罪，例如結合犯、繼續犯、接續犯、集合犯、包括一罪等；處斷上一罪，例如想像競合犯。至於數罪併罰之案件，則屬於數個案件。

刑事訴訟法之「案件」，係以刑罰權為其內容。(94 台上 240) 一個案件只能有一個刑罰權，也就是只能有一個判決。(參見林永謀，《刑事訴訟法釋論 - 上冊》) 案件已否起訴，是否曾經判決確定，應視其為訴訟客體是否單一為斷。犯罪事實單一，在實體法上僅生一個刑罰權，在訴訟法上為一個案件，單一訴訟客體，應以一判決終結之；案件曾經判決確定者，依一事不再理之原則，不許再為訴訟客體而為實體上裁判。(93 台上 2538)

重點在於單一性之探討目的何在，通說認為是在論述起訴效力及審判之範圍，例如甲告乙傷害，乙傷害甲之同時，也將甲之衣服、飾品毀損，同時成立毀損罪，檢察官將乙起訴後，雖僅論及傷害罪，但是效力及於毀損罪。

法律行為之類型

一審只論及傷害

傷害

毀損

一審法官怎麼會拆開來審理，明明是單一案件，所以其他沒上訴之部分也是上訴效力所及，我可以加以審理。

二審法官

二 相關概念

概念	相關法條	與案件單一性之關連性
告訴不可分	刑訴 §239	其本質之當然，與案件單一性無關
起訴不可分	刑訴 §267	有關
上訴不可分	刑訴 §348 II	有關

目 案件同一性

案件同一性，系指自起訴之時點與其後發展階段之另一個時點相比較，若可認為案件之前後係屬同一者，稱之為案件之同一性。（參見林永謀，《刑事訴訟法釋論-上冊》）概念上包括被告同一及犯罪事實同一。同一案件，在事實同一之情況下，法院得就起訴之犯罪事實，變更檢察官所引應適用之法條。（刑訴§300）亦即法院在不妨害事實同一之範圍內，得自由認定事實，適用法律。（30上1574）

看完一般學說上對於案件單一性之解釋，再來解讀案件同一性之目的，所謂同一性，通說認為重點在於：

(一)是否有重複起訴，而有一事不再理探討之情況。

(二)法院是否可以主張既然同一案件，而變更檢察官起訴所引用的法條。

無論單一性與同一性的實質內容為何，會發現基本上是一體兩面的問題，最後多會圍繞在一事不再理的問題上打轉。

案件同一性，允許法官在審理案件時，變更檢察官起訴所引用的法條，基礎還是要在相同的案件。有關犯罪事實是否同一，向來有所謂基本事實同一說、罪質同一說、訴之目的及侵害性行為同一說等不同見解，無論採取何一之見解，只要最後認定是同一的情況，就可以變更起訴法條。若案件同一，仍無法讓法官變更起訴法條，反而要讓檢察官另行起訴，這有違訴訟經濟目的之達成。況且，案件同一作為變更起訴法條之基礎，也不會有所謂不告不理原則之違反。

〔案件單一性之記憶法〕

註：下列內容是希望以特殊方式強化讀者的記憶，請勿將內容當作
　　概念的正式解釋。

　　案件單一性，著重在「概念」，一夫一妻制的概念。
　　一個男人（案件），只能有一個老婆（判決）。
　　單一性，就是一事不再理的問題，一個人不能娶兩個老婆。

〔案件同一性之記憶法〕

註：下列內容是希望以特殊方式強化讀者的記憶，請勿將內容當作
　　概念的正式解釋。

　　案件同一性，著重在「比較」。簡單來說就是走在路上，迎面
出現一男一女，這名男子是自己多年的好友，可是男人身邊的這個
女人，是否就是這個男人的配偶（正宮），還是小三？

　　例如這個女人雖然比當年結婚照上的女人還要胖，但依舊是同
一個女人，只是外觀上有些差異。所以既然這兩個人10年前就已經
結過一次婚，結果現在兩人又辦理一次結婚手續，這是重複結婚（重
複起訴），沒有意義的行為（一事不再理）。

　　其次，既然同一案件，就可以「變更起訴法條」。同一個女人
從檢察官或法官的角度來看，有人認為是漂亮的，但是換個人來
看，可能認為是醜的。

第三篇

程序基本概念

1

審判程序

■ 審級制度：原則三級三審制度

　　刑事審判程序原則上採取三級三審制度，第一、二審是事實審，法院必須根據證據判斷事實，並且在判決中說明法律上的理由；第三審則是法律審，法院原則上不調查證據，而是根據第二審法院所認定的事實，判斷第二審法院的判決是否有違背法令的地方。刑事訴訟法第376條甚至規定某些輕罪不可以上訴到第三審！

■ 特別的審判程序

　　被告所涉嫌的案件，有的複雜、有的簡單；有的被告堅決否認犯罪、有的被告卻想快點贖罪解脫；有的嚴重到影響國家安全，但有的卻只是芝麻綠豆小事，不一而足。因此，刑事訴訟法除了有一套正規的審判程序(通常審判程序)外，針對某些特殊的案件，也規定了一些特別的審判程序，包括：

㈠簡易程序

　　由檢察官向法院提出「聲請簡易判決處刑書」代替起訴書，法院原則上不開庭審理，即可根據檢察官之聲請，由獨任法官對被告判處緩刑、得易科罰金的有期徒刑、拘役或罰金。(刑訴§449～455-1)

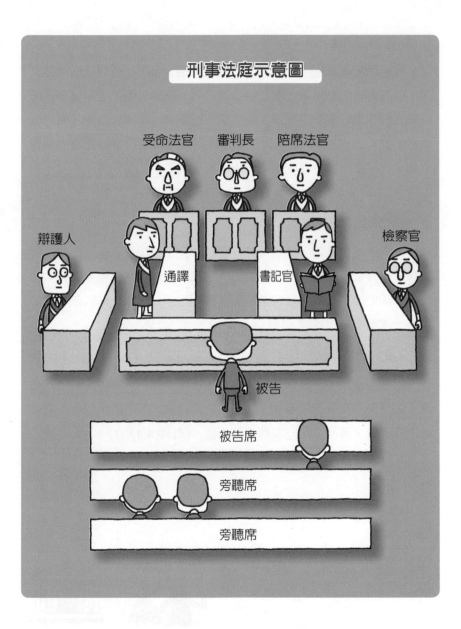

(二)認罪協商程序

被告所犯為死刑、無期徒刑、最輕本刑3年以上有期徒刑以外之罪，或高等法院管轄第一審案件以外之罪，在第一審言詞辯論終結前或簡易判決處刑前承認犯罪，經法院、檢察官、被害人同意，就可以和檢察官在宣告緩刑、2年以下有期徒刑、拘役或罰金的範圍內進行協商，法院會在該協商範圍內做出判決，而被告對此判決原則上不能上訴。(刑訴§455-2～455-11)

(三)簡式審判程序

被告所犯為死刑、無期徒刑、最輕本刑為3年以上有期徒刑以外之罪或高等法院管轄第一審案件以外之罪，在法院準備程序進行中，先行承認犯罪，法院得裁定進行簡式審判程序，由獨任法官依簡化的調查證據程序進行審判。(刑訴§273-1～273-2)

(四)二級二審程序

當被告是涉嫌內亂罪、外患罪或妨害國交罪時，案件跳過地方法院，直接交由高等法院審判，被告對判決結果如有不服，也只能向最高法院上訴，等於少了一次救濟的機會。(刑訴§4)

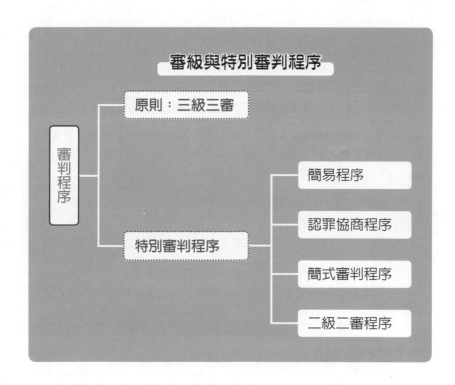

法律大補丸

　　簡易程序，必須是由檢察官提出，當事人通常在檢察官偵查完畢之後，還沒有看到法官一面，判決書就下來了。

　　簡式審判程序，則是已經進入法院審理之程序，在準備程序中，被告已經先行承認犯罪，法院審理案件時依據簡化程序審理。

　　認罪協商的部分，只要被告在程序進行的一定時間點之前認罪，經相關人等之同意，就可以針對科刑的範圍進行協商。進行簡式程序者，還是可以進行認罪協商。

相關考題 **高等法院管轄第一審之案件**

內亂罪與外患罪，其第一審管轄權是屬於那一級的法院？ (A)地方法院 (B)地方法院合議庭 (C)高等法院 (D)最高法院 　　　　　【97五等司特-民事訴訟法大意與刑事訴訟法大意】	(C)

解析：刑事訴訟法第4條規定：「地方法院於刑事案件，有第一審管轄權。但左列案件，第一審管轄權屬於高等法院：一、內亂罪。二、外患罪。三、妨害國交罪。」

下列何種犯罪案件，第一審管轄權屬於地方法院？ (A)妨害國交罪 (B)妨害公務罪 (C)外患罪 (D)內亂罪 　　　　　【99五等司特-民事訴訟法大意與刑事訴訟法大意】	(B)
依刑事訴訟法規定，被告犯下列何種罪名之案件，其第一審管轄權不屬於高等法院？ (A)內亂罪 (B)外患罪 (C)妨害公務罪 (D)妨害國交罪　　　　　【100五等司特-民事訴訟法與刑事訴訟法大意】	(C)

相關考題 **審判筆錄應記載事項：第44條**

下列何者非審判筆錄之應記載事項？ (A)審判之法院 (B)辯論之要旨 (C)當庭實施之扣押及勘驗 (D)告訴人之告訴聲明 　　　　　【102司特五等-民事訴訟法大意與刑事訴訟法大意】	(D)

相關考題　審判筆錄之製作

刑事訴訟程序中的審判筆錄，應該由誰在審判期日加以製作？ (A)錄事　(B)法官　(C)書記官　(D)司法事務官 【97五等司特 - 民事訴訟法大意與刑事訴訟法大意】	(C)

解析：刑事訴訟法第44條第1項規定：「審判期日應由書記官製作審判筆錄……」。

審判筆錄內引用附卷之文書，其文書所記載之事項，效力為何？ (A)與記載之審判筆錄有同一效力　(B)無效　(C)效力未定　(D)須經法定代理人同意方生效力 【97五等司特 - 民事訴訟法大意與刑事訴訟法大意】	(A)

解析：刑事訴訟法第48條規定：「審判筆錄內引用附卷之文書或表示將該文書作為附錄者，其文書所記載之事項，與記載筆錄者，有同一之效力。」

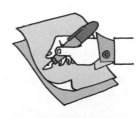

2 迴避制度

一 法官是中立的審判者

　　檢察官起訴或自訴後，全案進入審判階段，這時候是一個全新的「三角關係」，由法官擔任中立的審判者；檢察官則站在類似原告的控訴地位，稱之為「<u>公訴人</u>」，被告則仍舊是被告，但是被告所委請的律師(辯護人)可以為被告的利益與檢察官進行辯論。

法官

檢察官（原告）　　辯護人　被告

二 法官的迴避制度

　　如果懷疑法官一面倒地偏向他造當事人，顯然有偏頗的情況時，該怎麼辦才能維護自身的權益呢？刑訴法制定了一套法官迴避的機制，發生下列兩種情況，法官應該要自行迴避：

㈠依法應自行迴避而不自行迴避

　　例如法官也是被害人，或法官與被告或被害人有一定的親屬關係(例如兄弟姐妹或配偶等)、僱傭關係(例如曾經擔任被告的律師)，或曾經擔任告訴(發)人、證人、鑑定人，或曾經扮演偵查的角色(例如

曾經是檢察官，後來轉任法官又接手本案），或曾參與前審的裁判。

　　有刑事訴訟法第18條情形，法官不自行迴避者，當事人得聲請法官迴避，相關範例如下圖：

刑事聲請法官迴避狀

案號：○○年度訴字第1000001號　　　股別：○股

聲請人：吳大毛　　住址：臺北市凱達格蘭大道1號
(即自訴人或被告)　　　行動電話：0911-111111

送達代收人：　　　　電話：

為聲請法官迴避事

聲請人吳大毛強盜殺人案(臺北地方法院○○年度訴字第○○○○○○○號)，分由貴院法官王大年審理。經查法官王大年與被告王大春為堂兄弟關係，屬四等親，依法應自行迴避而不自行迴避。為此依刑事訴訟法第18條第1款規定，聲請法官迴避。

謹　　狀

臺灣臺北地方法院　公鑒

證物名稱及件數：

　　　　　　具狀人：吳大毛　印
　　　　　　撰狀人：○○○　印

中　華　民　國　○○　年　○○　月　○○　日

> 寫下案號

> 寫下法官與當事人的特定關係或寫明其他具體事實

(二)執行職務有偏頗之嫌

　　例如法官的政治傾向明顯屬於深藍或深綠，卻又不謹守法官政治中立的立場，對於政治傾向不同的當事人明顯不利。(參考法條：刑訴第18條第2款)

　　有上述情形，<u>當事人</u>得聲請法官迴避，相關範例如右圖：

【刑事訴訟法第17條】

　　法官於該管案件有下列情形之一者，應自行迴避，不得執行職務：

一、法官為被害人者。

二、法官現為或曾為被告或被害人之配偶、八親等內之血親、五親等內之姻親或家長、家屬者。

三、法官與被告或被害人訂有婚約者。

四、法官現為或曾為被告或被害人之法定代理人者。

五、法官曾為被告之代理人、辯護人、輔佐人或曾為自訴人、附帶民事訴訟當事人之代理人、輔佐人者。

六、法官曾為告訴人、告發人、證人或鑑定人者。

七、法官曾執行檢察官或司法警察官之職務者。

八、法官曾參與前審之裁判者。

【刑事訴訟法第18條】

　　當事人遇有下列情形之一者，得聲請法官迴避：

一、法官有前條情形而不自行迴避者。

二、法官有前條以外情形，足認其執行職務有偏頗之虞者。

【刑事訴訟法第23條】

　　聲請法官迴避經裁定駁回者，得提起抗告。

刑事聲請法官迴避狀

案號：○○年度訴字第1000001號　　　股別：○股

聲請人：吳大毛　　　住址：臺北市凱達格蘭大道1號

（即自訴人或被告）　行動電話：0911-111111

送達代收人：　　　電話：○○○○○○○○○○○

為聲請法官迴避事

聲請人吳大毛強盜殺人案(臺北地方法院○○年度訴字第○○○○○○○號)，分由貴院法官王大年審理。經查○○○○○○○，足認法官王大年執行職務有偏頗之虞。聲請人於○○年○月○日始知悉上述情形。為此依刑事訴訟法第18條第2款規定，聲請法官迴避。

> 寫明法官執行職務有偏頗之虞的事實

謹　　狀

臺灣臺北地方法院 公鑒

證物名稱及件數：

　　　　　　　　　具狀人：吳大毛　印

　　　　　　　　　撰狀人：○○○　　印

中　華　民　國　○○　年　○○　月　○○　日

相關考題

關於依刑事訴訟法第18條規定聲請法官迴避，下列敘述，何者錯誤？ (A)被告有聲請權　(B)檢察官有聲請權　(C)被告之法定代理人有聲請權　(D)聲請法官迴避經裁定准許者，不得提起抗告

（C）

【107司特五等-民事訴訟法大意與刑事訴訟法大意】

下列何種情況，刑事庭法官不須自行迴避？　(A)法官與被告訂有婚約　(B)法官之配偶為被害人　(C)法官為證人之配偶　(D)法官為本案之告發人　【102司特五等-民事訴訟法大意與刑事訴訟法大意】	(C)
法官在該管案件曾參加前審的裁判，以下那一個不是法官迴避的聲請權人？　(A)辯護人　(B)被告　(C)自訴人　(D)檢察官　【102司特五等-民事訴訟法大意與刑事訴訟法大意】	(A)
解析：當事人得聲請迴避，被告、自訴人、檢察官均為當事人。	
關於檢察官應該自行迴避的事由，以下何者錯誤？　(A)檢察官曾為被告五親等內之姻親　(B)檢察官曾為辯護人三親等內之血親　(C)檢察官曾為被害人的法定代理人　(D)檢察官曾擔任調查階段的司法警察官　【102司特五等-民事訴訟法大意與刑事訴訟法大意】	(B)
刑事被告甲以地方法院承審其被訴案件之某法官執行職務偏頗為由，聲請該法官迴避。下列敘述，何者正確？　(A)甲應向高等法院具狀聲請該法官迴避　(B)甲應證明該法官執行職務偏頗之事實　(C)甲聲請該法官迴避，若經法院裁定駁回，甲可提起抗告　(D)若該法官經法院裁定迴避，則案件應移轉到其他法院審判　【103五等司法】	(C)
解析：(C)刑事訴訟法第23條規定：「聲請法官迴避經裁定駁回者，得提起抗告。」	
甲因為涉嫌實行背信罪遭檢察官乙提起公訴。丙是本案的審判長，甲選任丁擔任辯護人；請問，根據刑事訴訟法，下列何種情形，丙應該自行迴避？　(A)甲曾是丙的大學教師　(B)丙是乙的未婚妻　(C)丙是丁的太太　(D)甲曾是丙的養子　【104司特五等-民事訴訟法大意與刑事訴訟法大意】	(D)

相關考題 聲請迴避

甲為乙打傷丙的一審承審法官，乙於第二次言詞辯論時始發現丙為甲的女友，憤而聲請甲迴避。下列敘述何者正確？ (A)甲應自行迴避，不得執行職務 (B)因乙已有所陳述，不得聲請甲迴避 (C)乙隨時可聲請甲迴避 (D)因聲請迴避的原因甲知悉在後，所以乙可聲請甲迴避 【105司特五等-民事訴訟法大意與刑事訴訟法大意】 | (D)

解析：(C)依據第19條第1項規定：「前(18)條第1款情形，不問訴訟程度如何，當事人得隨時聲請法官迴避。」所謂前(18)條第1款情形，係指法官有第17條情形而不自行迴避者。

(D)依據第19條第2項規定：「前(18)條第二款情形，如當事人已就該案件有所聲明或陳述後，不得聲請法官迴避。但聲請迴避之原因發生在後或知悉在後者，不在此限。」所謂前(18)條第2款情形，係指法官有第17條以外情形，足認其執行職務有偏頗之虞者。

有關聲請法官迴避，下列敘述何者正確？ (A)辯護人得隨時聲請法官迴避 (B)對於法官迴避的聲請，由其所屬法院管轄 (C)對於駁回法官迴避聲請的裁定，不得抗告 (D)審判期日，不得以言詞方式聲請法官迴避 【110司特五等-民事訴訟法大意與刑事訴訟法大意】 | (B)

關於刑事訴訟程序中法官之迴避，下列敘述何者正確？ (A)懷疑法官執法不公，必能聲請法官迴避 (B)聲請法官迴避，原則上以書狀為之 (C)法官不依被告聲請傳喚證人，被告即可聲請法官迴避 (D)告發人得聲請法官迴避 【110司特五等-民事訴訟法大意與刑事訴訟法大意】 | (B)

甲涉犯竊盜罪，被檢察官提起公訴，對於法官之迴避。依刑事訴訟法，下列敘述何者正確？　(A)甲以法官有應自行迴避之事由，而不自行迴避為由聲請迴避時，應由法官所屬之法院以合議裁定　(B)甲之輔佐人認為法官有自行迴避之事由，而不自行迴避時，得聲請法官迴避　(C)甲已就案件陳述，並足以表明受法官裁判後，得以法官執行職務有偏頗之虞為理由聲請迴避　(D)僅限於第一審辯論終結前，甲始可聲請法官迴避 【111司特五等-民事訴訟法大意與刑事訴訟法大意】	(A)

為確保公平審判，刑事訴訟法設有迴避制度，下列何者不在適用或準用範圍？　(A)檢察官　(B)書記官　(C)辯護人　(D)鑑定人 【105司特五等-民事訴訟法大意與刑事訴訟法大意】	(C)

解析：(D)依據第200條第1項規定：「當事人得依聲請法官迴避之原因，拒卻鑑定人。但不得以鑑定人於該案件曾為證人或鑑定人為拒卻之原因。」

3

法院之管轄

　　案件是由犯罪地或被告之住所、居所或所在地之法院管轄。(刑訴§5Ⅰ)在中華民國領域外之中華民國船艦或航空機內犯罪者,船艦本籍地、航空機出發地或犯罪後停泊地之法院,亦有管轄權。(刑訴§5Ⅱ)

　　現在常見的許多網路犯罪行為都是在國外,例如犯罪者也許是在國外(如美國)的電腦張貼一些援交或色情的訊息,但只要可以透過網路,我國領地使用者就可看到該訊息,犯罪地依然可算是在國內(如透過臺北市的電腦看到援交訊息),也得由臺北地方法院管轄。

　　數同級法院管轄之案件相牽連者,得合併由其中一法院管轄。(刑訴§6Ⅰ)前項情形,如各案件已繫屬於數法院者,經各該法院之同意,得以裁定將其案件移送於一法院合併審判之;有不同意者,由共同之直接上級法院裁定之。(刑訴§6Ⅱ)不同級法院管轄之案件相牽連者,得合併由其上級法院管轄。已繫屬於下級法院者,其上級法院得以裁定命其移送上級法院合併審判。但第7條第3款(數人同時在同一處所各別犯罪者)之情形,不在此限。(刑訴§6Ⅲ)

■ 繫屬於有管轄權之數法院

　　同一案件繫屬於有管轄權之數法院者,由繫屬在先之法院審判之。但經共同之直接上級法院裁定,亦得由繫屬在後之法院審判。(刑訴§8)

☲ 相牽連案件

有下列情形之一者，為相牽連之案件：(刑訴§7)

㈠一人犯數罪者。

㈡數人共犯一罪或數罪者。

㈢數人同時在同一處所各別犯罪者。

㈣犯與本罪有關係之藏匿人犯、湮滅證據、偽證、贓物各罪者。

☳ 無管轄權之效力

訴訟程序不因法院無管轄權而失效力。(刑訴§12)

☴ 管轄區域外行其職務

法院因發見真實之必要或遇有急迫情形時，得於管轄區域外行其職務。(刑訴§13)

☵ 無管轄權之必要處分

法院雖無管轄權，如有急迫情形，應於其管轄區域內為必要之處分。(刑訴§14)

相關考題

下列何者，非相牽連案件的情形？ (A)犯與本罪有關之偽證罪 (B)犯與本罪有關之湮滅證據罪 (C)犯與本罪有關之藏匿人犯罪 (D)犯與本罪有關之誣告罪 【103五等司法】	(D)

下列何者不是相牽之案件？　(A)某甲分別殺死某乙和竊取某丙之汽車　(B)某甲和某乙共同殺死某丙　(C)某甲和某乙各自駕車卻同時在同地點過失將某丙撞死　(D)某甲告某乙竊盜，某乙反告某甲誣告　　　　　【98五等司特-民事訴訟法大意與刑事訴訟法大意】	(D)
甲乙二人共同竊取丙所有之車輛，遭警方緝獲。該二人所犯之案件，在刑事訴訟法稱為什麼案件？　(A)有關係案件　(B)相牽連案件　(C)同一性案件　(D)單一性案件　　　　　　　　　　【103五等司法】	(B)
有關法院管轄之敘述，下列何者錯誤？　(A)數同級法院管轄之案件相牽連者，得合併由其中一法院管轄　(B)同一案件繫屬於有管轄權之數法院者，由繫屬在先之法院審判之。但經共同之直接上級法院裁定，亦得由繫屬在後之法院審判　(C)法院因發見真實之必要或遇有急迫情形時，得於管轄區域外行其職務　(D)訴訟程序因法院無管轄權而失效力　　　　　【100五等司特-民事訴訟法與刑事訴訟法大意】	(D)

下列各罪間之關係，何者不是我國刑事訴訟法第 7 條所指之相牽連案件？　(A)甲先強盜、三個月後又殺人，強盜與殺人罪間　(B)甲、乙、丙三人共同所犯之竊盜罪間　(C)甲、乙兩人分別但同時在同一夜店內吸食毒品，各自成立之施用毒品之罪間　(D)甲誣告乙傷害，誣告與傷害罪間　　　　　　　　　　【106司特五等-民事訴訟法大意與刑事訴訟法大意】	(D)
有關相牽連案件，下列何者正確？　(A)原則上由繫屬在先的法院管轄　(B)經上級法院裁定方得合併審理　(C)數人同時在同一處所各別犯罪屬於相牽連之案件　(D)犯與本罪有關的誣告罪屬於相牽連之案件　　　　　　　　　　【105司特五等-民事訴訟法大意與刑事訴訟法大意】	(C)

相關考題　相牽連案件

依刑事訴訟法規定，下列何者不屬於相牽連案件？　(A)數人共犯一罪　(B)犯與本罪有關係之誣告罪　(C)數人同時在同一處所各別犯罪者　(D)數人共犯數罪

(B)

【100五等司特-民事訴訟法與刑事訴訟法大意】

記憶法解析：這一類選擇題必須把條文背熟一點才能避免答錯，依照筆者過去的經驗，如果不透過一些記憶方法，這一題的條文很難記起來，一堆人的感覺，在填寫答案時會產生不確定感，影響考試心情。

本條涉及到條文規定如下：

刑事訴訟法第7條規定(相牽連案件)

有左列情形之一者，為相牽連之案件：

一、一人犯數罪者。

二、數人共犯一罪或數罪者。

三、數人同時在同一處所各別犯罪者。

四、犯與本罪有關係之藏匿人犯、湮滅證據、偽證、贓物各罪者。

　　該怎麼記才有效率呢？以下提供的記憶方法有一點點邪惡，且與條文內容並不相關，純粹是為了記憶：

　　⑴ 3P (一人犯數罪者。)

　　⑵ 數男強行對一女(數人共犯一罪或數罪者)

　　⑶ 雜交派對(數人同時在同一處所各別犯罪者)

　　⑷ 金屋藏嬌(藏匿人犯)、沖掉衛生紙(湮滅證據)、偽娘(偽證)、噴很髒(贓物)……

相關考題　管轄

住所在桃園市而在新北市三重區上班的甲，到基隆市夜市喝酒，甲駕駛汽車在夜市前，與設籍宜蘭縣頭城鎮的乙擦撞，甲下車理論，將乙打傷，下列那個法院對甲的案件有管轄權？　(A)宜蘭地方法院　(B)臺北地方法院　(C)基隆地方法院　(D)新北地方法院

(C)

【105司特五等-民事訴訟法大意與刑事訴訟法大意】

相關考題　　管轄

下列刑事案件之第一審管轄權，何者不屬於地方法院？　(A)刑法第155條之煽惑軍人不執行職務或不守紀律或逃叛罪　(B)刑法第109條第1項之洩漏或交付關於中華民國國防應秘密之文書、圖畫、消息或物品罪　(C)刑法第132條第1項之公務員洩漏或交付中華民國國防以外應秘密之文書、圖畫、消息或物品罪　(D)刑法第130條之公務員廢弛職務釀成災害罪 【107司特五等-民事訴訟法大意與刑事訴訟法大意】	(B)
甲在臺北居所接到詐欺集團提供10張提款卡指示其擔任車手，到新北市各超商提款機提領被害人被騙之款項後，交給上游，犯後甲為避免為警查獲，途經臺中將全數提款卡交給其友人，最後回高雄老家藏匿時為警查獲，試問下列何法院沒有管轄權？　(A)臺北市　(B)高雄市　(C)臺中市　(D)新北市 【109司特五等-民事訴訟法大意與刑事訴訟法大意】	(C)
甲住在臺中市，與住在新竹市之乙，共同至苗栗傷害住在桃園市之丙，下列何法院對甲、乙之犯罪無管轄權？　(A)臺灣臺中地方法院　(B)臺灣新竹地方法院　(C)臺灣桃園地方法院　(D)臺灣苗栗地方法院 【111司特五等-民事訴訟法大意與刑事訴訟法大意】	(C)

4 文書與送達

一 筆錄之製作

訊問被告、自訴人、證人、鑑定人及通譯，應當場制作筆錄，記載下列事項：

一、對於受訊問人之訊問及其陳述。

二、證人、鑑定人或通譯如未具結者，其事由。

三、訊問之年、月、日及處所。(刑訴§41Ⅰ)

前項筆錄應向受訊問人朗讀或令其閱覽，詢以記載有無錯誤。受訊問人為被告者，在場之辯護人得協助其閱覽，並得對筆錄記載有無錯誤表示意見。(刑訴§41Ⅱ)

受訊問人及在場之辯護人請求將記載增、刪、變更者，應將其陳述附記於筆錄。但附記辯護人之陳述，應使被告明瞭後為之。(刑訴§41Ⅲ)

筆錄應命受訊問人緊接其記載之末行簽名、蓋章或按指印。但受訊問人拒絕時，應附記其事由。(刑訴§41Ⅳ)

搜索、扣押及勘驗，應制作筆錄，記載實施之年、月、日及時間、處所並其他必要之事項。(刑訴§42Ⅰ)

刑事訴訟法第41、42條之筆錄，應由在場之書記官製作之。其行訊問或搜索、扣押、勘驗之公務員應在筆錄內簽名；如無書記官在場，得由行訊問或搜索、扣押、勘驗之公務員親自或指定其他在場執行公務之人員製作筆錄。(刑訴§43)

審判期日應由書記官製作審判筆錄，受訊問人就前項筆錄中關於其陳述之部分，得請求朗讀或交其閱覽，如請求將記載增、刪、變更

者，應附記其陳述。(刑訴§44Ⅰ、Ⅱ)

　　審判筆錄，應於每次開庭後3日內整理之。(刑訴§45)

　　審判筆錄應由審判長簽名；審判長有事故時，由資深陪席法官簽名；獨任法官有事故時，僅由書記官簽名；書記官有事故時，僅由審判長或法官簽名；並分別附記其事由。(刑訴§46)

　　審判期日之訴訟程序，專以審判筆錄為證。(刑訴§47)

　　審判筆錄內引用附卷之文書或表示將該文書作為附錄者，其文書所記載之事項，與記載筆錄者，有同一之效力。(刑訴§48)

　　關於訴訟之文書，法院應保存者，由書記官編為卷宗。(刑訴§54Ⅰ)

二 陳明所在住居所

　　被告、自訴人、告訴人、附帶民事訴訟當事人、代理人、辯護人、輔佐人或被害人為接受文書之送達，應將其住所、居所或事務所向法院或檢察官陳明。(刑訴§55Ⅰ前段)

三 被害人死亡之陳明

　　被害人死亡者，由其配偶、子女或父母陳明之。如在法院所在地無住所、居所或事務所者，應陳明以在該地有住所、居所或事務所之人為送達代收人。(刑訴§55Ⅰ後段)前項之陳明，其效力及於同地之各級法院。(刑訴§55Ⅱ)

四 送達代收人

　　送達向送達代收人為之者，視為送達於本人。(刑訴§55Ⅲ)

　　也許因為當事人當時並不在國內，或者是學業、工作忙碌到處奔波，為了避免文書送達後，當事人並無法及時知悉內容，而影響其權

利。所以，可以指定代收人，法院將相關文書送達到代收人手中，代收人可以轉知相關事項。

五 公示送達

被告、自訴人、告訴人或附帶民事訴訟當事人，有下列情形之一者，得為公示送達：(刑訴§59)

㈠住、居所、事務所及所在地不明者。

㈡掛號郵寄而不能達到者。

㈢因住居於法權所不及之地，不能以其他方法送達者。

公示送達應由書記官分別經法院或檢察總長、檢察長或檢察官之許可，除將應送達之文書或其節本張貼於法院或檢察署牌示處外，並應以其繕本登載報紙，或以其他適當方法通知或公告之。(刑訴§60 I)前項送達，自最後登載報紙或通知公告之日起，經30日發生效力。(刑訴§60 II)

六 在監獄或看守所之人

刑事訴訟法第55條規定，於在監獄或看守所之人，不適用之。(刑訴§56 I)送達於在監獄或看守所之人，應囑託該監所長官為之。(刑訴§56 II)

畢竟當事人已經在監獄或看守所，理論上查一下資料庫就可以知悉其所在位置，然後請監所長官轉交相關文書以為送達。

七 準用民事訴訟法規定

送達文書，除本章有特別規定外，準用民事訴訟法之規定。(刑訴§62)

相關考題　審判筆錄

依刑事訴訟法之規定，下列有關審判筆錄之敘述，何者錯誤？　(A)辯護人經核對審判筆錄記載有遺漏，得於辯論終結後2週宣示判決前，聲請法院定期播放審判期日錄音內容核對更正之　(B)告訴代理人認審判筆錄之記載有錯誤，得於次一期日前，聲請法院定期播放審判期日錄音或錄影內容核對更正之　(C)審判筆錄內引用附卷之文書，其文書所記載之事項，與記載筆錄者，有同一之效力　(D)審判期日之訴訟程序，專以審判筆錄為證　　　　　　　　　　　　　　　　　　　　　　　　　　　　　　　【109司特五等-民事訴訟法大意與刑事訴訟法大意】	(A)

解析：參見刑事訴訟法第44-1條。

有關刑事審判筆錄之敘述，下列何者正確？　(A)審判筆錄，應於每次開庭後1個月內整理之　(B)獨任法官有事故時，審判筆錄僅由書記官簽名，並附記其事由　(C)審判期日之訴訟程序，應以錄音內容為證　(D)辯護人如認為審判筆錄之記載有遺漏者，不得聲請法院更正　　　　　　　　　　　　【111司特五等-民事訴訟法大意與刑事訴訟法大意】	(B)

相關考題　文書

有關刑事訴訟審判期日筆錄之製作，下列敘述何者正確？　(A)既已記明筆錄，不得增刪變更　(B)審判筆錄內引用之附卷文書，與筆錄有同一效力　(C)審判期日經錄音錄影者，審判程序以影音為證　(D)訴訟文書之保存，由法官負責編為卷宗　　　　　　　　　　　　　　　　　　　【105司特五等-民事訴訟法大意與刑事訴訟法大意】	(B)
有關筆錄製作的敘述，下列何者錯誤？　(A)審判筆錄應由書記官製作　(B)檢察官可親自製作訊問被告的筆錄　(C)審判筆錄應該在每次開庭三天內完成整理　(D)遇獨任法官有事故時審判筆錄應由院長簽名　　　　　　　　　【104司特五等-民事訴訟法大意與刑事訴訟法大意】	(D)
關於刑事訴訟之文書，下列敘述何者正確？　(A)審判筆錄內引用附卷之文書者，其文書所記載之事項，僅供參考　(B)辯護人不必經審判長許可，得逕行於審判期日攜同速記到庭記錄　(C)審判期日之訴訟程序，專以審判筆錄為證　(D)裁判得由法官助理制作裁判書　　　　　　　　　　　　　【110司特五等-民事訴訟法大意與刑事訴訟法大意】	(C)

以下何者非得為公示送達的對象？　(A)告訴人　(B)告發人　(C)自訴人　(D)被告　【102司特五等-民事訴訟法大意與刑事訴訟法大意】	(B)

解析：依第59條規定，被告、自訴人、告訴人或民事訴訟當事人，符合一定情況，得為公示送達。

有關送達之敘述，下列何者錯誤？　(A)送達於在監獄或看守所之人，不應囑託該監所長官為之　(B)對於檢察官之送達，應向承辦檢察官為之；承辦檢察官不在辦公處所時，向首席檢察官(即檢察長)為之　(C)送達文書由司法警察或郵政機關行之　(D)送達向送達代收人為之者，視為送達於本人　【100五等司特-民事訴訟法與刑事訴訟法大意】	(A)

文書送達於在監獄或看守所之人，應如何送達方生效？　(A)送達給代收人　(B)囑託監所長官送達　(C)囑託監所警衛送達　(D)囑託監所教誨師送達　【97五等司特-民事訴訟法大意與刑事訴訟法大意】	(B)

解析：刑事訴訟法第56條第2項規定：「送達於在監獄或看守所之人，應囑託該監所長官為之。」

關於刑事案件文書送達及法定期間，下列敘述，何者錯誤？　(A)送達判決書於在監獄或看守所之被告，應囑託該監所長官為之　(B)依刑事訴訟法第62條規定準用民事訴訟法第138條寄存送達之方式送達判決書於被告，係自寄存之日起，經10日發生效力　(C)被告之傳票送達於未經被告陳明為送達代收人之選任辯護人收受，發生送達之效力　(D)在監獄或看守所之被告，向監所長官提出上訴書狀者，計算其上訴期間，並不適用刑事訴訟法第66條扣除其在途期間之規定　【107司特五等-民事訴訟法大意與刑事訴訟法大意】	(C)

相關考題　送達

依刑事訴訟法之規定，下列有關送達之敘述，何者錯誤？　(A)送達文書於在看守所之被告，應送達其指定之送達代收人　(B)送達判決於檢察官，應向承辦檢察官為之；承辦檢察官不在辦公處所時，向檢察長為之　(C)被告住、居所、事務所及所在地不明者，得為公示送達　(D)自訴人送達判決掛號郵寄而不能到達，得為公示送達 【109司特五等-民事訴訟法大意與刑事訴訟法大意】	(A)
依刑事訴訟法規定，下列刑事訴訟文書之送達方式，何者不合法？　(A)對住、居所、事務所及所在地不明之被告為公示送達　(B)在法院所在地無住所、居所或事務所之被告，陳明以在法院所在地有住所、居所或事務所之人為送達代收人，而僅向送達代收人為送達　(C)對於檢察官之送達，於承辦檢察官不在辦公處所時，將文書交付於檢察官之辦公處所　(D)拘提前之傳喚，由郵務機構以掛號郵寄為送達 【108五等司特-民事訴訟法與刑事訴訟法大意】	(C)
傳票之送達，由下列何人簽收者，不生送達之效力？　(A)應送達被告，由代為繳交保證金之具保人簽收　(B)應送達被告，由被告之送達代收人簽收　(C)應送達被告，由被告本人簽收　(D)應送達告訴人之文書，由告訴人之送達代收人簽收 【110司特五等-民事訴訟法大意與刑事訴訟法大意】	(A)

5 期日及期間

一 基本規定

- 期日，除有特別規定外，非有重大理由，<u>不得</u>變更或延展之。（刑訴§64Ⅰ）
- 期日經變更或延展者，<u>應</u>通知訴訟關係人。（刑訴§64Ⅱ）
- 期間之計算，依民法之規定。（刑訴§65）

二 在途期間之扣除

應於法定期間內為訴訟行為之人，其住所、居所或事務所不在法院所在地者，計算該期間時，應扣除其在途之期間。（刑訴§66Ⅰ）前項應扣除之在途期間，由司法行政最高機關定之。（刑訴§66Ⅱ）

三 回復原狀

非因過失，遲誤上訴、抗告或聲請再審之期間，或聲請撤銷或變更審判長、受命法官、受託法官裁定或檢察官命令之期間者，於其原因消滅後10日內，得聲請回復原狀。（刑訴§67Ⅰ）<u>許用代理人之案件，代理人之過失，視為本人之過失。</u>（刑訴§67Ⅱ）

舉個例子，有一位當事人某甲因為一審敗訴，從基隆上國道三號到高等法院提出上訴，而當天又剛好是上訴的最後一天，但卻不幸遇到走山，被埋在瓦礫堆中，無法在上訴期間內提起上訴。因為走山事故的發生並不是某甲過失所為，所以如幸運獲救，就可以在原因消滅後10日內，向法院聲請回復原狀。

遭土石掩埋案示意圖

❶ 某甲要上訴

我要上訴！

❷ 上訴途中遭土石流掩埋

土石掩埋

❸ 被救出來後還要上訴，須向法院聲請回復原狀

我要去向法院聲請回復原狀

❹ 法院允許其回復原狀，並認定上訴合法

上訴合法！

相關考題

被告非因過失，遲誤上訴、抗告或聲請再審之期間，於其原因消滅後幾日內，得聲請回復原狀？　(A)20日　(B)10日　(C)7日　(D)5日　【100五等司特-民事訴訟法與刑事訴訟法大意】	(B)

解析：法條已修正爲(B)10日。

非因過失遲誤聲請再議之期間者，其聲請回復原狀，應向下列何人提出？　(A)向該管地方法院提出　(B)向該管上級法院提出　(C)向原檢察官提出　(D)向上級檢察署檢察長提出　【101五等司特-民事訴訟法大意與刑事訴訟法大意】	(C)

解析：刑事訴訟法第70條規定：「遲誤聲請再議之期間者，得準用前三條之規定，由原檢察官准予回復原狀。」

依刑事訴訟法之規定，下列有關期間之敘述，何者錯誤？　(A)被告提起上訴，其住、居所均不在法院所在地，計算該期間時，應扣除其在途之期間　(B)非因過失，遲誤抗告期間，於其原因消滅後5日內，得聲請回復原狀　(C)被告指定辯護人為送達代收人，因辯護人之過失遲誤上訴期間，被告得於其原因消滅後5日內，以書狀敘明向原審法院聲請回復原狀　(D)計算上訴期間應自判決送達被告後起算20日　【109司特五等-民事訴訟法大意與刑事訴訟法大意】	(C)

解析：(B)修法關係，應為10日。

下列關於回復原狀之敘述，何者錯誤？　(A)應以書面向管轄該聲請之法院為之　(B)應同時補行期間內應為之訴訟行為　(C)於原因消滅後5日內，得聲請回復原狀　(D)許用代理人之案件，代理人之過失，不視為本人之過失　【107司特五等-民事訴訟法大意與刑事訴訟法大意】	(D)

解析：(C)修法關係，應為10日。

甲遲誤上訴法定期間後，得因下列何項事由，於原因消滅後5日內，聲請回復原狀？　(A)甲將上訴之事託於年邁耳聾之母親　(B)甲請教律師解釋判決內容　(C)甲罹患重病被醫院移入加護病房　(D)甲因請熟悉法律之朋友代撰上訴狀　【110司特五等-民事訴訟法大意與刑事訴訟法大意】	(C)

因遲誤下列何種期間，得聲請回復原狀？　(A)上訴期間　(B)告訴乃論之告訴期間　(C)非常上訴期間　(D)補提上訴理由書之期間　【111司特五等-民事訴訟法大意與刑事訴訟法大意】	(A)

Note

6 偵查檢察官與公訴檢察官

實務案例 國務機要費案

　　喧騰一時的國務機要費案，由偵查檢察官陳瑞仁負責偵辦，傳喚將近200人，一些秘密外交與領取工作費的辯解，經查證後認為「純屬虛構」，最後將前第一夫人吳淑珍、馬永成等人依據貪污治罪條例起訴，陳前總統則因為受到憲法第52條之保障，等到經罷免或解職後再行起訴。(卸任後因貪瀆案遭法院長期羈押)起訴之後，進入法院審理程序，改由公訴檢察官張熙懷蒞庭，與被告或律師進行攻防辯論，原案件承辦檢察官則退居幕後。當張熙懷遭民進黨人士抹紅而接近崩潰無法蒞庭時，陳瑞仁檢察官馬上跳出來表示願意擔任公訴檢察官「永遠的備胎」，隨時準備披掛上陣。

　　在審判程序中，為什麼檢察官換人？

　　公訴檢察官，只是負責在法庭上與被告進行訴訟上的攻防，並不負責案件的偵查，也不決定是否起訴。主要是因為我國92年刑事訴訟法修改，採取「改良式的當事人進行主義」，訴訟過程中的交互詰問耗時費力，必須由專組的檢察官負責。因此，承辦檢察官負責前半段的案件偵辦工作，公訴檢察官則扮演後階段的法庭攻防角色，將偵查與公訴加以分工。畢竟案件偵查與法庭辯論是完全不同的兩種專業，如果忙於案件偵查，還要思考法庭辯論的程序與事項，恐怕難以兩者皆能表現完美。但是，目前檢察官的養成過程中，還是會角色互相調換，以培養出偵查能力與辯護能力兼具的檢察官。

偵查檢察官與公訴檢察官

法官

公訴檢察官

被告及律師

雙方進行攻防

偵查檢察官

偵查階段

審判階段

改良式當事人進行主義

　　檢察官應該對於被告犯罪事實負舉證的責任，法庭上的證據調查活動是由當事人主導，法官立於公正第三人的角度依法裁判。其中尤以交互詰問的制度，更能促進當事人地位實質平等的目的。較少有法官主導證據的調查，與被告相對立的立場質問被告的情況發生。

7 簡易程序

　　一般的刑事案件適用通常的審判程序，但是針對特定的案件，也就是犯罪情節輕微的案件，得適用簡單快速的審判程序，即所謂的簡易程序。

一 為什麼法院沒開庭就給我判刑了？

　　有些犯罪情節相當輕微的案件，事證已經相當明確或被告已經自白坦承，沒什麼需要法院再調查的，則檢察官可以向第一審法院聲請「簡易判決處刑」，法院不用開庭就可以直接判決。

　　這種簡易程序的好處，除了可以減輕法院審理案件的負擔外，也可以讓不想被這個案子一直困擾的被告及早解脫。

二 哪些案件可以用簡易程序？

　　可以簡易程序的案件，並沒有犯罪類型的限制，只要被告所犯的罪事證明確，都可以由檢察官提出聲請(刑訴§449 I)。即便檢察官沒有提出聲請，依通常程序起訴，經被告自白犯罪，法院認為符合下列類型，認為宜以簡易判決處刑者，得不經通常審判程序，逕以簡易判決處刑：

　　☑ 宣告緩刑
　　☑ 得易科罰金或得易服社會勞動之有
　　　期徒刑及拘役或罰金

　　　　(參見刑訴§449 II、III)

三 簡易程序的進行方式

　　檢察官偵查或法官受理起訴案件後，如果認為「宜」用簡易判決處刑，都可以發動簡易程序，應即以書面為聲請；但是否對被告用簡易判決處刑，決定權還是在簡易法庭。(刑訴§449 I、451 I)

　　至於被告，倘若在檢察官偵查時自白犯罪，也可以主動請求檢察官向法院聲請簡易判決處刑，並且可以向檢察官表示願意被判刑的範圍或願意接受緩刑的宣告，檢察官如果同意，應記明筆錄，以被告之表示為基礎，向法院求刑或請求法院緩刑宣告。但檢察官得徵詢被害人的意見、要求被告向被害人道歉或賠償，以作為是否同意被告請求的參考。(刑訴§451-1Ⅰ、Ⅱ)

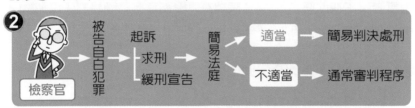

　　當檢察官依被告的表示或檢察官聲請向法院求刑或請求宣告緩刑時，原則上法院會依照檢察官的聲請做出判決，除非有下列的情形：

● 被告所犯之罪不合第449條所定得以簡易判決處刑之案件者。

● 法院認定之犯罪事實顯然與檢察官據以求處罪刑之事實不符，或於審判中發現其他裁判上一罪之犯罪事實，足認檢察官之求刑顯不適當者。

● 法院於審理後，認應為無罪、免訴、不受理或管轄錯誤判決之諭知者。

● 檢察官之請求顯有不當或顯失公平者。

（參見刑訴§451-1Ⅳ、452）

四 簡易程序的判決

　　檢察官聲請簡易判決處刑後,簡易法庭原則上是不會開庭審理,被告如果認為有到庭陳述意見的必要(譬如就非告訴乃論案件已經達成和解,告訴人同意撤回告訴,或不服檢察官所認定的犯罪事實),必須主動以書狀向簡易法庭陳述或請求傳訊。

　　簡易法庭審理後,如果認為檢察官的聲請符合規定,就可以做出簡易判決,既然稱為「簡易」,其判決書也就相當簡略,除了記載聲請人(某地檢署檢察官、自訴人)、被告的姓名人別、判決主文外,其他關於被告犯罪事實、證據及應適用的法條、第309條各款所列事項,以及自簡易判決送達之日起<u>20日</u>內,得提起上訴之曉示(但不得上訴者,不在此限),如果法院認為與檢察官聲請簡易判決處刑書內的記載相同,得引用之。(刑訴§454 I、II)

五 不服簡易判決處刑時怎麼辦?

　　被告如果不服簡易判決處刑的結果,可以在收到簡易判決書後<u>20日</u>內,向管轄的地方法院合議庭提起上訴(刑訴§454 I)。<u>但如果法院是在被告所希望的刑度範圍判刑或依被告的請求而宣告緩刑,則被告就不能再上訴</u>。(刑訴§455-1 I、II)

收到判決書　　　　20日內　　　　向地方法院合議庭提起上訴

簡易判決範本

台北簡易庭 裁判書 -- 刑事類

【裁判字號】 100,北交簡
【裁判日期】 1001116
【裁判案由】 公共危險（185-4）
【裁判全文】

臺灣臺北地方法院刑事簡易判決　　100年度北交簡字第　　號
聲　請　人　臺灣臺北地方法院檢察署檢察官
被　　　告
上列被告因公共危險案件，經檢察官聲請以簡易判決處刑（100年度偵字第14860號），本院判決如下：
　　　主　文
　　　　駕駛動力交通工具肇事，致人受傷而逃逸，處有期徒刑陸月，如易科罰金，以新臺幣壹仟元折算壹日。
　　　事實及理由
一、本件犯罪事實及證據引用檢察官聲請簡易判決處刑書之記載（如附件）。
二、核被告所為，係犯刑法第185條之4駕駛動力交通工具肇事逃逸罪。爰審酌其素行、犯罪之動機、目的、手段、被害人受傷程度，肇事逃逸對於被害人之身體造成之危險性並已與被害人達成和解等一切情狀，量處如主文所示之刑，並諭知易科罰金之折算標準。
三、依刑事訴訟法第449條第1項前段、第 3項、第454條第2項，刑法第185條之4、第41條第 1項前段，逕以簡易判決處如主文所示之刑。
如不服本判決，應於判決送達後10日內，表明上訴理由，向本庭（臺北市○○○路○段126巷1號）提出上訴書狀，並應敘述具體理由；其未敘述上訴理由者，應於上訴期間屆滿後20日內向本院補提理由書（均須按他造當事人之人數附繕本）「切勿逕送上級法院」。

下列有關「簡易程序」之敘述，何者正確？ (A)第一審法院依被告在偵查中之自白或其他現存之證據，已足認定其犯罪者，得直接以簡易判決處刑 (B)檢察官依通常程序起訴，經被告自白犯罪，法院認為宜以簡易判決處刑者，得直接以簡易判決處刑 (C)簡易程序案件，均應由簡易庭辦理之 (D)對於簡易判決有不服者，得上訴於第二審高等法院 【98五等司特-民事訴訟法大意與刑事訴訟法大意】　(B)

解析：
(A)得因檢察官之聲請，不經通常審判程序，逕以簡易判決處刑(刑訴§449 I)；
(C)簡易程序案件，得由簡易庭辦理之。(刑訴§449-1)是「得」，而非「應」；
(D)對於簡易判決有不服者，得上訴於管轄之第二審地方法院合議庭。(刑訴§455-1 I)

第一審法院依被告在偵查中之自白或其他現存之證據，已足認定其犯罪者，得因何人之聲請，不經通常審判程序，逕以簡易判決處刑？ (A)被告 (B)被害人 (C)檢察官 (D)辯護人 【99五等司特-民事訴訟法大意與刑事訴訟法大意】　(C)

解析：刑事訴訟法第449條第1項規定：「第一審法院依被告在偵查中之自白或其他現存之證據，已足認定其犯罪者，得因檢察官之聲請，不經通常審判程序，逕以簡易判決處刑。但有必要時，應於處刑前訊問被告。」

簡易判決之上訴法院為： (A)第二審地方法院合議庭 (B)地方法院第二審合議庭 (C)高等法院 (D)高等法院簡易庭 【99五等司特-民事訴訟法大意與刑事訴訟法大意】　(A)

解析：
(A)刑事訴訟法第455-1條第1項規定：「對於簡易判決有不服者，得上訴於管轄之第二審地方法院合議庭。」
(B)為何不對？只能說出題者沒什麼考題設計能力。

相關考題

檢察官聲請地方法院簡易庭以簡易判決處刑之案件，下列情形，何者其判決違背法令？　(A)簡易庭認為被告所犯係最輕本刑3年以上有期徒刑之案件，於改適用通常程序審判後，以獨任審判　(B)簡易庭認為檢察官求處有期徒刑5月得易科罰金過輕，以簡易判決判處被告有期徒刑10月，緩刑2年　(C)檢察官同意被告願意受緩刑宣告之表示，並據以聲請簡易判決，簡易庭判處得易科罰金之有期徒刑　(D)案件經檢察官依通常程序起訴，於法院行準備程序時，被告自白犯罪，受命法官改以簡易判決處刑　　(A)

【101五等司特-民事訴訟法大意與刑事訴訟法大意】

解析：

(A)刑事訴訟法第284-1條規定：「除簡式審判程序、簡易程序及第376條第1項第1款、第2款所列之罪之案件外，第一審應行合議審判。」（舊法，本條業已修正）

(B)依據刑事訴訟法第451-1條第1、4項，僅有被告主動表示願受科刑之範圍或願意接受緩刑之宣告，檢察官同意者，並向法院求刑或為緩刑宣告之請求，法院才應於檢察官求刑或緩刑宣告請求之範圍內為判決。

(C)依據刑事訴訟法第451-1條第4項規定：「第1項及前項情形，法院應於檢察官求刑或緩刑宣告請求之範圍內為判決，但有左列情形之一者，不在此限：……四、檢察官之請求顯有不當或顯失公平者。」此規定為落實認罪協商之精神，但仍賦予法院自由裁量，且參酌本項但書之規定，顯示法院對於量刑事項及是否為緩刑宣告，仍擁有最終決定權。（參照朱石炎，《刑事訴訟法論》）

(D)依據刑事訴訟法第449條第2項規定：「前項案件檢察官依通常程序起訴，經被告自白犯罪，法院認為宜以簡易判決處刑者，得不經通常審判程序，逕以簡易判決處刑。」

8 認罪協商

一 我如果認罪，有什麼好處？

美國玩伴女郎安娜‧妮可‧史密斯，於26歲時嫁給高齡89歲的石油大亨馬歇爾而聲名大噪，馬歇爾過世後留下大筆遺產，安娜與馬歇爾的兒子雙方爭奪遺產鬧上法院，官司足足打了12年多，直到39歲離奇猝死，有懷疑是因為多年纏訟而有嗑藥的習慣。

安娜的案件只是民事案件，刑事案件涉及到生命刑或自由刑，壓力更是讓人喘不過氣。冗長的刑事訴訟程序對許多被告而言，往往是一種相當難熬的折磨，在這段期間內，每天都無心工作，只掛念著：「這個案子最後的結果不知道會怎麼樣？」在這時候，有些被告可能已經做好了被判有罪的最壞打算，唯一的希望是可不可以判輕一點？可不可以不要被關？認罪協商程序可以幫忙認罪的被告達成心願！

二 我可以請求認罪協商嗎？

原則上，只要被告所涉嫌的犯罪，法定最輕本刑不超過3年，非高等法院管轄第一審案件外，都可以在第一審言詞辯論終結前或簡易判決處刑前，檢察官得於徵詢被害人之意見後，逕行或依被告或其代理人、辯護人之請求，經法院同意後，就下列事項在審判外進行協商：(刑訴§455-2 I、II)

- 被告願受科刑及沒收之範圍或願意接受緩刑的宣告。
- 被告向被害人道歉(要得到被害人同意)。
- 被告支付相當數額之賠償金(要得到被害人同意)。
- 被告向公庫支付一定金額，並得由該管檢察署依規定提撥一定比率補助相關公益團體或地方自治團體。

認罪協商程序

檢察官起訴或聲請簡易判決處刑

（徵詢被害人意見）被告請求
認罪協商（檢察官亦可逕行協商）

我同意！

法院同意

檢察官與被告在審判外進行協商

達成合意
且被告認罪

法院依照協商內容判決

法院開庭訊問被告

檢察官向法院聲請改依協商程序

法官大人，我跟被告喬好了！

協商時，如果被告沒有選任辯護人，但表示願受科的刑度超過6個月以上，且未宣告緩刑，法院應指定公設辯護人或律師，協助被告進行協商，以維護被告的權益。(刑訴§455-5 I)

　　一旦檢察官與被告達成協商，而且被告也同意認罪，檢察官就可以向法院聲請改用協商程序。而法院接受檢察官的聲請後，會在10日內開庭訊問被告，告知所犯的罪名、法定刑以及將因此喪失的權利（刑訴§455-2、455-3 I），被告如果沒有意見，就可以不經言詞辯論直接判決，且所判決的刑度，以宣告緩刑、2年以下有期徒刑、拘役或罰金為限，等於是輕判，對被告算是相當有利。(刑訴§455-4 II)

　　但是，認罪協商的判決，一定是認定被告有罪，雖然可能是被告「最壞打算中的最好結果」，刑事訴訟法還是同意被告在法院協商程序終結前，可以隨時反悔，而被告如果違反與檢察官協議的內容，檢察官也可以在協商程序終結前，撤回協商程序的聲請。(刑訴§455-3 II)

　　此外，如果有下列情形，法院會以裁定駁回檢察官協商程序的聲請，改用通常、簡式或簡易程序審判：(刑訴§455-4)

1. 被告撤銷協商合意或檢察官撤回協商聲請者。
2. 被告協商之意思非出於自由意志者。
3. 協商之合意顯有不當或顯失公平者。
4. 被告所犯之罪非第455-2條第1項所定得以聲請協商判決者。
5. 法院認定之事實顯與協商合意之事實不符者。
6. 被告有其他較重之裁判上一罪之犯罪事實者。
7. 法院認應諭知免刑或免訴、不受理者。

　　對於法院不准認罪協商的裁定，被告只能接受，無法提出抗告（刑訴§455-6）；但之前被告或其代理人、辯護人在協商過程中的陳述，法院則不得在本案或其他案件採為對被告或其他共犯不利的證據。（刑訴§455-7）

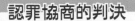

認罪協商的判決

你願意認罪嗎？判決結果很輕喔！罰罰錢就好！

可是若被褫奪公權，我的立法委員資格就沒了！

檢察官　　　　　　　　被告

【余天撤回認罪協商案】

　　余天時任立委期間指稱馬英九全家有美國護照，遭檢察官起訴。法院開庭時，他表示願認罪協商，當檢察官提醒可能會被褫奪公權而喪失立委資格，便當場臉色凝重，撤回認罪協商請求。

相關考題

檢察官聲請法院改依協商程序而為判決，法院應於接受聲請後幾日內，訊問被告？　(A) 5日　(B)7日　(C)10日　(D)15日 【101五等司特-民事訴訟法大意與刑事訴訟法大意】	(C)

三 法院依認罪協商的結果判決後，我還可以上訴嗎？

法院依據認罪協商的結果判決後，原則上都<u>不能再上訴</u>。但如果發現協商判決有下列情形之一，不論是檢察官或被告，仍然可以在收到判決書後<u>10日</u>內提起上訴：

- 有刑訴法第455-4條第1項第1、2、4、6、7款不得為協商判決的情形。
- 法院沒有在協商範圍內做出判決。
- 法院不是做出宣告緩刑、2年以下有期徒刑、拘役或罰金的判決。

需要注意的是，上訴時，<u>必須具體提出法院判決有以上違法的理由，第二審法院也只會根據這些理由去調查</u>，如果第二審法院認為上訴有理由的話，就會將原審判決撤銷，並發回第一審法院重新審判。（刑訴§455-10）

四 共犯之間認罪協商的影響

2009年間，前總統陳水扁先生相關貪瀆案正如火如荼地進展，相關贓款也疑似透過兒子陳致中與媳婦進行洗錢。陳水扁的律師團正以政治獻金等各種理由替其辯解，但忽然傳出陳致中與其夫人要進行認罪協商，引發律師團的不滿，認為沒有罪就沒有洗錢；反之，洗錢都認罪，不就代表陳水扁犯罪。

相關考題　協商程序

下列有關刑事訴訟協商程序之敘述，何者錯誤？　(A)檢察官若以被告向被害人道歉為由，與被告協商時，無須得被害人之同意　(B)被告協商之意思若非出於自由意志者，法院不得為協商判決法　(C)院認定之事實顯與協商合意之事實不符者，法院不得為協商判決　(D)協商判決，得僅由書記官將主文、犯罪事實要旨及處罰條文記載於宣示判決筆錄，以代判決書	(A)
【104司特五等 - 民事訴訟法大意與刑事訴訟法大意】	

認罪協商之上訴

收到判決書　　　我要上訴　　　二審法院

上訴事由：
- 有刑訴法第455-4條第1項第1、2、4、6、7款不得為協商判決的情形。
- 法院沒有在協商範圍內做出判決。
- 法院不是做出宣告緩刑、2年以下有期徒刑、拘役或罰金的判決。

相關考題　協商程序

關於經第一審判決之案件是否可以提起上訴第二審之說明，下列何者正確？　(A)協商程序判決原則上不能上訴　(B)簡易判決原則上不能上訴　(C)簡式審判程序判決原則上不能上訴　(D)最重本刑為3年以下有期徒刑、拘役或專科罰金之罪原則上不能上訴 【109司特五等-民事訴訟法大意與刑事訴訟法大意】	（A）
關於刑事訴訟法所定之協商程序，下列敘述何者正確？　(A)被告協商之意思非出於自由意志者，法院仍得為協商判決　(B)協商之合意顯有不當或顯失公平者，法院仍得為協商判決　(C)法院認定之事實顯與協商合意之事實不符者，法院仍得為協商判決　(D)法院為協商判決所科之刑，以宣告緩刑、2年以下有期徒刑、拘役或罰金為限 【110司特五等-民事訴訟法大意與刑事訴訟法大意】	（D）
關於審判中協商程序之要件，下列何者錯誤？　(A)僅於刑事第一審有其適用　(B)被告所犯為死刑、無期徒刑之罪不適用之　(C)須案件已繫屬於法院始得行之　(D)須由自訴人提出聲請 【111司特五等-民事訴訟法大意與刑事訴訟法大意】	（D）

9 簡式審判程序

■ 什麼是簡式審判程序？

簡式審判程序的立法背景，主要是與簡易程序、認罪協商制度共同成為減輕法院處理案件負擔的金三角。

被告所犯為死刑、無期徒刑、最輕本刑為3年以上有期徒刑以外之罪或高等法院管轄第一審案件以外之罪，在法院準備程序進行中，先行承認檢察官所指控之犯罪，審判長得告知被告簡式審判程序的意旨，並聽取當事人、代理人、辯護人及輔佐人的意見後，裁定進行簡式審判程序。(刑訴§273-1 I)

■ 兩大要件

簡式審判程序的適用，必須符合下列兩大要件：

要件一	非重罪的案件	被告所犯為死刑、無期徒刑、最輕本刑為3年以上有期徒刑之罪或高等法院管轄第一審案件者外之案件。
要件二	被告就被訴事實為有罪之陳述	簡單來說，就是被告承認有罪的意思表示。如果被告承認犯行，但是有表明因為正當防衛、緊急避難、心神喪失等理由，並不適用簡式審判程序。

三 簡式審判程序的特殊性

簡式審判程序從字面來看，即可知悉是較為簡便的審判程序，可以讓願意接受刑罰制裁的被告<u>縮短審判程序的煎熬</u>，其特殊性如下：

特點一	簡化調查證據程序	在簡式審判程序中，法官可以自由決定調查證據的範圍、次序及方法，當事人也不用提調查證據聲請書狀，就可以請求法官調查相關證據。 不用對證人進行交互詰問程序。 不用提示物證、書證給當事人辨認。
特點二	不適用傳聞法則之規定	被告以外之人在審判外所為的言詞或書面陳述，可以直接作為證據。
特點三	簡化被告自白的調查程序	在未調查其他證據前，法官可以先行斟酌被告自白的可信度。
特點四	簡化判決書的製作	法院適用簡式審判程序後，如果判決被告有罪，其判決書的做法跟簡易判決書一樣，除了記載聲請人（某地檢署檢察官、自訴人）、被告的姓名人別、判決主文外，其他關於被告犯罪事實、證據及應適用的法條，如果法院認為與檢察官起訴書內的記載相同，就可以直接引用。（刑訴§310-2準用§454）

四 不服簡式判決，怎麼辦？

不服簡式審判程序的判決，還是可以在該判決送達後<u>10日</u>內提出上訴。雖然與簡易程序一樣都是由獨任法官審判，但不同的地方在於簡式審判程序的上訴審法院是高等法院，而非地方法院合議庭。

法律大補丸

　　簡式審判程序不像簡易程序，被告無法預期自己可不可以被判緩刑、得易科罰金之有期徒刑、拘役或罰金，更不像認罪協商制度一樣，可以確定法院所判刑度的範圍。

　　因此，<u>如果法官因為某些特殊考量而建議用此制度</u>(譬如未與被害人達成和解)，在法官詢問意見時，<u>一定要記得向法官表示希望科刑的範圍</u>(譬如給予宣告緩刑、易科罰金等)，以避免到最後不但喪失一堆請求調查證據的權利，還受到重刑伺候。

相關考題　　簡式審判程序

法院裁定改行簡式審判程序時，以下何者正確？　(A)採書面審理 (B)不經言詞辯論程序　(C)仍有證據調查程序　(D)無審判期日　　　　　　　　【99五等司特‐民事訴訟法大意與刑事訴訟法大意】	(C)

解析：刑事訴訟法第273-2條規定：「簡式審判程序之證據調查，不受第159條第1項、第161-2條、第161-3條、第163-1條及第164條至第170條規定之限制。」只是比較簡化的證據調查程序。

以下關於簡式審判程序之敘述，何者錯誤？　(A)被告於準備程序須就被訴事實為有罪之陳述　(B)法院須徵得檢察官之同意後，始得裁定行簡式審判程序　(C)不適用傳聞法則　(D)仍須行言詞辯論程序　　　　　　　　【106司特五等‐民事訴訟法大意與刑事訴訟法大意】	(B)

【刑事訴訟法第273-1條】

Ⅰ除被告所犯為死刑、無期徒刑、最輕本刑為3年以上有期徒刑之罪或高等法院管轄第一審案件者外，於前條第1項程序進行中，被告先就被訴事實為有罪之陳述時，審判長得告知被告簡式審判程序之旨，並聽取當事人、代理人、辯護人及輔佐人之意見後，裁定進行簡式審判程序。

Ⅱ法院為前項裁定後，認有不得或不宜者，應撤銷原裁定，依通常程序審判之。

Ⅲ前項情形，應更新審判程序。但當事人無異議者，不在此限。

【刑事訴訟法第273-2條】

簡式審判程序之證據調查，不受第159條第1項、第161-2條、第161-3條、第163-1條及第164條至第170條規定之限制。

【刑事訴訟法第310-2條】

適用簡式審判程序之有罪判決書之製作，準用第454條之規定。

相關考題　簡式審判程序

下列何者得依簡易判決處刑？　(A)免刑判決　(B)免訴判決　(C)管轄錯誤判決　(D)無罪判決 【111司特五等-民事訴訟法大意與刑事訴訟法大意】	(A)
關於簡式審判程序的敘述，下列何者錯誤？　(A)應由簡易庭法官審判之　(B)被告為有罪之陳述，才可能適用　(C)屬於地方法院的刑事審判程序　(D)殺人罪不得行簡式審判程序 【111司特五等-民事訴訟法大意與刑事訴訟法大意】	(A)

10 通常審理程序

檢察官提起公訴後，全案就移交給法院調查證據及審判，檢察官則轉為代表國家，立於原告的地位去控訴被告的罪刑。但起訴後，檢察官如果覺得有調查其他證據的必要，還是可以獨立進行搜索、扣押或傳喚證人。

不過，以上情形並不常見，在審判期間，大多是由法院主導訴訟的進行，並決定調查什麼證據，這些開庭的程序如何進行。基本上會先透過準備程序，為未來正式的審判程序作準備，接著正式審理程序中，包括證據調查、交互詰問等相關程序，最後法院做出判決，當事人若不服判決結果，則提出上訴；若未提出上訴，則於上訴期間經過後，判決即告確定，進入執行程序。本節將一步一步地讓你瞭解！

法律大補丸 【記憶小秘訣】

你知道公訴程序的「審判」是從第幾條開始嗎？大多數人應該想不起來，我學法律這麼多年，也想不起來。但是，有一天早上改寫本書的時候，突然想到一個好方法來記第一個法條的條號。

殺人罪是刑法第271條，這個大多數的朋友都記得。

審判，可以想像成司法殺人(刑法第271條)，刑事訴訟法第271條。

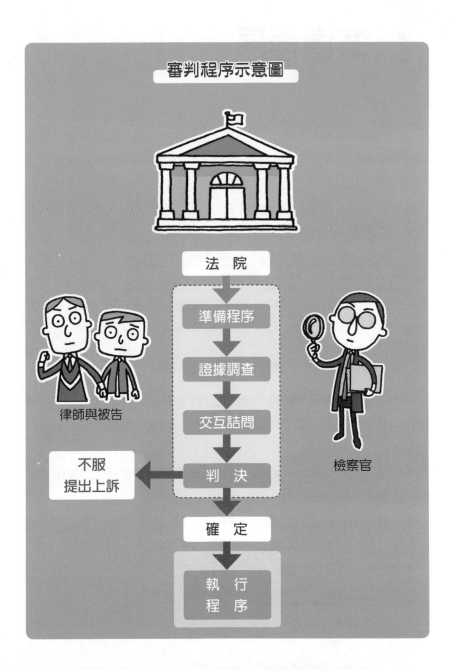

審判程序示意圖

法 院

準備程序

證據調查

交互詰問

判 決

不服
提出上訴

確 定

執 行
程 序

律師與被告

檢察官

11 準備程序

　　一般的刑事審判程序，會分為「準備程序」與「審判程序」兩個階段，準備程序是為了方便審判順利進行所設計的程序，如同晚餐之前的準備工作，必須先將食材購置齊全，正式進入廚房時，才能快速地將晚餐煮好，否則一下子缺醬油，一下子忘了買蔥，還要三番兩次跑到菜市場補齊，恐怕是浪費時間與金錢。

　　「準備程序」與「審判程序」兩者最大不同的地方，在於準備程序是由一個受命法官開庭，審判程序則是在三個法官的合議庭。當然，也有一開始就跳過準備程序，直接由三個法官一起召開合議庭進行審判程序的。

一 受命法官會在準備程序做什麼事？

　　準備程序是為了方便審判順利進行所設計的程序，因此，受命法官在準備程序中，主要工作是在確定起訴的範圍、整理爭點、調查相關證據等，包括：

- 整理起訴效力所及之範圍，與有無應變更檢察官所引應適用法條之情形。(刑訴§273 I ①)
- 訊問被告、代理人及辯護人對檢察官起訴事實是否為認罪之答辯，及決定可否適用簡式審判程序或簡易程序。(刑訴§273 I ②)
- 整理案件及證據之重要爭點。(刑訴§273 I ③)
- 整理有關證據能力之意見。(刑訴§273 I ④)

- 曉諭為證據調查之<u>聲請</u>。（刑訴§273Ⅰ⑤）
- 決定證據<u>調查之範圍</u>、<u>次序</u>及<u>方法</u>。（刑訴§273Ⅰ⑥）
- 命提出<u>證物或可為證據之文書</u>。（刑訴§273Ⅰ⑦）
- 處理<u>其他與審判有關之事項</u>。（刑訴§273Ⅰ⑧）
- 於審判期日前，得調取或命<u>提出證物</u>。（刑訴§274）
- 訊問<u>不能於審判期日到場的證人</u>。（刑訴§276Ⅰ）得於審判期日前，命為鑑定及通譯。（刑訴§276Ⅱ）
- 得於審判期日前，為<u>搜索</u>、<u>扣押</u>及<u>勘驗</u>。（刑訴§277）
- 得於審判期日前，就必要之事項，請求<u>相關主管機關報告</u>。（刑訴§278）

（參考法條：刑事訴訟法第279條）

　　以上程序處理後，書記官會製作筆錄，並讓到庭的人在筆錄記載的末行簽名、蓋章或按指印。（刑訴§273Ⅳ）

　　準備程序並沒有限制開庭的次數，但傳票上會記明開庭的程序種類。當受命法官認為該查、該整理的資料都已經完成時，法院就會改訂審判期日，由<u>三名法官</u>開庭審理。這時候，被告、檢察官都應該到庭，至於被告的辯護律師，<u>除非是強制辯護的案件，否則即使律師因故沒有到庭，法官還是可以逕行審判</u>。所以，開庭前，被告最好還是先跟自己的律師確認時間一下，別到時候等無人！

吳淑珍準備程序請假事件

　　臺北地院審理國務機要費案，民國97年9月19日進行準備程序，吳淑珍與其律師因為得知臺大醫院覆函法院，認為「不排除當日有可能發生低血壓、休克等緊急醫療狀況，甚而危及生命之情事」，簡單來說，出庭會有生命的危險，所以吳淑珍勉強同意臺大醫院的意見，向地院請假。(累計18次)

　　法院認為，這是吳淑珍放棄陳述意見的權利，而且請假次數過多。這種請假理由實在不具正當理由，所以不再開準備庭，直接進入正式審理程序！

相關考題　準備程序

受命法官在進行準備程序階段時，下列事項何者不得為之？　(A)就起訴事實訊問被告是否認罪　(B)曉諭當事人為證據調查之聲請　(C)傳喚證人實施交互詰問　(D)確定證據調查之範圍、次序及方法 【106司特五等-民事訴訟法大意與刑事訴訟法大意】	(C)
關於第一審行通常審判程序之準備及審判程序，下列敘述，何者錯誤？　(A)行準備程序時，得訊問被告對檢察官起訴事實是否為認罪之答辯　(B)行準備程序時，得訊問預料不能於審判期日到場之證人　(C)被告經合法傳喚並無正當理由不到庭而有辯護人為其辯護者，得不待其陳述逕行判決，並處被告有期徒刑　(D)被告到庭而拒絕陳述者，得不待其陳述逕行判決 【107司特五等-民事訴訟法大意與刑事訴訟法大意】	(C)
依刑事訴訟法規定，下列何種事項不得於準備程序中處理？　(A)命提出證物或可為證據之文書　(B)當事人表示有關證據能力之意見　(C)整理案件及證據之重要爭點　(D)命當事人為科刑辯論 【108司特五等-民事訴訟法大意與刑事訴訟法大意】	(D)

相關考題　準備程序

法院於第一次審判期日前，傳喚被告或其代理人，並通知檢察官、辯護人、輔佐人到庭，處理案件及證據之重要爭點等與審判有關事項；此之程序的法定名詞為何？　(A)調查程序　(B)準備程序　(C)言詞辯論　(D)事實訊問【98五等司特-民事訴訟法大意與刑事訴訟法大意】	(B)

解析：刑事訴訟法第273條第1項規定：「法院得於第一次審判期日前，傳喚被告或其代理人，並通知檢察官、辯護人、輔佐人到庭，行準備程序，為下列各款事項之處理：

一、起訴效力所及之範圍與有無應變更檢察官所引應適用法條之情形。

二、訊問被告、代理人及辯護人對檢察官起訴事實是否為認罪之答辯，及決定可否適用簡式審判程序或簡易程序。

三、案件及證據之重要爭點。

四、有關證據能力之意見。

五、曉諭為證據調查之聲請。

六、證據調查之範圍、次序及方法。

七、命提出證物或可為證據之文書。

八、其他與審判有關之事項。」

以下何者，不屬於審判期日的一部分？　(A)準備程序　(B)證據調查程序　(C)言詞辯論程序　(D)以上均屬之　【99五等司特-民事訴訟法大意與刑事訴訟法大意】	(A)

解析：依據刑事訴訟法第273條第1項規定：「法院得於第一次審判期日前，傳喚被告或其代理人，並通知檢察官、辯護人、輔佐人到庭，行準備程序…」所以準備程序是屬於審判期日前的程序，並不屬於審判期日的部分。

下列何者非屬受命法官行準備程序之權限？　(A)訊問被告、代理人、辯護人對於起訴事實是否為認罪之答辯　(B)處理案件及證據之重要爭點　(C)曉諭被告為證據調查之聲請　(D)裁定撤銷羈押，命具保、責付、限制住居　【100五等司特-民事訴訟法與刑事訴訟法大意】	(D)
法院得於第一次審判期日前，行下列何種程序？　(A)準備程序　(B)證據調查程序　(C)宣判程序　(D)言詞辯論程序　【110司特五等-民事訴訟法大意與刑事訴訟法大意】	(A)

第四篇

告訴與告發

1 告訴與告發

實務見解 連宋控告李登輝案

　　李登輝與宋楚瑜兩位知名的政治人物本來情同父子，後來卻因為政治傾向的不同而分道揚鑣。

　　2004年總統大選，連宋黃金組合居然因為319槍擊事件再度敗下陣來，當民眾不滿319槍擊事件，正在總統府前大聲抗議之際，李登輝在公開場合戲稱，二人不顧群眾在外餐風露宿地抗爭，自己跑去打麻將。

　　連宋二人選輸也罷，居然還被人這般調侃，一氣之下，遂提出告訴……

■ 什麼是告訴乃論之罪

　　某些犯罪，必須要有告訴權的人提出告訴，檢察官才能起訴，法院才能判決，稱之為「告訴乃論之罪」。也就是有告訴權的人，要明白地向司法偵查機關表示：「我要告他！」檢察官跟法院才會受理。

　　哪些犯罪須告訴乃論？刑法跟刑事特別法都會特別明文規定，常見的有：(如右頁)

罪　名	附加說明
對配偶強制性交罪（刑§221、229-1）	至於其他強制性交或猥褻罪，現行法都是非告訴乃論之罪。
對配偶強制猥褻罪（刑§224、229-1）	
未滿18歲之人與未滿14歲及14歲以上未滿16歲之男女為性交、猥褻行為（刑§227、229-1）	
與直系或三親等內旁系血親性交罪（刑§230、236）	
詐術結婚罪（刑§238、245）	重婚罪則屬非告訴乃論之罪。
和誘有配偶之人脫離家庭（刑§240Ⅱ、245）	
普通傷害罪（刑§277Ⅰ、287）	若是公務員執行職務時所犯刑，或重傷罪（刑§278）則屬非告訴乃論之罪。
對直系血親尊親屬施暴罪（刑§281、287）	
普通過失傷害（重傷）罪及業務過失傷害罪（重傷）（刑§284、287）	過失致死罪則屬非告訴乃論之罪。
略誘婦女罪（刑§298、308）	若是基於與被誘人結婚的目的，其告訴不得違反被誘人的意思。
侵入住宅罪（刑§306、308）	
公然侮辱罪（刑§309、314）	但公然侮辱公務員、公家機關、中華民國國旗、國徽及國父遺像，則屬非告訴乃論之罪。

（左側縱向文字）一般常見的告訴乃論之罪

罪　名	附加說明
誹謗罪（刑§310、314）	連宋控告李登輝案件，因為屬於誹謗罪，必須提出告訴始得審理。
妨害他人信用罪（刑§313、314）	
妨害書信秘密罪（刑§315、319）	
利用工具窺視、竊聽、竊錄罪（刑§315-1、319）	
洩漏因業務得知他人秘密罪（刑§316、319）	
洩漏業務上知悉之工商秘密罪（刑§317、319）	
洩漏公務上知悉之工商秘密罪（刑§318、319）	刑§318-1至318-2亦為告訴乃論罪
直系血親、配偶或同財共居親屬、五親等內血親及三親等內姻親間之竊盜罪、竊佔罪、侵占罪、詐欺罪、背信罪（刑§324、338、339～342、343）	其他人若犯這些罪，都是非告訴乃論之罪。
毀損文書或一般器物罪（刑§352、354、357）	毀損他人建築物、礦坑、船艦則屬非告訴乃論之罪。
詐術使人損害財產罪（刑§355、357）	
損害債權罪（刑§356、357）	
無故入侵電腦系統設備罪（刑§358）、違反保護電腦紀錄罪（刑§359）、無故干擾電腦系統罪（刑§360、363）	對公務機關之電腦或其相關設備犯左列各罪，為非告訴乃論。

一般常見的告訴乃論之罪

除了以上各罪外，刑法大部分的犯罪都是「非告訴乃論之罪」，不需要有人提起告訴，檢察官就可以起訴，法院就可以審判。

Q：告訴與告發是否一樣？

A：簡單來說，如果你不是被害人，也沒有告訴權，而知悉特定犯罪的事實，向偵查機關報告者，就是所謂的「告發」。如果是公務員執行職務，知悉犯罪嫌疑，而向偵查機關報告犯罪事實，也是告發的一種。

二 法律錯誤的法律用詞

一般人常會講殺人罪是「公訴罪」，其實正確的用語應該是「非告訴乃論之罪」。為什麼會有這樣的錯誤觀念呢？

因為電視媒體報導中，常看到檢察官對某些犯罪事實起訴，所以誤以為是公權力的執行，就是公訴罪。實際上並沒有公訴罪這種用法，只有公訴程序與自訴程序的比較。簡單來說，公訴是透過檢察機關向法院起訴的機制，自訴則是自己向法院提起訴訟。

> 公訴←→自訴

告訴乃論罪與非告訴乃論罪，也是一種相對的觀念，前者是要有告訴權人的告訴，後者則不需要提出告訴，檢察官即可自行偵查起訴。

> 告訴乃論之罪←→非告訴乃論之罪

2 誰有權提起告訴？

可以提起告訴的人，包括下列幾種：

獨立告訴人	犯罪的被害人(刑訴§232)、被害人的法定代理人、被害人的配偶(刑訴§233 I)		均可單獨提起告訴，例如要控告虐待小孩的父母(被害人之法定代理人)，小孩的爺爺、奶奶(直系血親)均可單獨提出告訴
	被害人的法定代理人為被告，或法定代理人的配偶、四親等內的血親、三親等內的姻親或家長、家屬為被告	左列情況之告訴權人：被害人的直系血親、三親等內的旁系血親、二親等內的姻親或家長、家屬(刑訴§235)	
代理告訴人	被害人已經死亡時，其配偶、直系血親、三親等內之旁系血親、二親等內之姻親或家長、家屬(刑訴§233 II本文)		在告訴乃論之罪，不得與被害人明示的意思相反(刑訴§233 II但)
代行告訴人	告訴乃論之罪，無得為告訴之人或得為告訴之人不能行使告訴權，該管檢察官得依利害關係人的聲請或依職權指定特定人提起告訴(刑訴§236 I)		不得與被害人明示的意思相反(刑訴§236 II準用§233 II但)

除此之外，有些犯罪還限定只有特定人可以提起告訴，譬如：

罪　名	專屬告訴人
與直系或三親等內旁系血親性交罪(刑§230)	本人的直系血親尊親屬、配偶、配偶的直系血親尊親屬(刑訴§234Ⅰ)
和誘有配偶之人脫離家庭罪(刑§240Ⅱ)	配偶(刑訴§234Ⅱ)
略誘婦女罪(刑§298)	被略誘人的直系血親、三親等內的旁系血親、二親等內的姻親或家長、家屬(刑訴§234Ⅲ)
侮辱毀謗死者罪(刑§312)	已死者之配偶、直系血親、三親等內之旁系血親、二親等內之姻親或家長、家屬(刑訴§234Ⅳ)

實務見解 莊國榮罵《幹》女兒案

　　莊國榮在某場總統大選造勢場合上，以粗鄙的言論影射前總統馬英九之父親馬鶴凌先生「乾女兒變成幹女兒」，可能成立刑法第312條公然侮辱死者罪。由於馬鶴凌先生業已往生，前總統馬英九為其直系血親(卑親屬)，具有告訴權，有權對莊國榮提出告訴。

　　提起告訴的人並不要求是有行為能力的成年人，所以即使是一個7歲小孩，只要他能夠理解「告訴」的意義，就可以行使告訴權。

告訴，可以委任代理人提起，代理人不限定要律師，最多可以委任3人(刑訴§28)，但應向檢察官或司法警察官提出委任書狀，範本如下：

刑事委任狀　案號：○○年度○字第○○號　股別：○股	委任人	受任人
姓名或名稱	○○○	○○○
年齡	○○	○○
職業	○○	○○
住居所、事務所或營業所	○○○	○○○

為　×××　　　　　　　　案件
委任人茲依照刑事訴訟法第236-1條規定，委任受任人為告訴代理人。
謹狀
臺灣　○○　地方法院檢察署公鑒

　　　　　　　　　　　　　委任人：○○○
　　　　　　　　　　　　　受任人：○○○

中　華　民　國　○○　年　○○　月　○○　日

【刑事訴訟法第236-1條】
Ⅰ告訴，得委任代理人行之。但檢察官或司法警察官認為必要時，得命本人到場。
Ⅱ前項委任應提出委任書狀於檢察官或司法警察官，並準用第28條及第32條之規定。

一 告訴期間

　　在告訴乃論的案件，有告訴權的人應自得為告訴人知悉犯人之時起，6個月內提出告訴。但如果是連續性或繼續性的犯罪，告訴期間應該從告訴權人知悉犯人最後一次行為或行為結束時起算。

　　但如果得提起告訴的人有多數，「知悉犯罪人」的時間可能會有所不同，其中有人遲誤告訴期間，其他還沒逾期的人，還是可以提出告訴的。

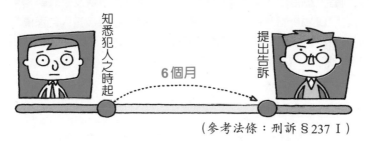

（參考法條：刑訴§237Ⅰ）

二 撤回告訴

　　告訴乃論之罪，告訴人在法院第一審言詞辯論終結前，得撤回告訴。(刑訴§238Ⅰ)這在告訴人與被告達成和解時常見，而和解書上最好記載下列內容：

> 　　「○○○(告訴人)同意於○○○(被告)履行本和解書所約定之義務同時，交付【案號案由】之撤回告訴狀，由○○○(被告)自行提出於○○法院(檢察署)。」

　　和解完後，就要向法院(檢察署)提出撤回告訴狀，但要特別注意的是，撤回告訴後，不得再提出告訴。(刑訴§238Ⅱ)

甲被乙殺害，以下何人具有告訴權？　(A)被害人甲　(B)甲之妻丙　(C)檢察官　(D)以上均具有 【99五等司特 - 民事訴訟法大意與刑事訴訟法大意】	(B)

解析：刑事訴訟法第233條第2項規定：「被害人已死亡者，得由其配偶、直系血親、三親等內之旁系血親、二親等內之姻親或家長、家屬告訴。但告訴乃論之罪，不得與被害人明示之意思相反。」

下列何者不得提出告訴？　(A)刑法第239條妨害婚姻及家庭罪相姦人之配偶　(B)犯罪被害人之配偶　(C)已死亡犯罪被害人之配偶　(D)刑法第312條妨害名譽及信用罪，已死亡之人之堂兄弟之配偶 【102司特五等 - 民事訴訟法大意與刑事訴訟法大意】	(D)

解析：

(A)刑法第239條已刪除。

甲因細故對乙施暴，造成乙左上臂撕裂傷，就醫縫合後已無大礙。乙念在與甲是老同事，在臉書上表示原諒甲一時衝動，不追究甲任何責任。但乙妻丙嚥不下這口氣，前往地檢署以其個人之名義對甲提出傷害罪告訴；豈料，乙知悉後，乃具狀撤回丙之告訴。上開丙所提出之告訴，效力究竟如何？　(A)自始不生效力，被害人已明示不予追究，任何人均無告訴權　(B)自始生效，丙之告訴權與乙之告訴權，各自獨立，互不相干　(C)原本生效，但經乙撤回後，則失其效力　(D)效力未定，須待檢察官裁量 【106司特五等 - 民事訴訟法大意與刑事訴訟法大意】	(B)

下列那一種情形不在「不告不理原則」之支配範圍內？　(A)被害人提起「自訴」　(B)被告提起「反訴」　(C)被害人提出「告訴」　(D)檢察官提起「公訴」 【106司特五等 - 民事訴訟法大意與刑事訴訟法大意】	(C)

相關考題　告訴權人

「不告不理」乃刑事訴訟制度基本原則，下列何者適用本原則？ (A)被害人提出告訴　(B)被害人提起自訴　(C)被害人聲請再議 (D)被害人提起上訴 【105司特五等 - 民事訴訟法大意與刑事訴訟法大意】	(B)
下列有關專屬告訴人之敘述，何者錯誤？　(A)刑法第230條之血親為性交罪，被告之配偶為專屬告訴人　(B)刑法第239條之通姦罪，僅配偶得告訴　(C)刑法第312條之侮辱誹謗死者罪，已死者之家屬不得告訴　(D)刑法第240條第2項之和誘罪，被告之尊親屬不得告訴 【104司特五等 - 民事訴訟法大意與刑事訴訟法大意】	(C)

解析：
(B)刑法第239條已刪除。

相關考題　告訴期間

一般告訴乃論之罪，有告訴權人之告訴，下列何者為正確？　(A)自知悉犯人之時起，於6個月內為之　(B)自被犯罪侵害之時起，於6個月內為之　(C)自知悉犯人之時起，於6年內為之　(D)自被犯罪侵害之時起，於1年內為之 【98五等司特 - 民事訴訟法大意與刑事訴訟法大意】	(A)
告訴乃論之罪，其告訴應自得為告訴之人知悉犯人之時起多久內為之？　(A)2年　(B)1年　(C)6個月　(D)3個月 【98五等原住民庭務員 - 民事訴訟法大意與刑事訴訟法大意】	(C)

有關告訴乃論之罪,下列敘述,何者錯誤? (A)告訴乃論之罪,其告訴應自得為告訴之人知悉犯人之時起,於6個月內為之 (B)撤回告訴之人,得再行告訴 (C)告訴乃論之罪,告訴人於第一審辯論終結前,得撤回其告訴 (D)犯罪之被害人,得為告訴　（B）

【100五等司特-民事訴訟法與刑事訴訟法大意】

解析:

(B)刑事訴訟法第238條第2項規定:「撤回告訴之人,不得再行告訴。」

以下的敘述,何者錯誤? (A)不問何人知有犯罪嫌疑者,得為告發 (B)非告訴乃論之罪的被害人不得為告訴 (C)公務員因執行職務知有犯罪嫌疑者,應為告發 (D)被害人之配偶得獨立告訴　（B）

【98五等原住民庭務員-民事訴訟法大意與刑事訴訟法大意】

路人甲,目睹乙竊取丙之機車,則: (A)甲應提出告訴 (B)甲得提出告訴 (C)甲應為告發 (D)甲得為告發　（D）

【99五等司特-民事訴訟法大意與刑事訴訟法大意】

解析:因為某甲不是被害人,所以並不能提出告訴,但是依據刑事訴訟法第240條規定:「不問何人知有犯罪嫌疑者,得為告發。」所以某甲得為告發。

甲知悉乙有逃漏稅捐罪之犯罪嫌疑,甲想告發乙的犯罪,下列機關何者無權受理甲的告發? (A)法務部調查局 (B)市政府警察局 (C)國稅局 (D)檢察署　（C）

【110司特五等-民事訴訟法大意與刑事訴訟法大意】

相關考題　委任代理人告訴

下列敘述何者正確？ (A)告訴，得委任代理人行之 (B)不問何人知有犯罪嫌疑者，得為告訴 (C)偵查，原則上應公開之 (D)檢察官依偵查所得之證據足認被告有犯罪嫌疑者，因被告之所在不明，不得提起公訴 【98五等原住民庭務員－民事訴訟法大意與刑事訴訟法大意】	(A)

解析：(A)刑事訴訟法第236-1條第1項規定：「告訴，得委任代理人行之。但檢察官或司法警察官認為必要時，得命本人到場。」

相關考題　撤回告訴

第一審法院審判之告訴乃論之罪的刑事訴訟案件，告訴人欲撤回告訴須於何時為之？ (A)於第一審法院第一次開庭前 (B)於第一審法院宣示判決前 (C)於第一審法院辯論終結前 (D)於第一審法院判決書送達前 【98五等原住民庭務員－民事訴訟法大意與刑事訴訟法大意】	(C)
有關刑事訴訟法上之告訴，下列敘述何者錯誤？ (A)所謂告訴，係指告訴權人向偵查機關申告犯罪事實請求追訴之意 (B)依刑事訴訟法規定，被害人死亡前，其配偶並無獨立告訴權，於告訴乃論之罪，配偶之告訴不得與被害人明示之意思相反 (C)告訴，得委任代理人行之 ~~(D)刑法第239條之罪，對於配偶撤回告訴者，其效力不及於相姦人~~ 【108司特五等－民事訴訟法大意與刑事訴訟法大意】	(B)
依刑事訴訟法規定，下列自訴何者為不合法？ (A)對於三親等內之旁系血親提起自訴 (B)告訴乃論之罪，被害人撤回告訴後，再行自訴 (C)告訴乃論之罪經檢察官開始偵查，犯罪之直接被害人就同一案件再提起自訴 (D)同一犯罪中有告訴權人已喪失告訴權，其他告訴權人仍提起自訴 【108司特五等－民事訴訟法大意與刑事訴訟法大意】	(B)

成年單身又無子女之甲遭乙開車不慎撞傷，昏迷不醒，甲父見肇事後已 5 個月，復與乙無法達成和解，甲父乃以其名義一狀向檢察官提出乙過失傷害之刑事告訴。下列敘述何者正確？　(A)甲父沒有告訴權　(B)甲父得代理甲提起告訴　(C)應由檢察官當公益代表人，替甲提出告訴　(D)甲父得獨立告訴

(A)

【111司特五等-民事訴訟法大意與刑事訴訟法大意】

Note

3 告訴不可分

一 告訴不可分之概念

刑事訴訟法第239條規定:「告訴乃論之罪,對於共犯之一人告訴或撤回告訴者,其效力及於其他共犯。」所以提出告訴是針對犯罪事實,要求檢察官以國家地位進行追訴,效力會及於涉及此犯罪事實之所有共犯。因此,告訴人不能選擇告誰或不告誰,此即所謂的「主觀告訴不可分」,而為效力所及。

二 配偶通姦之例外(釋字第791號解釋失其效力)

除了告訴不可分之外,還有「撤回告訴不可分」,刑事訴訟法第239條但書原本規定:「但刑法第239條之罪,對於配偶撤回告訴者,其效力不及於相姦人。」刑法第239條即所謂的通姦罪,是撤回告訴不可分之例外。

惟本條但書依據司法院大法官109年5月29日釋字第791號解釋,與憲法第7條保障平等權之意旨有違,且因刑法第239條規定業經本解釋宣告違憲失效而失所依附,故亦應自本解釋公布之日起失其效力。

現行刑事訴訟法第239條規定:「告訴乃論之罪,對於共犯之一人告訴或撤回告訴者,其效力及於其他共犯。」已將原但書規定刪除。

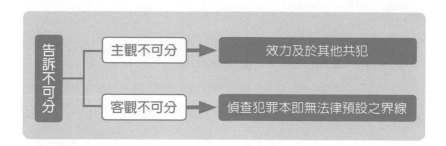

實務見解

實務上相關見解包括：

其一，對共犯中一人不得告訴者，對其他共犯亦不得告訴；（30院2261）（林鈺雄教授認為「不得告訴」是擴張解釋，參照《刑法與刑訴之交錯適用》第519頁）。

其二，對於配偶不得提起自訴，依告訴乃論之罪告訴不可分之原則，亦僅得告訴，不適用自訴程序。（19院364）（林鈺雄教授認為告訴（主觀）不可分原則不應該用到「不得自訴」）

第五篇

偵查程序

1 偵查程序概說

偵查程序是犯罪調查過程中最為重要的部分，也是國家考試的出題熱區，要注意的細節相當多，主要可以分成以下四個部分：

一、通知、傳喚與偵訊

二、拘提、逮捕、通緝與羈押

三、具保、責付，與限制住居

四、搜索、扣押

一般學生實務經驗不多，對於一些程序內容較不易理解，建議可以多看一些新聞與時事。看到相關新聞時，就去查看法條，並想像自己若是當事人時該如何主張以維護權利。

實務案例 趙藤雄合宜住宅涉嫌行賄案

遠雄集團董事長趙藤雄涉桃園合宜住宅案遭聲押，北檢不服兩人獲交保，提起抗告；高院今撤銷裁定，發回北院。其中羈押原因之一，應係趙某交保後召開高層主管會議，恐有勾串共犯或證人之虞；另其將數十箱疑為案件資料送交業者銷毀，亦有湮滅證據之虞。

偵查程序

通知、傳喚與偵訊

拘提、逮捕、通緝與羈押

具保、責付，與限制住居

搜索、扣押

【偵查不公開】

　　常常在電視媒體中，看到地檢署、調查局或警方以偵查不公開的理由，迴避媒體記者的詢問。甚至連當事人為了逃避媒體的追問，也將偵查不公開掛在嘴邊，成為抵擋外界拷問的擋箭牌。

　　但是偵查不公開到底是什麼？什麼都不能說嗎？規範的對象除了執法機關，是否還包括當事人呢？

【刑事訴訟法第245條】

Ⅰ偵查，不公開之。

Ⅱ被告或犯罪嫌疑人之辯護人，得於檢察官、檢察事務官、司法警察官或司法警察訊問該被告或犯罪嫌疑人時在場，並得陳述意見。但有事實足認其在場有妨害國家機密或有湮滅、偽造、變造證據或勾串共犯或證人或妨害他人名譽之虞，或其行為不當足以影響偵查秩序者，得限制或禁止之。

Ⅲ檢察官、檢察事務官、司法警察官、司法警察、辯護人、告訴代理人或其他於偵查程序依法執行職務之人員，除依法令或為維護公共利益或保護合法權益有必要者外，偵查中因執行職務知悉之事項，不得公開揭露予執行法定職務必要範圍以外之人員。

Ⅳ偵查中訊問被告或犯罪嫌疑人時，應將訊問之日、時及處所通知辯護人。但情形急迫者，不在此限。

Ⅴ第1項偵查不公開作業辦法，由司法院會同行政院定之。

【立法說明：101年5月25日修正】

　　基於(舊法)第3項「不得公開揭露」定義不明，各檢調人員或告訴代理人等解讀各異，造成當事者被圍堵、公開批判、錯誤訊息影響相關人權益，甚至危及性命，修正第3項，明定不得公開或揭露予執行法定職務必要範圍以外之人員。

■本書說明

依上開條文可知，規範的對象大多是實施偵查之人員、辯護人與告訴代理人，以避免偵查所得資訊任意公開，而造成媒體或社會大眾未審先判，妨礙偵查或審判之順利進行。

至於犯罪嫌疑人、告訴人或證人(包括受害人)受偵查機關訊問後，為維護自身權益，本得自行斟酌是否將受偵訊的內容公布，並不受此規範。但告訴人或證人，得否於偵查時到場，取決於實施偵查之人員，如果其任意將到場所知之偵查資訊公開，而妨礙偵查或審判之順利進行，可能會被禁止於日後偵查時到場，反而因此喪失即時反駁或補充陳述之機會，不可不慎！

其次，偵查不公開還是有三種例外的情況，包括「依法令」、「維護公共利益」、「保護合法權益」等有必要的情況下，就可以對外公布。例如駭客不斷以違法入侵的方式進行攻擊、毒奶粉或劣質油品流入市面等，偵查機關就可以適時地進行新聞發布，提醒一般民眾小心防範，以達到維護公共利益的目的。

此外，遇到對偵查案件所為之不實報導，偵查機關、辯護人、告訴代理人主動公布偵查內容以杜謠言，其目的在於維護被告或被害人權益，並不違反偵查不公開。

相關考題　偵查不公開	
下列何者，對於偵查秘密事項負有保密義務？　(A)告訴代理人　(B)輔佐人　(C)告發人　(D)被告 【104司特五等-民事訴訟法大意與刑事訴訟法大意】	(A)
檢察官為避免被告逃匿或證據被湮滅，故偵查程序不公開，下列敘述何者錯誤？ (A)辯護人於偵查中所知悉偵查之內容，不得告訴他人 (B)告訴代理人於偵查中所知悉偵查之內容，不得告訴他人 (C)檢察事務官於偵查中所知悉偵查之內容，不得告訴他人 (D)檢察官偵查中知悉被告令人不齒之辯解，得於偵查中召開記者會揭露 【111司特五等-民事訴訟法大意與刑事訴訟法大意】	(D)

刑事訴訟法第245條對照表

修正前	修正後
偵查，不公開之。	偵查，不公開之。
被告或犯罪嫌疑人之辯護人，得於檢察官、檢察事務官、司法警察官或司法警察訊問該被告或犯罪嫌疑人時在場，並得陳述意見。但有事實足認其在場有妨害國家機密或有湮滅、偽造、變造證據或勾串共犯或證人或妨害他人名譽之虞，或其行為不當足以影響偵查秩序者，得限制或禁止之。	被告或犯罪嫌疑人之辯護人，得於檢察官、檢察事務官、司法警察官或司法警察訊問該被告或犯罪嫌疑人時在場，並得陳述意見。但有事實足認其在場有妨害國家機密或有湮滅、偽造、變造證據或勾串共犯或證人或妨害他人名譽之虞，或其行為不當足以影響偵查秩序者，得限制或禁止之。
檢察官、檢察事務官、司法警察官、司法警察、辯護人、告訴代理人或其他於偵查程序依法執行職務之人員，除依法令或為維護公共利益或保護合法權益有必要者外，不得公開揭露偵查中因執行職務知悉之事項。	檢察官、檢察事務官、司法警察官、司法警察、辯護人、告訴代理人或其他於偵查程序依法執行職務之人員，除依法令或為維護公共利益或保護合法權益有必要者外，偵查中因執行職務知悉之事項，不得公開或揭露予執行法定職務必要範圍以外之人員。
偵查中訊問被告或犯罪嫌疑人時，應將訊問之日、時及處所通知辯護人。但情形急迫者，不在此限。	偵查中訊問被告或犯罪嫌疑人時，應將訊問之日、時及處所通知辯護人。但情形急迫者，不在此限。
	第1項偵查不公開作業辦法，由司法院會同行政院定之。

直播與偵查不公開

　　前新黨發言人王炳忠因案遭搜索，於搜索過程中進行直播，由於偵查不公開涉及到搜索過程與內容之秘密，司法人員應禁止其為直播；因此，雖然王炳忠並不屬於偵查不公開規定所約束之對象，但司法人員為達到偵查不公開之目的，自應積極作為，要求其不得進行直播，若司法人員容任其直播，反而有違反偵查不公開之不作為犯之適用。

一 主動偵查犯罪

　　檢察官因告訴、告發、自首或其他情事知有犯罪嫌疑者，應即開始偵查。(刑訴§228Ⅰ)前項偵查，檢察官得限期命檢察事務官、第230條之司法警察官或第231條之司法警察調查犯罪情形及蒐集證據，並提出報告。必要時，得將相關卷證一併發交。(刑訴§228Ⅱ)

　　司法警察(官)知有犯罪嫌疑者，應即開始調查，並將調查之情形報告該管檢察官及前條之司法警察官。(刑訴230Ⅱ、231Ⅱ)有必要時，得封鎖犯罪現場，並為即時之勘察。(刑訴230Ⅲ、231Ⅲ)

　　檢察官對於司法警察官或司法警察移送或報告之案件，認為調查未完備者，得將卷證發回，命其補足，或發交其他司法警察官或司法警察調查。司法警察官或司法警察應於補足或調查後，再行移送或報告。(刑訴§231-1Ⅰ)

相關考題 **司法警察官之職權**

下列何者屬於司法警察官之職權？　(A)簽發搜索票　(B)簽發押票
(C)知有犯罪嫌疑者，應即開始調查犯罪嫌疑　(D)簽發拘票

(C)

【100五等司特-民事訴訟法與刑事訴訟法大意】

相關考題 **強制處分**

下列何種強制處分不涉及人身自由之侵害？
(A)拘提　(B)逮捕　(C)緊急拘提　(D)通訊監察

(D)

【102司特五等-民事訴訟法大意與刑事訴訟法大意】

相關考題 **偵查或調查之發動**

依刑事訴訟法規定，下列何種情形並非檢察官或司法警察（官）應
即開始偵查或調查之事由？　(A)司法警察依法逮捕現行犯後，解送
檢察官　(B)被害人向司法警察官提起告訴　(C)檢察官依法相驗後，
發現有犯罪嫌疑　(D)外國人向我國駐外代表處請求追訴刑法第116
條或第118條之罪

(D)

【108司特五等-民事訴訟法大意與刑事訴訟法大意】

相關考題 **自首**

下列關於自首之敘述，何者錯誤？　(A)自首，應以書狀或言詞向法
院為之　(B)自首以言詞為之者，應製作筆錄　(C)為便利言詞自首，
得設置申告鈴　(D)自首方式係用自行投案或託人代行，均無限制

(A)

【108司特五等-民事訴訟法大意與刑事訴訟法大意】

相關考題 檢察官與司法警察（官）之關係

有關刑事訴訟法中檢察官與司法警察（官）之關係，下列敘述何者正確？ (A)依刑事訴訟法第 230 條第 2 項、第 231 條第 2 項規定，司法警察（官）亦具有先行調查權，而屬於偵查主體之一 (B)檢察官於依刑事訴訟法第 228 條第 1 項知有犯罪嫌疑者，開始偵查後，得請求司法警察（官）協助調查犯罪情形及蒐集證據，但不得命司法警察提出報告 (C)檢察官對於司法警察（官）或司法警察移送之案件，認為調查未完備者，不得將卷證發回，亦不得發交其他司法警察（官）調查，僅得命檢察事務官補足調查 (D)刑事訴訟法第 229 條第 1 項規定之司法警察官，應將調查之結果，移送該管檢察官；如接受被拘提或逮捕之犯罪嫌疑人，除有特別規定外，應解送該管檢察官

(D)

【108 司特五等 - 民事訴訟法大意與刑事訴訟法大意】

二 修復式正義

檢察官於偵查中<u>得</u>將案件移付調解；或<u>依被告及被害人之聲請</u>，轉介適當機關、機構或團體進行<u>修復</u>。（刑訴§248-2 Ⅰ）

前項修復之聲請，被害人無行為能力、限制行為能力或死亡者，得由其法定代理人、直系血親或配偶為之。（刑訴§248-2 Ⅱ）

法院於言詞辯論終結前，得將案件移付調解；或依被告及被害人之聲請，於聽取檢察官、代理人、辯護人及輔佐人之意見後，轉介適當機關、機構或團體進行修復。（刑訴§271-4 Ⅰ）

前項修復之聲請，被害人無行為能力、限制行為能力或死亡者，得由其法定代理人、直系血親或配偶為之。（刑訴§271-4 Ⅱ）

「修復式正義」或稱「修復式司法」（Restorative Justice），旨在<u>藉由有建設性之參與及對話，在尊重、理解及溝通之氛圍下，尋求彌補被害人之損害、痛苦及不安，以真正滿足被害人之需要，並修復因衝突而破裂之社會關係。</u>

我國既有之調解制度固在一定程度上發揮解決糾紛及修復關係之功能，惟調解所能投入之時間及資源較為有限，故為貫徹修復式司法之精神並提升其成效，亦有必要將部分案件轉介適當機關、機構或團體，而由專業之修復促進者以更充分之時間及更完整之資源來進行修復式司法程序。

檢察官於偵查中，法院於訴訟繫屬後、言詞辯論終結前，斟酌被告、被害人或其家屬進行調解之意願與達成調解之可能性、適當性，認為適當者，得使用既有之調解制度而將案件移付調解，或於被告及被害人均聲請參與修復式司法程序時，檢察官以及法院（於聽取檢察

官、代理人、辯護人及輔佐人之意見後）得將案件轉介適當機關、機構或團體進行修復，由該機關、機構或團體就被告、被害人是否適合進入修復式司法程序予以綜合評估，如認該案不適宜進入修復，則將該案移由檢察官繼續偵查或法院繼續審理；反之，則由該機關、機構或團體指派之人擔任修復促進者進行修復式司法程序，並於個案完成修復時，將個案結案報告送回檢察官或法院，以供檢察官偵查或法院審理之參考。

2 通知、傳喚與偵訊

一 基本概念

司法機關偵辦案件時，對於所蒐獲的證據或證人指稱的事實，必須請當事人到案說明。司法警察(官)通常是寄送「約談通知書」，檢察官則稱之為傳喚，傳喚的通知書稱之為「傳票」。當事人收到約談通知書或傳票後，即必須依據指定之時間與地點到案說明。

二 通知

約談通知書並沒有強制力，收到後可以考量自身的情況決定是否前往，但約談通知書上通常會記載「無正當理由不到場者，得報請檢察官核發拘票」。若拘票核發下來，執法人員就有權強制被通知人到案說明。

【刑事訴訟法第71-1條第1項】

司法警察官或司法警察，因調查犯罪嫌疑人犯罪情形及蒐集證據之必要，得使用通知書，通知犯罪嫌疑人到場詢問。經合法通知，無正當理由不到場者，得報請檢察官核發拘票。

	簽發人	名稱	強制力
通知	第一線的執法機關，如警方、調查局	約談通知書	無，惟仍建議到案說明
傳喚	偵查中由檢察官簽名，審判中由審判長或受命法官簽名	傳票	有，無正當理由不到，得直接拘提

無法到案說明

對不起，臨時有事要請假。

OK

正當理由

　　如果犯罪嫌疑人收到通知，在沒有正當理由的前提下，不配合接受約談，上演「落跑」的戲碼，司法警察(官)就可以報請檢察官核發拘票。

　　什麼是正當理由呢？例如已經約好看病的時間、身為董事長要參加已經安排好時間的股東大會等，均屬之。

本書建議

　　到案說明是澄清事實的一個機會，除非時間上不允許，否則建議應該前往接受偵訊；即使時間上不方便，也可先以電話與案件承辦人聯繫，更改到案的時間。

3 傳喚

　　傳喚被告，應用傳票。(刑訴§71Ⅰ)傳票之格式，如右頁圖。偵查階段中由檢察官簽發，具有強制力，因為傳票中會有記載「無正當理由不到場者，得命拘提」。也就是說如果沒有依照傳票上的時間、地點到場說明，檢察官可能會直接命司法警察(官)強制被通知人帶上手銬到案說明。因此，如果有正當理由就必須請假，例如立法委員最常以立法院會期正在進行為理由，向檢察官請假；又如前御醫黃芳彥因SOGO禮券案遭檢調約談時，即以罹患攝護腺癌，必須赴美就醫為由不斷地請假；前苗栗縣長劉政鴻也是不斷地以政務繁忙為由，向檢察官請假。

　　所以拘提的前提，原則上應該要先傳喚被告。被告經合法傳喚，無正當理由不到場者，得拘提之。(刑訴§75)但是，有些特殊情況即便未經傳喚，還是可以逕行拘提，規範如下：(刑訴§76)

　　被告犯罪嫌疑重大，而有下列情形之一者，必要時，得不經傳喚逕行拘提：

　(一)無一定之住所或居所者。

　(二)逃亡或有事實足認為有逃亡之虞者。

　(三)有事實足認為有湮滅、偽造、變造證據或勾串共犯或證人之虞者。

　(四)所犯為死刑、無期徒刑或最輕本刑為5年以上有期徒刑之罪者。

> **記憶小秘訣**：第76條之記憶法直接用關鍵字口訣即可。「無居、逃亡、偽(娘)、死刑」，條號76則可想成「氣流」(諧音)，一種飄忽無蹤的感覺。

傳票之格式

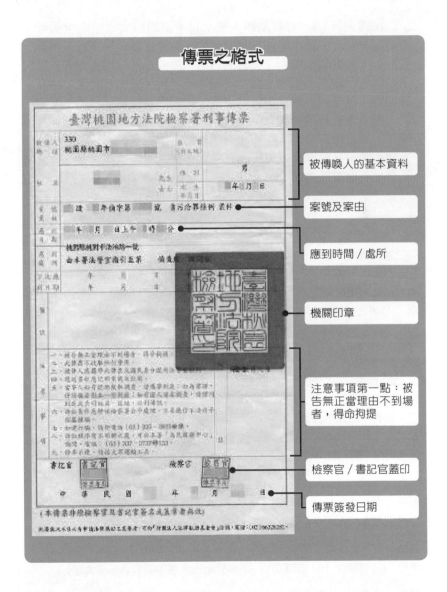

被傳喚人的基本資料

案號及案由

應到時間／處所

機關印章

注意事項第一點：被告無正當理由不到場者，得命拘提

檢察官／書記官蓋印

傳票簽發日期

力霸掏空案

　　民國96年初，力霸創辦人王又曾、王的四太太王金世英涉嫌違反證交法、背信等罪，且有逃亡、串證之虞，檢察官直接簽發拘票，交由調查局到王又曾的住所、辦公室逕行拘提兩人。因王等二人已經潛逃出境，雖事後得悉過境新加坡樟宜機場，由新加坡方面以護照失效為由暫時留置，調查局幹員積極協調王又曾二人搭上新航赴美班機(途中轉機臺北)，於飛抵臺北時加以逮捕歸案，但王等二人走上空橋時突然反悔，拒絕登機，後因新加坡方面不願王又曾過夜，只好讓王又曾搭機返美。目前，王又曾及王金世英仍潛逃美國……（王又曾於2016年在美車禍身亡）

相關考題　**通知書**

司法警察官或司法警察，因調查犯罪之必要，使用「通知書」通知犯罪嫌疑人到場詢問；若犯罪嫌疑人經合法通知而無正當理由不到場者，其法律效果如何？　(A)得逕行逮捕　(B)得報請檢察官核發拘票　(C)得報請檢察官核發傳票　(D)無任何法律效果　【106司特五等 - 民事訴訟法大意與刑事訴訟法大意】	(B)

相關考題　**傳喚**

傳喚被告，應用傳票，傳票應該由誰簽名？　(A)偵查中由檢察官簽名，審判中由審判長簽名　(B)不分偵查與審判程序，一律由檢察官簽名　(C)不分偵查與審判程序，一律由審判長簽名　(D)不分偵查與審判程序，均由檢察總長簽名　【97五等司特 - 民事訴訟法大意與刑事訴訟法大意】	(A)

解析：刑事訴訟法第71條第4項規定：「傳票，於偵查中由檢察官簽名，審判中由審判長或受命法官簽名。」

傳喚證人到庭作證，應使用何種方式為之？　(A)押票　(B)傳票　(C)拘票　(D)搜索票【97五等司特 - 民事訴訟法大意與刑事訴訟法大意】	(B)

解析：刑事訴訟法第71條第1項規定：「傳喚證人，應用傳票。」

相關考題　傳喚

關於被告之傳喚，下列敘述何者正確？　(A)對於到場之被告，經面告以下次應到之日、時、處所及如不到場得命拘提，並記明筆錄者，仍應另發傳票通知　(B)傳喚在看守所之被告，應直接發予傳票　(C)被告經合法傳喚，無正當理由不到場者，尚不得拘提　(D)被告因傳喚到場者，除確有不得已之事故外，應按時訊問之　【102司特五等 - 民事訴訟法大意與刑事訴訟法大意】	(D)

解析：
(A)與已送達傳票有同一之效力。（刑訴§72）
(B)應通知該監所長官。（刑訴§73）

關於被告之傳訊，下列之敘述，何者錯誤？　(A)傳票於偵查中由檢察官簽名　(B)傳喚之被告按時到場後，應於2小時內訊問之　(C)傳喚在監獄中之被告，應通知監獄長官　(D)被告經合法傳喚，無正當理由不到場者，得拘提之　【104司特五等 - 民事訴訟法大意與刑事訴訟法大意】	(B)
依刑事訴訟法之規定，下列對被告傳喚之敘述，何者錯誤？　(A)對於到場之被告當面告知下次應到之日、時、處所及如不到場得命拘提，並記明筆錄，與已送達傳票有同一之效力　(B)傳喚在監獄之被告，應通知該監所長官　(C)被告經以口頭陳明屆期到場，與已送達傳票有同一之效力　(D)傳喚被告，應用傳票　【109司特五等 - 民事訴訟法大意與刑事訴訟法大意】	(C)
依刑事訴訟法規定，有關於傳喚與通知之敘述，下列何者錯誤？ (A)司法警察官或司法警察，因調查犯罪嫌疑人犯罪情形及蒐集證據之必要，得使用傳票，傳喚犯罪嫌疑人到場詢問　(B)傳喚在監獄或看守所之被告，應通知該監所長官　(C)被告經合法傳喚，無正當理由不到場者，得拘提之　(D)被告經以書狀陳明屆期到場者，與已送達傳票有同一之效力　【108司特五等 - 民事訴訟法大意與刑事訴訟法大意】	(A)
下列關於傳喚證人之敘述，何者錯誤？　(A)傳喚證人，應用傳票。傳票，於偵查中、審判中均由法官簽名　(B)傳票至遲應於到場期日24小時前送達。但有急迫情形者，不在此限　(C)證人經合法傳喚，無正當理由而不到場者，得科以新臺幣3萬元以下之罰鍰，並得拘提之　(D)證人無正當理由拒絕具結或證言者，得科以新臺幣3萬元以下之罰鍰　【108司特五等 - 民事訴訟法大意與刑事訴訟法大意】	(A)

有關傳喚之敘述，下列何者正確？　(A)司法警察因調查犯罪嫌疑人犯罪情形，得使用傳票，通知犯罪嫌疑人到場詢問　(B)傳喚在監獄或看守所之被告，應通知被告　(C)被告之住、居所不明者，得免記載在傳票上　(D)被告之姓名不明者，不得傳喚　(C)

【111司特五等-民事訴訟法大意與刑事訴訟法大意】

一 偵訊的過程

　　聽到偵訊這二個字，總是讓人聞之色變，印象中會有刑求、夜間疲勞訊問等不人道的事情發生。實際上，臺灣民主人權不斷地發展，類似違反人權的事情早已不復發生，但是法律制度上還是有許多應該注意的事項。以前總統夫人吳淑珍所涉及的七億洗錢案為例，因其體力較虛弱，檢察官偵訊時就得更小心，以免有疲勞訊問之嫌，而影響筆錄的證據能力。

　　當收到約談通知書或傳票後，依據所指定之時間、地點接受偵訊。常見者通常都是到警察局或調查局的偵訊室，一間3～5坪的偵訊室中通常擺有三張椅子、一張桌子，以及後方的律師座椅，偵訊室中大多有錄音、錄影器材，以保障偵訊過程的合法性。(如右頁圖一)

　　如果是檢察官或是檢察事務官偵訊，則是在地檢署召開偵查庭。偵查庭中，檢察官、檢察事務官及書記官在上，被告在下接受偵訊，感覺有點類似古代衙門開庭。

　　被告後面有兩三排的座椅，第一排給辯護人或告訴代理人(多為律師)的座位，其後則是給予允許旁聽的告訴人、被害人或證人的座位，並配置一名法警，以防止突發狀況發生(如右頁圖二)。

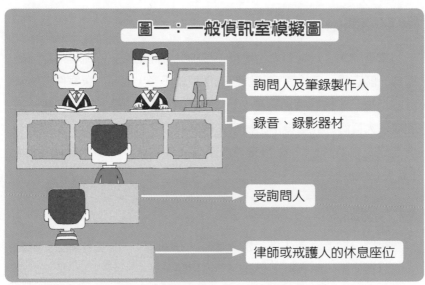

圖一：一般偵訊室模擬圖

- 詢問人及筆錄製作人
- 錄音、錄影器材
- 受詢問人
- 律師或戒護人的休息座位

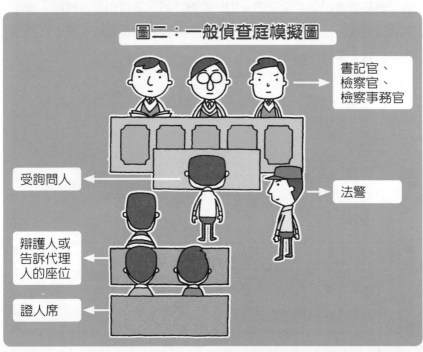

圖二：一般偵查庭模擬圖

- 書記官、檢察官、檢察事務官
- 受詢問人
- 法警
- 辯護人或告訴代理人的座位
- 證人席

訊問開始

　　當詢問人、受詢問人坐定後，基本上就開始偵訊的流程，無論是警方、調查局，或檢察官的偵訊流程都差不多，而且如果案件在檢察官的指揮下，檢察官通常是進行所謂的「複訊」。換言之，在第一線的執法人員詢問完畢後，由檢察官再問一次，以進行確認，並發現有無不足或未問詳細之處。(還涉及筆錄之證據能力，參見刑訴§159-1 II、159-2)

人別訊問

　　訊問一開始，首先進行的就是「人別訊問」，也就是確認受詢問人的真實身分。常有許多歹徒遭到逮捕時，就拿出假的身分證冒名應訊，偵訊的過程中完全承認，由於態度良好，通常也不會羈押，等將人放回去後，往往就不見蹤影，由於身分資料都是假的，想要再把歹徒抓回籠，就更加得困難。

　　人別訊問通常是確認下列資料：

- ☑ 姓名、性別、身分證字號、地址(住、居所)、電話、綽號、籍貫、年齡
- ☑ 學歷
- ☑ 經歷、現職(職業)
- ☑ 經濟狀況、家庭狀況
- ☑ 有無前科

【刑事訴訟法第94條】

訊問被告，應先詢其姓名、年齡、籍貫、職業、住、居所，以查驗其人有無錯誤，如係錯誤，應即釋放。

法律大補丸 【米蘭達原則】

常在電影裡看到這一段對話：

「你被捕了！你有權保持沉默，如果你說話，所說的一切將成為法院不利於你的呈堂證供。你可以請律師，如果你沒有錢請律師，政府也會幫你請律師。」

為什麼警察都要在逮捕人犯時，來上這麼一段話呢？

1963年間，一位年輕人米蘭達劫持並強暴了一位年僅8歲的小女孩，後來小女孩趁機逃出報警，警方逮捕了米蘭達，並在偵訊的過程中寫下了自白書，承認一切的犯行，法院依據其自白書，判處高達50年的有期徒刑。米蘭達不服判決而提起上訴，上訴的理由是警察沒有告知自白書可能成為判決的依據，對其產生不利的結果。二審法院認為警方未盡告知的做法違背憲法保障人民基本權利的意旨，遂將米蘭達無罪釋放。自此以後，執法人員逮到嫌疑犯時，都會宣讀這一段話，免得犯人因而無罪開釋。

（參見刑訴§95）

訊問開始

↓

人別訊問

↓

告知涉嫌罪名與三項權利

↓

詢問犯罪事實

↓

訊問結束

四 告知涉嫌罪名與三項權利

為了保障被告的基本權利，讓被告瞭解偵訊過程中應該注意的事項，刑事訴訟程序中特別規定要告知以下事項：

■犯罪嫌疑及所犯所有罪名

例如過失傷害罪，偵訊人員通常會說：「你涉嫌觸犯過失傷害罪」。如果發現被害人受傷過重導致死亡的不幸結果，則必須變更罪名為過失致死罪，也必須要向被告再次告知。(刑訴§95Ⅰ①)

■三項基本權利

接著下來，偵訊人員通常會說：「本單位今日約談你到案說明，偵訊過程中你得享有下列權利：

- 得保持緘默，無須違背自己之意思而陳述。
- 得選任辯護人。如為低收入戶、中低收入戶、原住民或其他依法令得請求法律扶助者，得請求之。
- 得請求調查有利之證據。」

以上內容是緘默權、選任辯護人權、請求調查有利證據權。(刑訴§95Ⅰ②③④)

被告三項基本權利之告知

緘默權

簡單來說，就是不回答的權利，當你不願意回答時，沒有任何人可以強迫你回答。

選任辯護人權

辯護人，也就是律師。律師能保障偵訊過程中程序上的權利。聘請律師陪同到場的費用，則是一筆不小的花費。

請求調查有利證據權

被告偵訊過程中，也可以要求偵辦人員調查對自己有利的證據。例如：主張事發當時並不在國內，有搭機出國的不在場證明，可以請偵辦人員調閱出入境紀錄。

相關考題

依我國刑事訴訟法第95條之規定，訊問被告應先告知之事項不包括下列何者？　(A)得請求調查有利之證據　(B)得保持緘默，無須違背自己之意思而為陳述　(C)得要求指定公設辯護人強制辯護　(D)犯罪嫌疑及所犯所有罪名 　　　　【98五等原住民庭務員-民事訴訟法大意與刑事訴訟法大意】	(C)
下列關於訊問被告，何者無須事先告知？　(A)犯罪嫌疑及所犯所有罪名　(B)得通知其家屬或被告指定之人　(C)得請求調查有利之證據　(D)得保持緘默，無須違背自己之意思而為陳述 　　　　【107司特五等-民事訴訟法大意與刑事訴訟法大意】	(B)

■律師可以發表意見嗎？

過去律師在法庭上的功能難以彰顯，許多律師往往只有監督被告或涉嫌人在審訊過程中，是否有遭到刑求之情況。但是實際上，律師在審訊過程中還是可以陳述意見，其規定如下：

【刑事訴訟法第245條第2項】

被告或犯罪嫌疑人之辯護人，得於檢察官、檢察事務官、司法警察官或司法警察訊問該被告或犯罪嫌疑人時在場，並得陳述意見。但有事實足認其在場有妨害國家機密或有湮滅、偽造、變造證據或勾串共犯或證人或妨害他人名譽之虞，或其行為不當足以影響偵查秩序者，得限制或禁止之。

所以，律師在陪同當事人審訊的過程中，除了勤作筆記之外，還要隨時提醒當事人在刑事訴訟法之下應享有的權利。例如緘默權的提醒，是否應該要自白，要不要接受測謊的提議等。

只是，若被告或涉嫌人的律師陳述意見過於頻繁，甚至於有干擾訴訟之嫌，而嚴重影響偵查秩序，或者是有提示一些暗號給當事人，有事實足以懷疑是在協助勾串共犯或證人，或者是有其他情況，仍然可以限制或禁止律師之發言。

五 詢問犯罪事實

詢問犯罪事實的階段，就是針對犯罪事實、調查所得證據，由偵查機關詢問被告犯罪之詳細情形。

詢問犯罪事實通常是採用一問一答的方式。一般而言，都會全程連續錄音（應全程連續錄音），如果有必要時，還要全程錄影（刑訴

§100-1 Ⅰ本文）。以調查局的偵訊室為例，每一間都裝設有錄影錄音設備。除非遇到犯罪涉嫌人數量龐大，例如選舉時期，參選人招待選民出外旅遊，可能涉及賄選的罪嫌，過去偵辦方式，都會將搭乘遊覽車的遊客帶回執法機關偵訊調查，有時候還會高達上百人，這時候錄影設備恐怕就會吃緊，但是仍要全程連續錄音。

限制辯護之發言

❶ 我覺得你訊問內容有問題，當事人不必回答…

律師在場陳述意見

❷ 請律師不要一直發言……

檢察官制止律師的發言

❸ 依據刑事訴訟法，我可以在場陳述意見……

律師對於制止表達異議

❹ 但是你說的內容一直暗示其他涉嫌人的辯解，有勾串共犯之嫌，依法我可以限制或禁止你的發言。

解釋限制發言的原因

錄音如果沒有「全程」、「連續」，可能會被質疑偵訊過程中是不是有刑求的狀況。

　　過去偵訊時都是採用錄音帶，每到60分鐘就要將錄音帶換面，如果忘記換面，或者是案件審理歷經十多年，錄音帶因受潮而損壞，就會被質疑有刑求的嫌疑，實在是跳到黃河都洗不清。目前偵訊過程都改採錄音筆，每次錄音時間可以高達好幾個小時，也不太容易損壞，這種問題就幾乎不復見了。

相關考題　　**全程錄音：第100-1條**

對於被告之訊問，下列敘述，何者錯誤？　(A)訊問被告應出於懇切之態度　(B)被告對於犯罪之自白，並其所陳述有利之事實，應記載於筆錄　(C)不得以詐欺方法訊問被告　(D)訊問被告，應全程連續錄影　【102司特五等-民事訴訟法大意與刑事訴訟法大意】	(D)

Q：筆錄內所載之被告陳述，與實際內容不符時，該怎麼辦？

　　前總統馬英九在特別費案時，曾經指控承辦檢察官侯寬仁製作不實偵訊筆錄，經律師調閱筆錄影本及偵訊時之錄音拷貝檔案後，認為疑似有曲解馬英九陳述之嫌，而提出告發。

　　我國刑事訴訟法對此也有明文規定，若筆錄內所載之被告陳述與錄音或錄影之內容不符者，其不符之部分，不得作為證據。(刑訴§100-1 II)

Q：我累了，可以休息嗎？

　　過去常聽到的「刑求」、「疲勞訊問」，都讓人聞之色變，甚至有人戲稱這種偵訊方式叫做「科學辦案」，用「科學」的刑求方法而不留下傷痕，也有人戲稱刑求充其量只是幫助涉嫌人恢復記憶的方式。

這些揶揄訊問者的觀點，或許在特殊的時空背景下有可能發生，但是以目前刑事訴訟法保障人權的立法準則，這些情況絕對不被允許。

現行法律規定訊問被告或涉嫌人時，不可以使用強暴、脅迫、利誘、詐欺、疲勞訊問或其他不正之方法（刑訴§98），原則上也不可以夜間訊問（刑訴§100-3）。

例如常有傳聞「栽槍」的案件，有司法警察(官)為了衝績效，即使被告沒有買賣槍枝的行為，也會被強迫或利誘承認槍枝是其所有，以換取某些重罪不被起訴，這些都不被允許。

相關考題

依刑事訴訟法規定，下列何者並非對被告訊問時應踐行之程序或遵守之事項？　(A)訊問被告應先告知當據實陳述，不得匿、飾、增、減　(B)訊問被告應出以懇切之態度，不得用強暴、脅迫、利誘、詐欺、疲勞訊問或其他不正之方法　(C)訊問被告，應全程連續錄音；必要時，並應全程連續錄影。但有急迫情況且經記明筆錄者，不在此限　(D)被告對於犯罪之自白及其他不利之陳述，應於筆錄內記載明確　【108司特五等-民事訴訟法大意與刑事訴訟法大意】	(A)
檢察官基於偵查技巧之運用，於臨時開庭訊問被告程序中，遇有被告不願配合供出實情時，立即請書記官暫時關閉錄音錄影設備，俾向被告曉以大義，待溝通完畢後，檢察官始命書記官接續錄音錄影，此種做法是否適法？　(A)適法，因臨時開庭訊問被告程序屬於急迫情況，依法不必全程連續錄音或錄影　(B)不適法，因訊問被告，依法應全程連續錄音；必要時，並應全程連續錄影　(C)適法，只不過筆錄內所載之被告陳述與錄音或錄影之內容不符者，其不符之部分，不得作為證據而已　(D)不適法，因為筆錄內所載之被告陳述與錄音或錄影之內容不符者，不得作為證據　【109司特五等-民事訴訟法大意與刑事訴訟法大意】	(B)

夜間乃休息之時間，為尊重人權及保障程序之合法性，並避免疲勞詢問，因此原則上我國禁止夜間詢問。刑事訴訟法第100-3條第1項本文規定：「司法警察官或司法警察詢問犯罪嫌疑人，不得於夜間行之。」<u>所謂夜間，就是日出前、日沒後。</u>(刑訴§100-3Ⅲ)司法調查機關內部都有規範日出、日沒的具體時間，以避免偵訊時違反夜間詢問之禁止規定。

　　但是為了配合實際狀況，若符合①受詢問人明示同意者、或②於夜間拘提或逮捕到場而查驗其人有無錯誤者、或③經檢察官或法官同意者、或④有急迫之情形者，則仍然可以進行夜間偵訊。(刑訴§100-3Ⅰ但)尤其是犯罪嫌疑人請求立即詢問者，即使是夜間，也應即時為之。(刑訴§100-3Ⅱ)

實務見解 夜間詢問的例外情況

　　只要符合下列情況，就可以夜間詢問：
- 受詢問人明示同意。
- 夜間拘提或逮捕到場，為了查驗有沒有抓錯人。
- 檢察官或法官許可。
- 急迫情形。　　　　　　　　　　　　　　(刑訴§100-3Ⅰ但)

相關考題

下列何者，非屬刑事訴訟法第100-3條所定夜間詢問之例外？ (A)於夜間經拘提或逮捕到場而查驗其人有無錯誤者　(B)經受詢問人明示同意者　(C)經檢察官或法官許可者　(D)有即時羈押之必要者 【101五等司特-民事訴訟法大意與刑事訴訟法大意】	(D)

Q：我要接受測謊嗎？

　　測謊，是瞭解被告有沒有說謊的一種方式。目前調查局、警方都有專責人員負責測謊，透過精密的儀器，偵測出受測者心跳、腦波等人體資訊是否有不正常的現象，以判斷所陳述的內容是不是真的。

　　偵測結果是否準確，與受測者當天的身體狀況是否平穩、受測環境能否不受到外界影響，以及測謊人員是否具備專業資格等因素有關。除此之外，受測者如果接受過訓練，也可能影響受測的準確度，例如情報人員通常都會接受反測謊的訓練，透過嚴格的磨練，讓儀器較難偵測出心跳、腦波等人體資訊的變化，以避免影響國家安全的資訊流落至敵人手中。

　　測謊的結果並沒有辦法作為判決的唯一證據，<u>目前法院都將測謊的結果作為心證的參考</u>。測謊並不會強迫為之，一定要當事人同意後才會進行測試，如果問心無愧，又苦無證據證明自己的清白，為了避免冤獄的發生，接受測謊是一種可行的管道。

相關考題

關於被告之訊問，以下敘述，何者正確？　(A)訊問被告，若未全程錄影錄音，被告之自白將不具證據能力　(B)為發現犯罪事實，偵查中與審判中均應優先訊問被告　(C)對於被告之請求對質，除顯無必要者外，不得拒絕　(D)為辨明犯罪事實，被告有數人時，應一起訊問之　　　　　【101五等司特-民事訴訟法大意與刑事訴訟法大意】	(C)

解析：(C)刑事訴訟法第97條第2項規定：「對於被告之請求對質，除顯無必要者外，不得拒絕。」
記憶法：對質是第97條，利用97是質數來協助記憶條號。

■對質

被告有數人時,應分別訊問之;其未經訊問者,不得在場。但因發見真實之必要,得命其對質。被告亦得請求對質(刑訴§97 I)。對於被告之請求對質,除顯無必要者外,不得拒絕。(刑訴§97 II)

實務案例 實務上對質的案例

- 苗栗縣長劉政鴻及胞弟劉政池涉違反公司法案件,士林地檢署於民國104年1月24日傳喚兩人對質,以釐清是否不實增資。30分鐘庭訊結束,兩人均請回。
- 特偵組偵辦林益世收賄案,民國101年8月7日安排林益世與陳啓祥當庭對質,二人各自表述,林益世訊後還押。
- 網路上有陳水扁先生與李界木、蔡銘哲對質審判筆錄,參見 http://www.taiwanenews.com/doc/abian20090416102.php。

■請求對質被拒絕,怎麼辦?

實務見解認為對質遭無理由拒絕,可能會被認為判決理由未備。

刑事訴訟法為保障被告受公平審判及發現實體真實,對於人證之調查均採言詞及直接審理方式,而對質、詰問權,乃憲法第8條第1項、第16條所保障之人民訴訟基本權,亦為發見真實所必要,是刑事訴訟法第97條第2項規定:「對於被告之請求對質,除顯無必要者外,不得拒絕。」

第184條第2項規定:「因發見真實之必要,得命證人與他證人或被告對質,亦得依被告之聲請,命與證人對質。」即本斯旨。故審理事實之法院,對於被告對質、詰問之請求,<u>倘非顯無理由或確於訴</u>

訟進行有礙等無必要之情形外，原則當應准許，若不予准許，又未於判決理由內說明其否准之理由，不僅判決理由未備，並有悖於證據法則之違法。（102台上5043判決）

此種對質，僅係由數共同被告就同一或相關連事項之陳述有不同或矛盾時，使其等同時在場，分別輪流對疑點加以訊問或互相質問解答釋疑，既毋庸具結擔保所述確實，實效自不如詰問，無從取代詰問權之功能。如僅因共同被告已與其他共同被告互為對質，即將其陳述採為其他共同被告之不利證據，非但混淆詰問權與對質權之本質差異，更將有害於被告訴訟上之充分防禦權及法院發現真實之實現。（釋字582解釋理由書）

六 訊問結束

■詳看筆錄內容

目前製作筆錄的過程，依據設備的不同而有些許的差距，通常是製作完筆錄後再印出來，由被訊問人仔細檢查，看看筆錄的內容是不是跟之前回答的內容相符合（刑訴§41Ⅱ）。如果不一樣，可以要求增、刪或修改。（刑訴§41Ⅲ）千萬不能因為訊問人表示「沒問題啦！絕對不會打錯。」結果就簡單翻閱一下，匆匆地簽名蓋章，而產生對自己不利的結果。

【刑事訴訟法第41條第3項】

受訊問人及在場之辯護人請求將記載增、刪、變更者，應將其陳述附記於筆錄。但附記辯護人之陳述，應使被告明瞭後為之。

【刑事訴訟法第44條第2項】（審判筆錄）

受訊問人就前項筆錄中關於其陳述之部分，得請求朗讀或交其閱覽，如請求將記載增、刪、變更者，應附記其陳述。

■不可以將筆錄帶回家

執法機關製作筆錄時，一般都會印製三份，一份備份留底、一份向上級單位陳報、一份移送地檢署。常常在訊問完後，受訊問人會問可不可以帶一份回家？執法機關為遵守「偵查不公開」的原則，是不能給受訊問人一份筆錄的。

為了避免筆錄內容遭到抽換、增刪內容，除了透過錄音、錄影方式外，筆錄的增、刪、修改，以及騎縫的地方，都要加蓋印章或手印。

拘提、逮捕、通緝
與羈押概說

　　拘提、逮捕，是透過公權力的強制介入，讓涉案人能夠順利到案並說明案情。原則上，還是希望當事人能配合案件的調查工作，傳喚當事人時，都能夠主動到案說明。例如檢察官傳喚當事人，因多次傳喚仍不到庭，於是簽發拘票，要求警方前往拘提，強制到案說明。

實務見解　邱毅遭拘提案

　　例如立委邱毅在「319槍擊案」發生後，與群眾共同衝撞高雄地院，有幾次開庭，以請假方式屢傳不到，法院遂簽發拘票，由臺北市警察局派員執行拘提，當邱毅剛結束錄製完TVBS的談話性節目，即遭警方戴上手銬送至地檢署，也引起社會極大的討論。

實務案例　柯辦竊聽疑雲

　　檢方偵辦柯文哲競選辦公室遭竊聽案，2014年11月21日拘提吳姓、林姓二名徵信業者，由於該二人係柯文哲辦公室彭姓助理所聘，引起是否自導自演之疑慮。

拘提、逮捕、通緝與羈押

這是拘票，請跟我們走。

拘票

拘 提

逮 捕

WANTED

通 緝

羈 押

相關考題

下列何者不屬於刑事訴訟法中強制處分之態樣？　(A)羈押　(B)逮捕　(C)通知　(D)拘提【111司特五等-民事訴訟法大意與刑事訴訟法大意】　(C)

5 拘提

一 報請檢察官核發拘票

　　司法警察官或司法警察，因調查犯罪嫌疑人犯罪情形及蒐集證據之必要，得使用通知書，通知犯罪嫌疑人到場詢問。<u>經合法通知，無正當理由不到場者，得報請檢察官核發拘票</u>。(刑訴§71-1Ⅰ)

二 拘提之要件與逕行拘提

　　什麼情況下會被拘提呢？

(一) 被告經合法傳喚，<u>無正當理由</u>不到場者，得拘提之。(刑訴§75)

(二) 被告<u>犯罪嫌疑重大</u>，有下列情況之一，必要時，得不經傳喚逕行拘提：

- 無一定之住所或居所者。
- 逃亡或有事實足認為有逃亡之虞者。
- 有事實足認為有湮滅、偽造、變造證據或勾串共犯或證人之虞者。
- 所犯為死刑、無期徒刑或最輕本刑為5年以上有期徒刑之罪者。(刑訴§76)

三 出示證件及拘票

　　司法警察執行拘提的強制處分時，應該要出示證件以及拘票。尤其是近年來詐騙案件頻傳，更應該要仔細檢視相關證件及拘票。<u>拘票共有二聯，其中一聯是在執行拘提時，要交給被告或其家屬收執</u>。(刑訴§77、79)

逕行拘提之情況

無一定之住所或居所

逃亡或有事實足認為有逃亡之虞

有事實足認為有湮滅、偽造、變造證據或勾串共犯或證人之虞

所犯為死刑、無期徒刑或最輕本刑為5年以上有期徒刑之罪

註：仍需要有「拘票」。(刑事訴訟法第77條第1項規定：「拘提被告，應用拘票。」)

相關考題　報請檢察官核發拘票

司法警察以通知書合法通知犯罪嫌疑人到場詢問，犯罪嫌疑人無正當理由不到場者，該如何處理？　(A)逕行拘提　(B)逕行逮捕　(C)得報請檢察官核發拘票　(D)報請當地里長逮捕 【97五等司特 - 民事訴訟法大意與刑事訴訟法大意】	(C)
在偵查階段，下列那一個書面命令依法非由法官簽名？ (A)押票　(B)搜索票　(C)拘票　(D)鑑定留置票 【98五等原住民庭務員 - 民事訴訟法大意與刑事訴訟法大意】	(C)

相關考題　拘提之拘票

刑事訴訟法第76條規定：「被告犯罪嫌疑重大，而有左列情形之一者，得不經傳喚逕行拘提……」若依本條規定，執行拘提；則：(A)仍應持拘票　(B)毋庸持拘票　(C)仍應持傳票　(D)仍應持傳票和拘票　【99五等司特-民事訴訟法大意與刑事訴訟法大意】	(A)

解析：無論是經過合法傳喚而無正當理由不到場，或者是逕行拘提的情況，依據刑事訴訟法第77條第1項規定：「拘提被告，應用拘票。」採令狀主義，故應該選(A)。

相關考題　鑑定人不得拘提

下列敘述，何者錯誤？　(A)證人經合法傳喚，無正當理由而不到場者，得科以新臺幣3萬元以下之罰鍰，並得拘提之；再傳不到者，亦同　(B)以公務員或曾為公務員之人為證人，而就其職務上應守秘密之事項訊問者，應得該管監督機關或公務員之允許　(C)檢察官或法官訊問證人，在證人具結前，應告以具結之義務及偽證之處罰　(D)鑑定人，經合法傳喚，無正當理由而不到場者，得拘提　【100五等司特-民事訴訟法與刑事訴訟法大意】	(D)

解析：刑事訴訟法第199條規定：「鑑定人，不得拘提。」

相關考題　逕行拘提

下列何種情況發生時，即使被告犯罪嫌疑重大，仍不得逕行拘提被告？　(A)被告無一定之住、居所者　(B)所犯為死刑、無期徒刑或最輕本刑 3 年以上有期徒刑之罪　(C)逃亡或有事實足認為有逃亡之虞者　(D)有事實足認為有湮滅、偽造證據者　【102司特五等-民事訴訟法大意與刑事訴訟法大意】	(B)
被告犯罪嫌疑重大，得不經傳喚逕行拘提之情形，下列敘述，何者錯誤？　(A)有事實足認為有誣告證人之虞者　(B)無一定之住所者　(C)逃亡者　(D)所犯為最輕本刑為 5 年以上有期徒刑之罪者　【107司特五等-民事訴訟法大意與刑事訴訟法大意】	(A)

相關考題 應即解送指定處所

被告甲因殺人案遭某檢察署通緝，警員逮捕甲後於解送途中，因颱風造成橋樑被沖毀而無法通行，致未能於24小時內將甲解送至該檢察署，此時警員該如何處置？　(A)帶回警局暫時留置，並立即報告檢察官　(B)即時送至較近之法院　(C)即時送至較近之檢察署　(D)通知甲之家屬暫時將甲具保或責付　【103五等司法】	(C)

解析：刑事訴訟法第91條規定：「拘提或因通緝逮捕之被告，應即解送指定之處所；如24小時內不能達到指定之處所者，應分別其命拘提或通緝者為法院或檢察官，先行解送較近之法院或檢察機關，訊問其人有無錯誤。」

相關考題 拘提

下列有關被告之拘提，何者錯誤？　(A)拘提被告，應用拘票　(B)拘提被告，應由檢察官親自為之　(C)審判長得囑託被告所在地之檢察官拘提被告　(D)被告為現役軍人者，其拘提應以拘票知照該管長官協助執行　【104司特五等-民事訴訟法大意與刑事訴訟法大意】	(B)
下列何者不屬於刑事訴訟法上被告所享有之權利？　(A)請求與共同被告對質　(B)於訊問中保持緘默　(C)於偵查程序中拒絕到場接受訊問　(D)請求調查有利於己之證據　【106司特五等-民事訴訟法大意與刑事訴訟法大意】	(C)
被告經合法傳喚，無正當理由不到場者，得為下列何種強制處分？　(A)得拘提之　(B)得留置之　(C)得羈押之　(D)得科以新臺幣3萬元以下之罰鍰　【110司特五等-民事訴訟法大意與刑事訴訟法大意】	(A)
下列何者情形，雖被告犯罪嫌疑重大，但非法定得逕行拘提被告之事由？　(A)無一定之住居所　(B)有事實足認被告有湮滅、偽造、變造證據或勾串共犯或證人之虞　(C)有事實足認被告有反覆實施同一犯罪之虞　(D)被告所犯為死刑、無期徒刑或最輕本刑5年以上有期徒刑之罪　【110司特五等-民事訴訟法大意與刑事訴訟法大意】	(C)

相關考題　拘提

依刑事訴訟法第78條規定，一般拘提由下列何機關執行？　(A)司法警察　(B)檢察官　(C)檢察長　(D)法官 【111司特五等-民事訴訟法大意與刑事訴訟法大意】	(A)
對於證人及鑑定人之敘述，下列何者正確？　(A)證人、鑑定人均得命拘提　(B)證人、鑑定人均不得命拘提　(C)證人得命拘提，鑑定人不得命拘提　(D)證人不得命拘提，鑑定人得命拘提 【111司特五等-民事訴訟法大意與刑事訴訟法大意】	(C)

6 逮捕、通緝

一 通緝犯的逮捕

刑事訴訟法第84條規定：「被告逃亡或藏匿者，得通緝之。」通緝犯，是指逃亡或藏匿中的被告，偵查中由檢察總長或檢察長，審判中則由法院院長簽發通緝書，公告通令檢察署或司法警察機關，得將之加以逮捕。(刑訴§85Ⅲ)

經通緝後，檢察官、司法警察官得拘提被告或逕行逮捕之。(刑訴§87Ⅰ)告訴人、自訴人或被害人等利害關係人，得逕行逮捕通緝之被告，送交檢察官、司法警察官或請求檢察官、司法警察官逮捕之。(刑訴§87Ⅱ)

二 現行犯或準現行犯的逮捕

犯罪在實施中或實施後即時發覺者，為現行犯。(刑訴§88Ⅱ)現行犯，不問何人得逕行逮捕之。(刑訴§88Ⅰ)無偵查犯罪權限之人逮捕現行犯者，應即送交檢察官、司法警察官或司法警察。(刑訴§92Ⅰ)例如小偷大白天潛入住宅行竊，被社區巡守隊員逮個正著，這時不得痛打一頓、動用私刑，以免觸法，應立即送交檢察官、司法警察官或司法警察，以免打傷人或打死人，還會吃上傷害罪或殺人罪之官司。

準現行犯，是指雖非現行犯，但若有「被追呼為犯罪人者」、「因持有兇器、贓物或其他物件、或於身體、衣服等處露有犯罪痕跡，顯可疑為犯罪人者」，以現行犯論。(刑訴§88Ⅲ)

實例說明　白曉燕命案

　　民國86年間，臺灣發生一起驚動全國的白曉燕命案，警方經追查後發現是陳進興等三人所犯，並將三人列為通緝犯，全力追緝。後來，陳進興居然綁架南非武官卓懋祺一家人，當時新聞媒體為了搶新聞，還創造了臺灣新聞史上第一次「通緝犯專訪現場直播」的亂象。最後，陳進興於88年10月6日在臺北看守所執行槍決。

【刑事訴訟法第92條】

Ⅰ 無偵查犯罪權限之人逮捕現行犯者，應即送交檢察官、司法警察官或司法警察。

Ⅱ 司法警察官、司法警察逮捕或接受現行犯者，應即解送檢察官。但所犯最重本刑為1年以下有期徒刑、拘役或專科罰金之罪、告訴或請求乃論之罪，其告訴或請求已經撤回或已逾告訴期間者，得經檢察官之許可，不予解送。

Ⅲ 對於第1項逮捕現行犯之人，應詢其姓名、住所或居所及逮捕之事由。

法律大補丸

　　一般民眾並沒有偵查犯罪的權限，所以逮捕現行犯後，要立即將現行犯送交檢察官或司法警察。早期社會，當村民抓到壞人，會將之私自監禁，例如雙手綑綁吊在樹上，這種行為在現代法治社會中都是不被允許的，可能會觸犯妨害自由的官司，不得不慎。

三 偵查犯罪之逕行拘提

　　檢察官、司法警察官或司法警察偵查犯罪，有下列情形之一而情況急迫者，得逕行拘提之：(刑訴§88-1 Ⅰ)

一、因現行犯之供述，且有事實足認為共犯嫌疑重大者。

二、在執行或在押中之脫逃者。

三、有事實足認為犯罪嫌疑重大，經被盤查而逃逸者。但所犯顯係最重本刑為1年以下有期徒刑、拘役或專科罰金之罪者，不在此限。

四、所犯為死刑、無期徒刑或最輕本刑為5年以上有期徒刑之罪，嫌疑重大，有事實足認為有逃亡之虞者。

　　前項拘提，由檢察官親自執行時，得不用拘票；由司法警察官或司法警察執行時，以其急迫情況不及報告檢察官者為限，於執行後，應即報請檢察官簽發拘票。如檢察官不簽發拘票時，應即將被拘提人釋放。(刑訴§88-1 Ⅱ)

　　檢察官、司法警察官或司法警察，依第1項規定程序拘提犯罪嫌疑人，應即告知本人及其家屬，得選任辯護人到場。(刑訴§88-1 Ⅲ)

四 當場告知事項

執行拘提或逮捕，應當場告知被告或犯罪嫌疑人拘提或逮捕之原因及第95條第1項所列事項，並注意其身體及名譽。(刑訴§89Ⅰ)以符合公民與政治權利國際公約第9條第2項規定：「執行逮捕時，應當場向被捕人宣告逮捕原因，並應隨即告知被控案由。」

前項情形，應以書面將拘提或逮捕之原因通知被告或犯罪嫌疑人及其指定之親友。(刑訴§89Ⅱ)以符合憲法第8條第2項規定：「人民因犯罪嫌疑被逮捕拘禁時，其逮捕拘禁機關應將逮捕拘禁原因，以書面告知本人及其本人指定之親友……」

五 執行拘提應注意事項

執行拘提、逮捕或解送，得使用戒具。但不得逾必要之程度。(刑訴§89-1Ⅰ)

前項情形，應注意被告或犯罪嫌疑人之身體及名譽，避免公然暴露其戒具；認已無繼續使用之必要時，應即解除。(刑訴§89-1Ⅱ)

六 即時訊問與限時留置

被告或犯罪嫌疑人因拘提或逮捕到場者,應即時訊問。(刑訴§93Ⅰ)例如警方圍捕銀行搶匪之現行犯,將搶匪制伏,押回後即應解送檢察官,並立即訊問。

偵查中經檢察官訊問後,認有羈押之必要者,應自拘提或逮捕之時起24小時內,以聲請書敘明犯罪事實並所犯法條及證據與羈押之理由,備具繕本並檢附卷宗及證物,聲請該管法院羈押之。

但有事實足認有湮滅、偽造、變造證據或勾串共犯或證人等危害偵查目的或危害他人生命、身體之虞之卷證,應另行分卷敘明理由,請求法院以適當之方式限制或禁止被告及其辯護人獲知。(刑訴§93Ⅱ)所謂自拘提或逮捕之時起24小時,即所謂之「檢警共用24小時」。

檢察官如果認為雖有羈押或預防性羈押的情形,但無聲請羈押的必要,得逕命具保、責付或限制住居。但是,若不能具保、責付或限制住居,而有必要情形者,仍得聲請法院羈押之。(刑訴§93Ⅲ)

法院於受理第93條第2至4項羈押之聲請,付予被告及其辯護人聲請書之繕本後,應即時訊問。但至深夜仍未訊問完畢,被告、辯護人及得為被告輔佐人之人得請求法院於翌日日間訊問,法院非有正當理由,不得拒絕。深夜始受理聲請者,應於翌日日間訊問。(刑訴§93Ⅴ)

檢警共用24小時

報告檢察官，這位現行犯剛搶銀行。

檢察官

0 時

拘提或逮捕被告後，應立即解送檢察官進行訊問。

再不老實招來，就聲請羈押哦！

檢察官

12 時

檢察官應即時訊問，以此判斷是否羈押，還是具保、責付或限制住居。

法官，本官要聲請法院羈押。

檢察官

法官

24 時

檢察官認為有羈押的必要，要在24小時內聲請羈押。

實務案例 柯辦竊聽疑案彭姓助理拒絕交保

　　柯文哲競選辦公室疑遭竊聽，相關通信業者係彭姓助理所找，引發自導自演的疑雲。檢方傳喚彭姓助理，查明有無教唆業者裝設線材進行竊聽，經訊問後，檢察官令彭姓助理3萬交保，但其自認為清白，也不願意給付保釋金。

　　球丟回給檢方，因為如果被告拒絕交保，檢方將要決定是否聲請羈押，還是讓彭某無保釋回？

　　但是在這個案子中，檢方若要聲請羈押的話，相關事證顯有不足，難以符合羈押的要件。最後，這個案子因為在選舉前發生，受到各界矚目，檢方疑似為了保留面子，決定改為限制住居。

【刑事訴訟法第93條】

Ⅰ 被告或犯罪嫌疑人因拘提或逮捕到場者，應即時訊問。

Ⅱ 偵查中經檢察官訊問後，認有羈押之必要者，應自拘提或逮捕之時起24小時內，以聲請書敘明犯罪事實並所犯法條及證據與羈押之理由，備具繕本並檢附卷宗及證物，聲請該管法院羈押之。但有事實足認有湮滅、偽造、變造證據或勾串共犯或證人等危害偵查目的或危害他人生命、身體之虞之卷證，應另行分卷敘明理由，請求法院以適當之方式限制或禁止被告及其辯護人獲知。

Ⅲ 前項情形，未經聲請者，檢察官應即將被告釋放。但如認有第101條第1項或第101-1條第1項各款所定情形之一而<u>無聲請羈押之必要者，得逕命具保</u>、責付或限制住居；如<u>不能具保、責付或限制住居，而有必要情形者</u>，仍得聲請法院羈押之。

Ⅳ 前三項之規定，於檢察官接受法院依少年事件處理法或軍事審判機關依軍事審判法移送之被告時，準用之。

Ⅴ 法院於受理前三項羈押之聲請，付予被告及其辯護人聲請書之繕本後，應即時訊問。但至深夜仍未訊問完畢，被告、辯護人及得為被告輔佐人之人得請求法院於翌日日間訊問，法院非有正當理由，不得拒絕。深夜始受理聲請者，應於翌日日間訊問。

Ⅵ 前項但書所稱深夜，指午後11時至翌日午前8時。

【刑事訴訟法第93-1條】

I 第91條及前條第2項所定之24小時，有下列情形之一者，其經過之時間不予計入。但不得有不必要之遲延：

一、因交通障礙或其他不可抗力事由所生不得已之遲滯。

二、在途解送時間。

三、依第100-3條第1項規定不得為詢問者。

四、因被告或犯罪嫌疑人身體健康突發之事由，事實上不能訊問者。

五、被告或犯罪嫌疑人因表示選任辯護人之意思，而等候辯護人到場致未予訊問者。但等候時間不得逾4小時。其等候第31條第5項律師到場致未予訊問或因精神障礙或其他心智缺陷無法為完全之陳述，因等候第35條第3項經通知陪同在場之人到場致未予訊問者，亦同。

六、被告或犯罪嫌疑人須由通譯傳譯，因等候其通譯到場致未予訊問者。但等候時間不得逾6小時。

七、經檢察官命具保或責付之被告，在候保或候責付中者。但候保或候責付時間不得逾4小時。

八、犯罪嫌疑人經法院提審之期間。

II 前項各款情形之經過時間內不得訊問。

III 因第1項之法定障礙事由致24小時內無法移送該管法院者，檢察官聲請羈押時，並應釋明其事由。

釋字第392號

　　早期檢察官與法官之權責混淆，因此羈押權歸屬於檢察官，但隨著司法制度的改革，大法官會議釋字第392號認為兩者分別隸屬行政權與司法權之行使，因此憲法第8條第1項規定之「非由法院依法定程序，不得審問處罰」，以及同條第2項：「人民因犯罪嫌疑被逮捕拘禁時，其逮捕拘禁機關應將逮捕拘禁原因，以書面告知本人及其本

人指定之親友，並至遲於24小時內移送該管法院審問。」條文中的「法院」，是指有審判權之法官所構成之獨任或合議之法院，而非指檢察官。

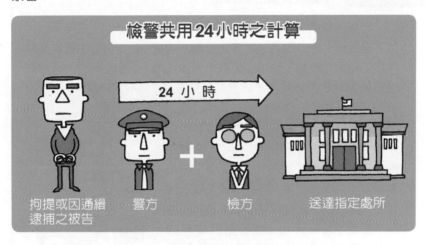

檢警共用24小時之計算

24 小時 →

拘提或因通緝　警方　　　檢方　　　　　　送達指定處所
逮捕之被告

釋字第392號解釋

【事發原因】

舊刑事訴訟法第91條違憲，原規定為「拘提或通緝逮捕之被告，應即解送指定之處所，如3日內不能達到指定之處所者，應先行解送較近之法院」。

【大法官會議解釋見解】

憲法第8條第2項規定「至遲於24小時內移送該管法院審問」。

【民國86年修法】

刑事訴訟法第91條：「拘提或因通緝逮捕之被告，應即解送指定之處所；如24小時內不能達到指定之處所者，應分別其命拘提或通緝者為法院或檢察官，先行解送較近之法院或檢察機關，訊問其人有無錯誤。」

【屢創天價的保釋金】

　　如果未能將被告或涉嫌人聲請羈押，而將之飭回，很可能就潛逃不見蹤影，導致司法正義無法捍衛。如果只是責付，也就是交給地方知名人士看管，恐怕也沒有太大的作用；限制住居者，也沒辦法派員24小時監視動向，所以高額保釋金成為不二首選。

　　所謂保釋金，就是保證在案件偵查或審理的過程中，必須確保能隨傳隨到，如果棄保潛逃，保釋金就加以沒收。臺灣近幾年來，重大經濟犯罪案件不斷發生，扣除掉罰金、保釋金後，犯罪者還有極大的「賺頭」，以八十年代初期國票案楊瑞仁為例，侵吞100多億元，雖被處以13年的徒刑，罰金30餘億元。因此，司法界的保釋金不斷衝高，以遏止經濟犯罪之氣焰（參考附表）。

案　名	被　告	保釋金
遠雄弊案	趙藤雄	5億5,000萬元
東森弊案	王令麟	3億5,000萬元
掏空太電案	胡洪九	1億2,000萬元
掏空博達案	葉素菲	8,000萬元
國安密帳＋新瑞都案	劉泰英	6,000萬元

七 保釋金之退還

已入監服刑的東森國際董事長王令麟，委託律師向高等法院遞狀聲請退還或降低3.5億元保釋金，律師許兆慶認為依據聯合國公民與政治權利公約之精神，刑事程序是憲法上基本權保障的具體化，就王令麟提出3.5億元保釋金的案件，既然原先具保範圍的案件有部分判決確定並發監執行，是否還有具保的必要性，應全數發還保釋金或是依比例原則降低金額呢？

此一問題在2014年修訂後的法律，已經獲得部分解決……

【刑事訴訟法第119條】

（2014年1月29日總統令修正公布）

Ⅰ 撤銷羈押、再執行羈押、受不起訴處分、有罪判決確定而入監執行或因裁判而致羈押之效力消滅者，免除具保之責任。

Ⅱ 被告及具保證書或繳納保證金之第三人，得聲請退保，法院或檢察官得准其退保。但另有規定者，依其規定。

Ⅲ 免除具保之責任或經退保者，應將保證書註銷或將未沒入之保證金發還。

Ⅳ 前三項規定，於受責付者準用之。

八 通緝

　　調查局的網站曾經公布「十大追緝要犯」（如下圖）。這些追緝要犯都是發生逃亡或藏匿的情況，檢察官或法官即可發布「通緝書」，通知各檢、警、調機關，甚至可以登報追緝。只要經過通緝者，檢察官、司法警察官可以拘提被告或逕行逮捕。

　　但是通緝並不代表有罪，是否有罪仍要等到法院審理完畢，判刑確定後方為確定有罪，否則只是處於一種逃亡或藏匿的狀況。當然為了讓犯人能早日繩之以法，必須全民共同追緝，將不法分子早日伏法認罪。

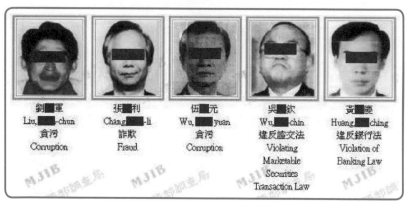

引自法務部調查局網站(http://www.mjib.gov.tw)

九 通緝之原因

　　被告逃亡或藏匿者，得通緝之。（刑訴§84）

➕ 通緝書

通緝被告，應用通緝書。(刑訴§85Ⅰ)

通緝書，應記載下列事項：(刑訴§85Ⅱ)

㈠被告之姓名、性別、出生年月日、身分證明文件編號、住、居所，及其他足資辨別之特徵。但出生年月日、住、居所不明者，得免記載。

㈡被訴之事實。

㈢通緝之理由。

㈣犯罪之日、時、處所。但日、時、處所不明者，得免記載。

㈤應解送之處所。

通緝書，於偵查中由檢察總長或檢察長簽名，審判中由法院院長簽名。(刑訴§85Ⅲ)通緝，應以通緝書通知附近或各處檢察官、司法警察機關；遇有必要時，並得登載報紙或以其他方法公告之。(刑訴§86)

➕ 通緝犯之逮捕

通緝經通知或公告後，檢察官、司法警察官得拘提被告或逕行逮捕之。(刑訴§87Ⅰ)利害關係人，得逕行逮捕通緝之被告，送交檢察官、司法警察官，或請求檢察官、司法警察官逮捕之。(刑訴§87Ⅱ)通緝於其原因消滅或已顯無必要時，應即撤銷。(刑訴§87Ⅲ)撤銷通緝之通知或公告，準用前條之規定。(刑訴§87Ⅳ)

2021年，涉及扁案洗錢的前新光醫院副院長黃芳彥在美舉槍輕生，原本還有13年的通緝時效，臺北地檢署接收到美方司法文書以確認黃已死亡後，並給予不起訴處分。

被告甲在偵查中因通緝被逮捕到案，甲表示選任辯護人到場辯護。下列敘述，何者錯誤？　(A)其辯護人到場要接見甲，偵查機關不得限制之　(B)檢察官於急迫情形時，得聲請法院簽發限制書後，暫緩辯護人與甲之接見　(C)甲與辯護人之接見時間，不計入24小時之計算　(D)甲等候辯護人到場之時間，不計入24小時之計算　【103五等司法】	(B)
根據我國刑事訴訟法之規定，下列何者人人得逕行逮捕之？　(A)正在實施犯罪者　(B)屢傳不到的被告　(C)被通緝的被告　(D)所犯為死刑之被告　【98五等原住民庭務員-民事訴訟法大意與刑事訴訟法大意】	(A)
有關通緝之敘述，下列何者錯誤？　(A)被告逃亡者，得通緝之　(B)通緝書，於審判中由法院院長簽名　(C)通緝書，於偵查中由檢察官簽名　(D)被告藏匿者，得通緝之　【100五等司特-民事訴訟法與刑事訴訟法大意】	(C)
解析：(A)(D)依刑事訴訟法第84條規定：「被告逃亡或藏匿者，得通緝之。」；(B)(C)依刑事訴訟法第85條第3項規定：「通緝書，於偵查中由檢察總長或檢察長簽名，審判中由法院院長簽名。」	

　現行犯

有關逮捕現行犯的敘述，下列何者正確？　(A)傷害行為屬告訴乃論，其現行犯不得逕行逮捕　(B)毀損行為屬輕微犯罪，其現行犯不得逕行逮捕　(C)現行犯經逮捕後，應即送交或解送偵查機關　(D)現行犯經逮捕後，應報請檢察官核發拘票　【105司特五等-民事訴訟法大意與刑事訴訟法大意】	(C)

相關考題　逕行拘提

司法警察甲於執行巡邏勤務時，發現乙將機車停在某超商門口，由其後座乘客丙持刀進入強盜。下列強制處分，何者甲不得為之？ (A)對丙進行逮捕　(B)丙供述乙為其共同正犯，且因情形急迫，而對乙逕行拘提　(C)立即搜索丙的身體　(D)赴丙宅逕行搜索　【106司特五等-民事訴訟法大意與刑事訴訟法大意】	(D)
被告犯罪嫌疑重大，有下列那一種情形，得不經傳喚逕行拘提？ (A)犯最輕本刑為3年以上有期徒刑之罪者　(B)離開其住所　(C)逃亡　(D)累犯　【105司特五等-民事訴訟法大意與刑事訴訟法大意】	(C)

相關考題　夜間詢問

關於對被告或犯罪嫌疑人之訊問或詢問，下列敘述何者錯誤？ (A)被告之自白或供述屬法定證據方法的一種　(B)訊問被告前應進行刑事訴訟法第95條之權利告知　(C)應全程連續錄音，必要時並應全程連續錄影　(D)司法警察詢問犯罪嫌疑人不得於夜間行之，縱使經受詢問人明示同意，亦同【105司特五等-民事訴訟法大意與刑事訴訟法大意】	(D)
司法警察（官）詢問犯罪嫌疑人，下列何種情況得於夜間詢問？ (A)經檢察官或法官許可　(B)受詢問人明示拒絕　(C)於夜間經拘捕到場而為本案訊問　(D)經被害人明示同意　【111司特五等-民事訴訟法大意與刑事訴訟法大意】	(A)

相關考題　在途期間

刑事訴訟法第91條及第93條第2項所定之24小時，有下列何種情形之一，其經過之時間不予計入，但不得有不必要之遲延？ (A)在途解送時間　(B)經法官命責付之被告在法警室辦理手續所生之遲滯　(C)經法官命限制住居之被告在法警室辦理手續所生之遲滯　(D)經法官命具保之被告在法警室辦理手續所生之遲滯　【110司特五等-民事訴訟法大意與刑事訴訟法大意】	(A)

偵查中經檢察官訊問後，認有羈押之必要者，應自拘提或逮捕之時起24小時內，聲請該管法院羈押之。下列何種情形，其經過之時間仍應予計入24小時之計算內？　(A)發生車禍以致2小時無法到地檢署　(B)在途解送4小時才到地檢署　(C)犯罪嫌疑人同意由警察於夜間詢問案情2小時　(D)犯罪嫌疑人在地檢署等候辯護人到場3小時以致未予訊問　【109司特五等-民事訴訟法大意與刑事訴訟法大意】

(C)

關於逮捕現行犯之規定，下列敘述何者錯誤？　(A)犯罪於實施後即時被發覺者，非現行犯　(B)被追呼為犯罪人者，以現行犯論　(C)因持有兇器，顯可疑為犯罪人者，以現行犯論　(D)因身上沾滿血跡，顯可疑為犯罪人者，以現行犯論

【110司特五等-民事訴訟法大意與刑事訴訟法大意】

(A)

7 限制出境、出海

限制出境、出海係為<u>保全被告到案</u>，避免逃匿國外，致妨礙國家刑罰權行使之不得已措施，故本法規定如下：

■ 一 限制出境、出海之程序

被告犯罪嫌疑重大，而有下列各款情形之一者，必要時檢察官或法官得逕行限制出境、出海。但所犯係最重本刑為拘役或專科罰金之案件，不得逕行限制之：(刑訴§93-2Ⅰ)

一、<u>無一定之住、居所者</u>。

二、有相當理由足認有<u>逃亡之虞者</u>。

三、有相當理由足認有<u>湮滅、偽造、變造證據或勾串共犯或證人之虞者</u>。

限制出境、出海，應以書面記載下列事項：(刑訴§93-2Ⅱ)

一、被告之姓名、性別、出生年月日、住所或居所、身分證明文件編號或其他足資辨別之特徵。

二、案由及觸犯之法條。

三、限制出境、出海之理由及期間。

四、執行機關。

五、不服限制出境、出海處分之救濟方法。

除被告住、居所不明而不能通知者外，前項書面至遲應於為限制出境、出海後6個月內通知。但於通知前已訊問被告者，應當庭告知，

並付與前項之書面。(刑訴§93-2Ⅲ)

限制出境、出海，涉及憲法第10條居住及遷徙自由權之限制，自應盡早使被告獲知，以及早為工作、就學或其他生活上之安排，並得及時循法定程序救濟。但考量限制出境、出海後如果立即通知被告，反而可能因而洩漏偵查先機，或導致被告立即逃匿，致國家刑罰權無法實現。本項規定為保障被告得適時提起救濟之權利，並兼顧檢察官偵查犯罪之實際需要。

前項前段情形，被告於收受書面通知前獲知經限制出境、出海者，亦得請求交付第2項之書面。(刑訴§93-2Ⅳ)

🔳 繼續限制之程序

偵查中檢察官限制被告出境、出海，不得逾 8 月。但有繼續限制之必要者，應附具體理由，至遲於期間屆滿之 20 日前，以書面記載前條第2項第1款至第4款所定之事項，聲請該管法院裁定之，並同時以聲請書繕本通知被告及其辯護人。(刑訴§93-3Ⅰ)

偵查中之案件考量拘提、逮捕、羈押之程序，涉及憲法第8條對被告人身自由之剝奪，較諸直接限制出境、出海僅係對於憲法第10條居住及遷徙自由權之限制為嚴重。是若可藉由直接限制出境、出海以達保全被告之目的者，自應先許在一定期間內之限制，得由檢察官逕為處分，而無庸一律必須進行羈押審查程序後，再由法官作成限制出境、出海之替代處分。

再者，偵查中檢察官依第93條第3項但書之規定，認被告無聲請羈押之必要者，亦得逕為替代處分，若此時有限制被告出境、出海之必要，授權由檢察官逕行為之，即可立即將被告釋放；若一律採法

官保留原則，勢必仍須將被告解送法院，由法官審查是否對被告限制出境、出海，反而係對被告人身自由所為不必要之限制，爰兼顧偵查實務之需要，增訂本條第1項及其但書規定，並俾避免偵查中之案件，過度長期限制被告之居住及遷徙自由權。

此外，明定檢察官於聲請法院延長限制出境、出海時，應逕以聲請書繕本通知被告及其辯護人，以保障渠等之意見陳述權。又法院受理檢察官延長限制出境、出海之聲請案件時，因案件仍在偵查中，自應遵守偵查不公開原則。

偵查中檢察官聲請延長限制出境、出海，第一次不得逾4月，第二次不得逾2月，以延長2次為限。審判中限制出境、出海每次不得逾8月，犯最重本刑為有期徒刑10年以下之罪者，累計不得逾5年；其餘之罪，累計不得逾10年。（刑訴§93-3Ⅱ）

偵查或審判中限制出境、出海之期間，因被告逃匿而通緝之期間，不予計入。（刑訴§93-3Ⅲ）

較長期限制人民之居住及遷徙自由權，如有一定程度之法官保留介入與定期之審查制度，較能兼顧國家刑罰權之行使與被告居住及遷徙自由權之保障。再者，限制人民出境、出海之期間，亦應考量偵查或審判之性質，及所涉犯罪情節與所犯罪名之輕重，而定其最長期間，以符合憲法第23條之比例原則。

法院延長限制出境、出海裁定前，應給予被告及其辯護人陳述意見之機會。（刑訴§93-3Ⅳ）

延長限制出境、出海可事前審查，且不具有急迫性，則是否有延長之必要，法官除應視偵查及審判程序之實際需要，依職權審酌外，適度賦予被告及其辯護人意見陳述權，亦可避免偏斷，並符干涉人

民基本權利前，原則上應給予相對人陳述意見機會之正當法律程序原則。

　　起訴或判決後案件繫屬法院或上訴審時，原限制出境、出海所餘期間未滿1月者，延長為1月。（刑訴§93-3Ⅴ）

　　量案件經提起公訴或法院裁判後，受理起訴或上訴之法院未及審查前，如原限制出境、出海之期間即將屆滿或已屆滿，可能致被告有逃匿國外之空窗期。為兼顧國家刑罰權之行使，與現行訴訟制度及實務運作之需要，爰增訂本條第5項，明定於起訴後案件繫屬法院時，或案件經提起上訴而卷宗及證物送交上訴審法院時，如原限制出境、出海所餘期間未滿1個月者，一律延長為1個月，並由訴訟繫屬之法院或上訴審法院逕行通知入出境、出海之主管機關。

　　前項起訴後繫屬法院之法定延長期間及偵查中所餘限制出境、出海之期間，算入審判中之期間。（刑訴§93-3Ⅵ）

三 視為撤銷限制出境、出海

　　被告受不起訴處分、緩起訴處分，或經諭知無罪、免訴、免刑、緩刑、罰金或易以訓誡或第303條第3款、第4款不受理之判決者，視為撤銷限制出境、出海。但上訴期間內或上訴中，如有必要，得繼續限制出境、出海。（刑訴§93-4）

四 聲請撤銷主體

　　被告及其辯護人得向檢察官或法院聲請撤銷或變更限制出境、出海。檢察官於偵查中亦得為撤銷之聲請，並得於聲請時先行通知入出境、出海之主管機關，解除限制出境、出海。（刑訴§93-5Ⅰ）

限制出境、出海之處分或裁定確定後，如已無繼續限制之必要，自應許得隨時聲請撤銷或變更。檢察官於偵查中對於被告有利之情形，亦有一併注意之義務，故偵查中經法院裁定之限制出境、出海，自應許檢察官得為被告之利益聲請撤銷，並得由檢察官於聲請之同時逕行通知入出境、出海之主管機關，俾及早解除限制被告之權利。

　　偵查中之撤銷限制出境、出海，除依檢察官聲請者外，應徵詢檢察官之意見。（刑訴§93-5 II）

　　偵查中之撤銷限制出境、出海，法院除應審酌限制出境、出海之原因是否已經消滅及其必要性外，由於偵查不公開，事實是否已經查明或尚待釐清，檢察官知之甚詳。是除依檢察官聲請者外，法院自應於裁定前徵詢檢察官之意見，再為妥適決定。

　　偵查中檢察官所為限制出境、出海，得由檢察官依職權撤銷或變更之。但起訴後案件繫屬法院時，偵查中所餘限制出境、出海之期間，得由法院依職權或聲請為之。（刑訴§93-5 III）

　　偵查或審判中由檢察官或法院所為之限制出境、出海，如已無繼續限制之必要或須變更其限制者，自亦得分別由檢察官或法院依職權撤銷或變更之。惟起訴後案件繫屬法院時，偵查中限制出境、出海期間如有剩餘，經法院審酌個案情節後，認無繼續維持偵查中限制出境、出海處分之必要時，自得由法院依職權或聲請予以撤銷或變更之，俾人權保障更臻周妥。

　　偵查及審判中法院所為之限制出境、出海，得由法院依職權撤銷或變更之。（刑訴§93-5 IV）

五 準用規定

　　依本章以外規定得命具保、責付或限制住居者，亦得命限制出境、出海，並準用第93-2條第2項及第93-3條至第93-5條之規定。

8 羈押

　　為了避免犯罪嫌疑人畏罪潛逃，或避免串滅證據，或觸犯重罪，或有重覆實施犯罪行為者，檢察官可以向法院聲請羈押，以利追訴、審判與執行。羈押並不是正式的入獄服刑，只是暫時將被告或犯罪嫌疑人關在看守所，當然人身自由也就受到限制了。

　　現行羈押聲請之要件必須符合最後手段性、有效達成公益目的及比例原則。

　　依據憲法第8條第1項前段規定：「人民身體之自由應予保障。」羈押作為刑事保全程序時，旨在確保刑事訴訟程序順利進行，使國家刑罰權得以實現。惟羈押係拘束刑事被告身體自由，並將之收押於一定處所，乃干預身體自由最大之強制處分，使刑事被告與家庭、社會及職業生活隔離，非特予其心理上造成嚴重打擊，對其名譽、信用等人格權之影響甚為重大，自僅能以之為保全程序之最後手段，允宜慎重從事（釋字第392號、第653號、第654號解釋參照）。是法律規定羈押刑事被告之要件，須基於維持刑事司法權之有效行使之重大公益要求，並符合比例原則，方得為之。（釋字第665號解釋）

一 羈押原因

　　聲請羈押的原因可能不止一種，例如力霸集團掏空案，許多被告遭檢察官認為涉及重罪，且有勾串滅證之嫌，向法院聲請羈押。（參見刑訴§101、101-1）

羈押原因	細部內容	實際案例
畏罪潛逃類 刑訴 §101 I ①	逃亡、有事實足認有逃亡之虞	《台開內線交易案》爆發後，趙建銘曾經購買機票赴日的打算，此一舉動即被承辦檢察官認為有逃亡之虞，以此作為聲請羈押的理由之一。 張德正開砂石車撞總統府，法院審酌其傷勢，認為沒有逃亡之可能，對於檢方聲請羈押之請求，連續三次予以駁回。
勾串滅證類 刑訴 §101 I ②	有事實足認為有湮滅、偽造、變造證據或勾串共犯或證人之虞	調查的過程非常漫長，犯罪者隱藏自己的犯罪證據，為了避免證據遭到湮滅或偽變造，甚至於共犯、證人間串證，例如向公務員行賄卻說成借款。
重罪類 刑訴 §101 I ③	所犯為死刑、無期徒刑或最輕本刑為5年以上有期徒刑之罪，有相當理由認為有逃亡、湮滅、偽造、變造證據或勾串共犯或證人之虞者	張錫銘曾名列十大槍擊要犯，所觸犯的殺人、擄人勒贖……等犯罪行為，都是極重的罪行，經過極大的努力才抓到，如果不羈押，如同放虎歸山。
反覆實施犯罪類 刑訴 §101-1 （預防性羈押）	特定的放火、性侵害、妨害自由、強制罪、恐嚇危害安全、竊盜、搶奪、詐欺、恐嚇取財罪，而嫌疑重大、反覆實施的可能，以及羈押的必要	例如校園之狼，這種性侵害的犯罪者有些是自身有疾病，無法控制自己的行為，如果在法院審理確定前，仍讓這一類的犯罪者回到社會，恐怕會有更多的婦女受害。

【刑事訴訟法第101條】

Ⅰ被告經法官訊問後,認爲犯罪嫌疑重大,而有下列情形之一,非予羈押,顯難進行追訴、審判或執行者,得羈押之:

一、逃亡或有事實足認爲有逃亡之虞者。

二、有事實足認爲有湮滅、僞造、變造證據或勾串共犯或證人之虞者。

三、所犯爲死刑、無期徒刑或最輕本刑爲5年以上有期徒刑之罪,有相當理由認爲有逃亡、湮滅、僞造、變造證據或勾串共犯或證人之虞者。

Ⅱ法官爲前項之訊問時,檢察官得到場陳述聲請羈押之理由及提出必要之證據。但第93條第2項但書之情形,檢察官應到場敘明理由,並指明限制或禁止之範圍。

Ⅲ第1項各款所依據之事實、各項理由之具體內容及有關證據,應告知被告及其辯護人,並記載於筆錄。但依第93條第2項但書規定,經法院禁止被告及其辯護人獲知之卷證,不得作爲羈押審查之依據。

Ⅳ被告、辯護人得於第1項訊問前,請求法官給予適當時間爲答辯之準備。

二 羈押之要件

法官決定羈押被告之要件有四：<u>犯罪嫌疑重大</u>，<u>有法定之羈押事由</u>，<u>有羈押之必要</u>（即非予羈押，顯難進行追訴、審判或執行），<u>無同法第114條不得羈押被告之情形</u>。

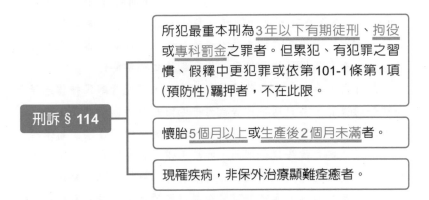

刑訴§114

所犯最重本刑為3年以下有期徒刑、拘役或專科罰金之罪者。但累犯、有犯罪之習慣、假釋中更犯罪或依第101-1條第1項（預防性）羈押者，不在此限。

懷胎5個月以上或生產後2個月未滿者。

現罹疾病，非保外治療顯難痊癒者。

> **實務見解** 首位卸任元首遭羈押案

前第一家庭洗錢弊案爆發之初，民眾紛紛質疑特偵組未聲請羈押任何被告一事，當時特偵組發言人陳雲南表示，羈押的法定要件是有證據足認被告有串證、湮滅證據之虞，暫時無足夠的證據顯示陳水扁等人串證，所以並沒有羈押涉案被告。

隨著案情逐漸升溫，相關涉案遭羈押之人數已經高達二位數字，大多是以有串證之虞或5年以上之重刑為理由聲請羈押。前總統陳水扁也遭特偵組聲請羈押，並於民國97年11月12日上午7時許，由臺北地方法院裁定羈押獲准，送進土城看守所，編號2630，成為我國史上第一位因為涉及貪污弊案遭法院羈押的卸任元首。

重罪羈押，是否合憲？

【釋字第665號解釋】

　　該號解釋認為刑事訴訟法第101條第1項第3款「所犯為死刑、無期徒刑或最輕本刑為5年以上有期徒刑之罪者」規定，「重罪」不應作為許可羈押的唯一要件，還必須考量是否具備犯罪嫌疑重大，是否有逃亡或滅證導致顯難進行追訴、審判或執行之危險，有無不得羈押之情形，作為羈押之必要要件。

　　換言之，單以犯重罪作為羈押之要件，可能背離羈押作為保全程序的性質，其對刑事被告武器平等與充分防禦權行使上之限制，即可能違背比例原則。再者，無罪推定原則不僅禁止對未經判決有罪確定之被告執行刑罰，亦禁止僅憑犯罪嫌疑就施予被告類似刑罰之措施，倘以重大犯罪之嫌疑作為羈押之唯一要件，作為刑罰之預先執行，亦可能違背無罪推定原則。被告縱符合同法第101條第1項第3款之羈押事由，法官仍須就犯罪嫌疑是否重大、有無羈押必要、有無不得羈押之情形予以審酌，非謂一符合該款規定之羈押事由，即得予以羈押。

　　被告犯上開條款之罪嫌疑重大者，仍應有相當理由認為其有逃亡、湮滅、偽造、變造證據或勾串共犯或證人等之虞，法院斟酌命該被告具保、責付或限制住居等侵害較小之手段，均不足以確保追訴、審判或執行程序之順利進行，始符合該條款規定，非予羈押，顯難進行追訴、審判或執行之要件，此際羈押乃為維持刑事司法權有效行使之最後必要手段，於此範圍內，尚未逾越憲法第23條規定之比例原則，符合本院釋字第392號、第653號、第654號解釋意旨，與憲法第8條保障人民身體自由及第16條保障人民訴訟權之意旨，尚無違背。(釋字第665號解釋)

法律探討 縱虎歸山的法官？

　　羈押，確實侵害人民的自由權利，法官做為人權把關的工作，有決定是否要將被告羈押的權力。然而，許多情況往往容易產生誤判，罪犯可以狡詐地表現出認錯的態度，可是只要一放出去又馬上重施故技。

　　例如曾名列十大槍擊要犯的薛球，曾被警方逮捕過，此種有反覆實施犯罪之惡徒本應予以聲請羈押，以免繼續在外面為非作歹，可是卻因為法官的「誤判」，將檢察官羈押的聲請加以駁回，縱虎歸山的結果是，薛球果然又犯下擄人勒贖鉅款的案件，而當初縱虎歸山的法官也遭社會的責難。其他還有很多慣竊，因為罪刑不重，法官往往不太願意將之羈押，結果一放出去就繼續行竊，導致更多民眾受害；過去還有伍澤元聲請保外就醫，結果一去不回的例子。

　　這些案件都是血淋淋的教訓，但是若因為這些特殊的案件，而責難法官嚴守人權的作為，恐怕也並不太公平，畢竟若檢察官無法提出足夠的事證，證明有羈押的必要時，法官基於法律上的要求，當然也就只好駁回羈押的聲請。這也牽涉到一個基本的觀念，社會上到底要接受「寧可錯殺一百，不可縱放一人」，還是「寧可縱放一百，不可錯殺一人」。實際上，或許還是必須回歸到強化蒐證的面向，才能在兩者之間取得平衡。

　　看完了這些分析，你支持哪一個論點呢？

四 羈押流程

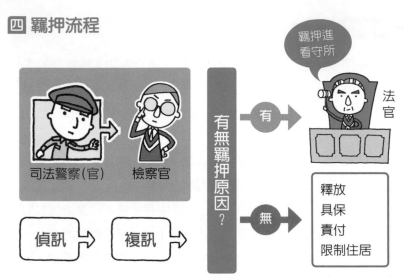

司法警察(官) ⇨ 檢察官

偵訊 ⇨ 複訊 ⇨

有無羈押原因？

有 ➡ 羈押進看守所 ➡ 法官

無 ➡ 釋放
具保
責付
限制住居

五 深夜羈押聲請之訊問

　　羈押之聲請往往會拖延至深夜，引發疲勞訊問的問題，而有人權侵害之虞。因此，刑事訴訟法於民國98年修法，針對法院審理羈押之聲請，至深夜仍未訊問完畢或深夜始受理聲請者，被告、辯護人及得為被告輔佐人之人<u>得</u>請求法院於翌日日間訊問。法院非有正當理由，不得拒絕。(刑訴§93 V 但)所稱<u>深夜</u>，指<u>午後11時至翌日午前8時</u>。(刑訴§93 VI)

晚上了，還在訊問？

我好想睡覺，搞不清楚詢問的內容！

羈押的流程，常見的情況是在檢察官的指揮之下，先由第一線的執法單位，例如警方或調查局進行初步的偵訊，然後交由檢察官複訊，當然也可能直接由檢察官偵查訊問；接著若有羈押的原因，則向法院聲請羈押，若無羈押的原因，則當庭釋放，或具保、責付、限制住居。檢察官若不服法院的裁定，也可以進行抗告。

所以接受司法警察（官）或檢察官的訊問時，可以先判斷有沒有前文介紹的羈押原因，預先蒐集必要的資料，向檢察官或法官說明，以避免接受訊問後，可能就會被檢察官聲請羈押、法官裁定羈押的不利結果，而必須前往看守所住上一陣子。

例如《台開內線交易案》爆發後，趙建銘曾經有購買機票準備赴日，此一舉動即被承辦檢察官認為有逃亡之虞，以此作為聲請羈押的理由之一。趙建銘若想要避免被羈押，就必須找出相關資料，證明購買機票準備前往日本的行為並非潛逃，而是事發前就已經安排的旅遊計畫，例如旅行社的跟團資料、預先支付的訂金等。

六 羈押期間如何接見

羈押，必須在<u>看守所</u>為之。請求接見者，應將姓名、職業、年齡、住所、接見事由、被告姓名及其與被告之關係陳明之。在准許接見後，仍會遭到監視，但是律師請求接見，是否一樣受到監視，則有釋字第654號之見解。

看守所應於<u>平日</u>辦理接見；國定例假日或其他休息日之接見，得由看守所斟酌情形辦理之。被告接見，每日<u>1</u>次；其接見時間，<u>不得逾30分鐘</u>。但看守所長官認有必要時，<u>得增加或延長之</u>。（羈押法§60）

為避免嫌犯在羈押期間，因與外人接見、通信、受授物件，而有脫逃或湮滅、偽造、變造證據或勾串共謀證人的可能性時，檢察官可以向法官聲請，或法官依據職權<u>禁止接見或扣押相關物件</u>。（刑訴§105）

七 羈押期間

如果法院裁定羈押，到底可以關多久？可不可以無限制的延長？
（刑訴§108）

偵查中	羈押期間	不得超過2個月
	可否延長	可
	延長次數限制	以延長一次為限（每次不得超過2個月）

審判中	羈押期間	不得超過3個月
	可否延長	可
	延長次數限制	原則上沒有次數限制（每次不得超過2個月） 但所犯最重本刑為10年以下有期徒刑以下之刑者，第一、二審以三次為限，第三審以一次為限。

羈押期間如何接見

見你一面真麻煩！要填寫一堆資料，還限制時間～

還好你看起來很正常，不然可能被拒絕接見～

● 律師接見受羈押被告，可否予以監聽、錄音？監聽、錄音所獲得的資訊，可否作為偵查或審判上認定被告本案犯罪事實之證據？

釋字第654號解釋之見解摘要如下：

基於無罪推定之原則，受羈押之被告享有之憲法權利保障，與一般人民所得享有者，原則上並無不同。

羈押法第23條第3項規定，律師接見受羈押被告時，亦有同條第2項應監視之適用。該項所稱「監視」，並非僅止於看守所人員在場監看，尚包括監聽、紀錄、錄音等行為在內。依據上開規定，看守所得不問是否為達成羈押目的或維持押所秩序之必要，通通都可以加以監聽、錄音，對受羈押被告與辯護人充分自由溝通權利予以限制，致妨礙其防禦權之行使，已逾越必要程度，違反憲法第23條比例原則之規定，不符憲法保障訴訟權之意旨。惟為維持押所秩序之必要，於受羈押被告與其辯護人接見時，如僅予以監看而不與聞，則與憲法保障訴訟權之意旨尚無不符。羈押法第28條規定：「被告在所之言語、行狀、發受書信之內容，可供偵查或審判上之參考者，應呈報檢察官或法院。」使依同法第23條第3項對受羈押被告與辯護人接見時監聽、錄音所獲得之資訊，得以作為偵查或審判上認定被告本案犯罪事實之證據，在此範圍內妨害被告防禦權之行使，牴觸憲法保障訴訟權之規定。（羈押法第23條和第28條於民國98年修正及刪除，全文並於109年大幅度修訂）

【99年6月修法內容】

刑事訴訟法第34條，明定辯護人可以接見羈押之被告，並互通書信；非有事證足認其有湮滅、偽造、變造證據或勾串共犯或證人，不得予以限制。修法並增訂第34-1條條文，規定若要限制辯護人與羈押之被告接見或互通書信，應用限制書，並聲請該管法院限制。

八 撤銷羈押的原因

　　共諜案要犯黃正安因人為疏忽或電腦操作疏失，導致羈押裁定送達逾期，臺灣高等法院依法必須撤銷羈押，將黃某釋放，導致輿論一片譁然。

　　什麼是撤銷羈押？原因有哪些？

　　羈押的撤銷亦即使羈押的效力歸於消滅，使被羈押人回歸自由。我國刑事訴訟法所規定之羈押的撤銷態樣有二：

〔法定撤銷〕羈押的原因消滅	刑訴法第107條第1項：「羈押於其<u>原因消滅</u>時，應即撤銷羈押，將被告釋放。」
〔擬制撤銷〕羈押之原因仍然存在，但是法律規定某種情形視為有撤銷羈押的原因。	⊙延長裁定未經合法送達(刑訴§108Ⅱ) ⊙羈押期間已滿未經起訴或裁判者(刑訴§108Ⅶ) ⊙羈押期間已逾原審判決之刑期(刑訴§109) ⊙受不起訴或緩起訴之處分者(刑訴§259Ⅰ) ⊙諭知無罪、免訴、免刑、緩刑、罰金或易以訓誡或第303條第3款、第4款不受理之判決(刑訴§316)

　　共諜案要犯黃正安因裁定送達逾期，屬於擬制撤銷中，延長裁定未經合法送達之情形，規定在刑事訴訟法第108條第2項後段：「<u>羈押期滿，延長羈押之裁定未經合法送達者</u>，視為撤銷羈押。」

　　其他相關條文如下：

　　刑事訴訟法第108條第7項：「羈押期間已滿未經起訴或裁判者，視為撤銷羈押，檢察官或法院應將被告釋放；由檢察官釋放被告者，並應即時通知法院。」

　　刑事訴訟法第109條：「<u>案件經上訴者，被告羈押期間如已逾原審判決之刑期者，應即撤銷羈押，將被告釋放</u>。但檢察官為被告之不利益而上訴者，得命具保、責付或限制住居。」

律師接見羈押被告之保障

談案情就好,不要私底下拿違禁品給受羈押的被告!

單純監看,可以避免律師藉會面機會,拿一些違禁品給受羈押的被告,而有影響押所秩序的疑慮。因此,監看,並不違憲。

怎麼可以偷錄我跟當事人的對話!釋字第654號解釋認定是違憲的。

被告的訴訟策略都被我知道了,這場官司非贏不可。

檢察官

除了監看,還有監聽、紀錄、錄音等行為,都會讓羈押被告與其律師之間的訴訟策略攤在對造檢察官的眼前,致使產生訴訟武器不對等的現象。

偵查結果是不起訴處分，則視為撤銷羈押，規定在刑事訴訟法第259條第1項：「羈押之被告受不起訴或緩起訴之處分者，視為撤銷羈押，檢察官應將被告釋放，並應即時通知法院。」

　　若審理結果為無罪、免訴、免刑、緩刑、罰金或易以訓誡或特定之不受理之判決，也視為撤銷羈押。規定在刑訴法第316條：「羈押之被告，經諭知無罪、免訴、免刑、緩刑、罰金或易以訓誡或第303條第3款、第4款不受理之判決者，視為撤銷羈押。但上訴期間內或上訴中，得命具保、責付或限制住居，並準用第116-2條規定（替代處分）；如不能具保、責付或限制住居，而有必要情形者，並得繼續羈押之。」

　　所謂第303條第3款及第4款的不受理判決，第3款是指具有「告訴或請求乃論之罪，未經告訴、請求或其告訴、請求經撤回或已逾告訴期間者」之情形；第4款是指「曾為不起訴處分、撤回起訴或緩起訴期滿未經撤銷，而違背第260條第1項之規定再行起訴者」之情形。

實務案例　流浪法庭 30 年

　　民國68年，三名第一銀行主管因案遭到收押禁見，隔年地方法院判定有罪，三人不服上訴；71年，高等法院仍判三人有罪；同年底，最高法院發回更審。此後，他們開始法院的流浪之旅，反覆上訴、發回的結果，讓這三人與法院結了30年的緣分。(參閱《流浪法庭30年！臺灣三名老人的真實故事》)

　　提到這個例子，主要是說明三個人所耗費的生命，早已超過法院判處最重的刑期。假設三個人仍在被羈押中，似乎也沒有羈押的必要性了。例如原審判決才4年半，羈押卻已經超過4年半，就應該撤銷羈押，將被告釋放。即使檢察官認為法院判刑過輕而繼續上訴，仍不得羈押，僅能命具保、責付或限制住居。

九 如何具保停止羈押？

　　停止羈押，是指以羈押的裁定依然有效，只是以具保等其他替代手段的方式代替羈押。所謂「生命誠可貴，愛情價更高，若為自由顧，兩者皆可拋」。若能用錢代替限制個人自由的羈押，只要財務狀況許可，通常會傾向具保的替代手段。

　　依據刑訴法第110條第1項規定：「被告及得為其輔佐人之人或辯護人，得隨時具保，向法院聲請停止羈押。」

　　例如總統府前副秘書長陳哲男被控收受政治獻金、涉嫌司法黃牛案，臺北地方法院認為陳哲男涉嫌重大，且有串證之虞，裁定羈押了一陣子，陳哲男聲請具保停止羈押，臺北地方法院認為陳哲男涉案事實屬於重罪，且有勾串證人之虞，仍有羈押之必要，裁定加以駁回。

　　扁案也曾多次聲請具保停止羈押，但法院認為陳水扁涉犯重罪、加上海外鉅款仍未匯回，有逃亡之虞等羈押原因依舊存在，因此多次裁定駁回聲請。

　　前桃園縣副縣長葉世文主導的八德合宜住宅，爆發行、收賄醜聞後，得標的建商遠雄集團創辦人趙藤雄等人遭法院裁定收押，趙藤雄的委任律師主張趙某已配合檢方調查偵辦，沒有再續行羈押必要為由，曾於2014年6月間聲請具保停押，但遭裁定還押；直到同年7月25日，案件偵結起訴，趙某以3,000萬元交保、限制住居。

如果是有一些特殊的情況，法院就沒有裁量的餘地，而必須要裁定具保停止羈押，不得駁回聲請。這些情況包括下列幾種：（刑訴§114）

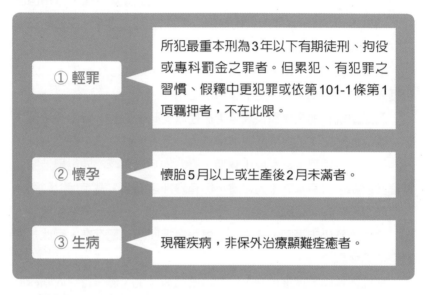

① 輕罪	所犯最重本刑為3年以下有期徒刑、拘役或專科罰金之罪者。但累犯、有犯罪之習慣、假釋中更犯罪或依第101-1條第1項羈押者，不在此限。
② 懷孕	懷胎5月以上或生產後2月未滿者。
③ 生病	現罹疾病，非保外治療顯難痊癒者。

　　第一種的輕罪，還是有例外的情況，如果是累犯、有犯罪之習慣，假釋中更犯罪或依刑事訴訟法第101-1條第1項規定羈押者，則法院仍得裁定加以駁回。

　　刑事訴訟法第101-1條第1項規定，主要是針對被告觸犯特定條文的放火罪、妨害風化罪、妨害自由罪、強制罪、恐嚇危害安全罪、竊盜罪、搶奪罪、詐欺罪、恐嚇取財罪，雖然並非屬於重罪，但法院認為有反覆實施的可能性，若未能將被告羈押，可能繼續在外面持續為非作歹，則法院仍有裁量的餘地，對於聲請仍然可以裁定駁回。

【刑事訴訟法第101-1條】

I 被告經法官訊問後，認為犯下列各款之罪，其嫌疑重大，有事實足認為有反覆實行同一犯罪之虞，而有羈押之必要者，得羈押之：

一、刑法第173條第1項、第3項、第174條第1項、第2項、第4項、第175條第1項、第2項之放火罪、第176條之準放火罪、第185-1條之劫持交通工具罪。

二、刑法第221條之強制性交罪、第222條之加重強制性交罪、第224條之強制猥褻罪、第224-1條之加重強制猥褻罪、第225條之乘機性交猥褻罪、第226-1條之強制性交猥褻之結合罪、第227條之與幼年男女性交或猥褻罪、第271條第1項、第2項之殺人罪、第272條之殺直系血親尊親屬罪、第277條第1項之傷害罪、第278條第1項之重傷罪、性騷擾防治法第25條第1項之罪。但其須告訴乃論，而未經告訴或其告訴已經撤回或已逾告訴期間者，不在此限。

三、刑法第296-1條之買賣人口罪、第299條之移送被略誘人出國罪、第302條之妨害自由罪。

四、刑法第304條之強制罪、第305條之恐嚇危害安全罪。

五、刑法第320條、第321條之竊盜罪。

六、刑法第325條、第326條之搶奪罪、第328條第1項、第2項、第4項之強盜罪、第330條之加重強盜罪、第332條之強盜結合罪、第333條之海盜罪、第334條之海盜結合罪。

七、刑法第339條、第339-3條之常業詐欺罪、第339-4條之加重詐欺罪。

（接下頁）

【刑事訴訟法第101-1條】

(承前頁)

　　八、刑法第346條之恐嚇取財罪、第347條第1項、第3項之
　　　　擄人勒贖罪、第348條之擄人勒贖結合罪、第348-1條之
　　　　準擄人勒贖罪。

　　九、槍砲彈藥刀械管制條例第7條、第8條之罪。

　　十、毒品危害防制條例第4條第1項至第4項之罪。

　　十一、人口販運防制法第34條之罪。

II 前條第2項至第4項之規定，於前項情形準用之。

【刑事訴訟法第110條第1、2項】

I 被告及得爲其輔佐人之人或辯護人，得隨時具保，向法院聲請
　停止羈押。

II 檢察官於偵查中得聲請法院命被告具保停止羈押。

【刑事訴訟法第114條】

　　羈押之被告，有下列情形之一者，如經具保聲請停止羈押，
不得駁回：

　　一、所犯最重本刑爲3年以下有期徒刑、拘役或專科罰金之罪
　　　　者。但累犯、有犯罪之習慣、假釋中更犯罪或依第101-1
　　　　條第1項羈押者，不在此限。

　　二、懷胎5月以上或生產後2月未滿者。

　　三、現罹疾病，非保外治療顯難痊癒者。

高手過招

下列何種強制處分，司法警察機關必須報請檢察官許可後，向該管法院聲請核發令狀？　(A)基於情況急迫，而逕行拘提在押中脫逃之犯人　(B)一般之搜索　(C)對已通緝被告之拘提　(D)以通知書通知犯罪嫌疑人到場詢問　（B）

【98五等司特-民事訴訟法大意與刑事訴訟法大意】

解析：

(A)刑事訴訟法第88-1條第1項第2款規定：「在執行或在押中之脫逃者。」檢察官、司法警察官或司法警察偵查犯罪，情況急迫者，得逕行拘提之。

(B)刑事訴訟法第128-1條第2項規定：「司法警察官因調查犯罪嫌疑人犯罪情形及蒐集證據，認有搜索之必要時，得依前項規定，報請檢察官許可後，向該管法院聲請核發搜索票。」

(C)刑事訴訟法第87條第1項規定：「通緝經通知或公告後，檢察官、司法警察官得拘提被告或逕行逮捕之。」

(D)刑事訴訟法第71-1條第1項前段規定：「司法警察官或司法警察，因調查犯罪嫌疑人犯罪情形及蒐集證據之必要，得使用通知書，通知犯罪嫌疑人到場詢問。」

相關考題　檢警共用24小時

偵查中經檢察官訊問後，認為有羈押之必要者，應自拘提或逮捕之時起，多久以內敘明羈押理由，聲請法院羈押之？　(A)1星期內　(B)3日內　(C)48小時　(D)24小時　（D）

【97五等司特-民事訴訟法大意與刑事訴訟法大意】

解析：刑事訴訟法第93條第2項本文規定：「偵查中經檢察官訊問後，認有羈押之必要者，應自拘提或逮捕之時起24小時內，以聲請書敘明犯罪事實並所犯法條及證據與羈押之理由，備具繕本並檢附卷宗及證物，聲請該管法院羈押之。」

檢警共用24小時

偵查中經檢察官訊問後，認有羈押之必要者，應自何時起24小時內，敘明羈押之理由，聲請該管法院羈押之？ (A)拘提或逮捕之時起 (B)檢察官訊問終結之時起 (C)解送至檢察官之時起 (D)檢察官開始訊問之時起【99五等司特-民事訴訟法大意與刑事訴訟法大意】 (A)

限制接見、互通書信之理由

下列何種情況，非我國刑事訴訟法第34條限制辯護人與其羈押當中被告接見、互通書信的理由？ (A)辯護人有湮滅證據之虞 (B)被告已逃亡 (C)辯護人有勾串證人之虞 (D)辯護人有變造證據之虞 (B)
【98五等原住民庭務員-民事訴訟法大意與刑事訴訟法大意】

解析：

(B)刑事訴訟法第34條規定：

Ⅰ 辯護人得接見羈押之被告，並互通書信。非有事證足認其有湮滅、偽造、變造證據或勾串共犯或證人者，不得限制之。

Ⅱ 辯護人與偵查中受拘提或逮捕之被告或犯罪嫌疑人接見或互通書信，不得限制之。但接見時間不得逾1小時，且以1次為限。接見經過之時間，同為第93-1條第1項所定不予計入24小時計算之事由。

Ⅲ 前項接見，檢察官遇有急迫情形且具正當理由時，得暫緩之，並指定即時得為接見之時間及場所。該指定不得妨害被告或犯罪嫌疑人之正當防禦及辯護人依第245條第2項前段規定之權利。

羈押：限制書

限制辯護人與羈押中的被告接見，依法應該先取得下列何種文書？
(A)限制書 (B)通訊監察書 (C)押票 (D)搜索票 (A)
【102司特五等-民事訴訟法大意與刑事訴訟法大意】

相關考題　羈押：撤銷羈押

關於法院撤銷羈押的聲請人以及時機，以下何者錯誤？　(A)偵查中，根據辯護人的聲請　(B)偵查中，根據檢察官的聲請　(C)審判中，根據辯護人的聲請　(D)審判中，根據檢察官的聲請 【102司特五等-民事訴訟法大意與刑事訴訟法大意】	(D)

解析：刑事訴訟法第107條第2項規定：「被告、辯護人及得為被告輔佐人之人得聲請法院撤銷羈押。檢察官於偵查中亦得為撤銷羈押之聲請。」

下列何者非得聲請撤銷羈押之主體？　(A)被告之未婚妻　(B)檢察官　(C)辯護人　(D)被告之養子女 【107司特五等-民事訴訟法大意與刑事訴訟法大意】	(A)

相關考題　羈押延長次數

在偵查階段，羈押中的被告，若有必要且允許延長其羈押期間時，以延長幾次為限？　(A)1次　(B)2次　(C)3次　(D)4次 【98五等原住民庭務員-民事訴訟法大意與刑事訴訟法大意】	(A)

解析：(A)刑事訴訟法第108條第5項規定：「延長羈押期間，偵查中不得逾2月，以延長1次為限。審判中每次不得逾2月，如所犯最重本刑為10年以下有期徒刑以下之刑者，第一審、第二審以3次為限，第三審以1次為限。」

　　另依據刑事妥速審判法之規定，審判中之延長羈押，如所犯最重死刑、無期徒刑或逾有期徒刑10年者，第一審、第二審以6次為限，第三審以1次為限。(速審§5Ⅱ)審判中之羈押期間，累計不得逾5年。(速審§5Ⅲ)

延長羈押要件

延長羈押期間，在第一、二、三審受有限制者，必須所犯為下列何一種刑度之犯罪？　(A)所犯最輕本刑為5年以下有期徒刑以下之刑者　(B)所犯最重本刑為10年以下有期徒刑以下之刑者　(C)所犯最輕本刑為7年以下有期徒刑以下之刑者　(D)所犯最重本刑為12年以下有期徒刑以下之刑者

(B)

【98五等原住民庭務員-民事訴訟法大意與刑事訴訟法大意】

解析：刑事訴訟法第108條第5項規定：「延長羈押期間，偵查中不得逾2月，以延長1次為限。審判中每次不得逾2月，如所犯最重本刑為10年以下有期徒刑以下之刑者，第一審、第二審以3次為限，第三審以1次為限。」

執行羈押的指揮機關

在偵查階段，何者是執行羈押的指揮機關？　(A)檢察官　(B)司法警察官　(C)看守所　(D)書記官

(A)

【98五等原住民庭務員-民事訴訟法大意與刑事訴訟法大意】

預防性羈押

依刑事訴訟法第101-1條之規定，以下何者，非屬得以進行預防性羈押的罪名？　(A)刑法第173條第1項之放火罪　(B)刑法第320條之竊盜罪　(C)刑法第346條之恐嚇取財罪　(D)刑法第221條之強制性交罪　【101五等司特-民事訴訟法大意與刑事訴訟法大意】

參見解析

解析：已修法，刑法第173條第1項已增列為預防性羈押之罪名。

相關考題　羈押之期間

被告遭起訴後，第一審法院如認為有羈押之必要時，審判中第一次羈押時間，不得逾多久？　(A)不得逾1月　(B)不得逾2月　(C)不得逾3月　(D)不得逾6月　　　　　　　　　　　　　【103五等司法】　　(C)

相關考題　羈押

案件雖經上訴，惟被告羈押期間如已逾原審判決之刑期者，依法如何處理？　(A)應立即撤銷羈押，釋放被告　(B)檢察官仍得向上級審法院聲請繼續羈押　(C)上訴審法院得依職權裁定延長羈押　(D)應立即釋放被告，並視為已限制住居　　(A)
【106司特五等-民事訴訟法大意與刑事訴訟法大意】

有關偵查階段羈押強制處分之程序，下列敘述何者正確？　(A)適用偵查不公開　(B)僅適用重大犯罪　(C)證人應行交互詰問　(D)事實認定應經嚴格證明　　(A)
【105司特五等-民事訴訟法大意與刑事訴訟法大意】

下列有關被告羈押之敘述，何者錯誤？　(A)羈押被告，應用押票　(B)押票應記載羈押期間及其起算日　(C)偵查中法官得依職權變更在押被告之羈押處所　(D)管束羈押之被告，應以維持羈押之目的及押所之秩序所必要者為限　　(C)
【104司特五等-民事訴訟法大意與刑事訴訟法大意】

下列有關被告羈押撤銷之敘述，何者錯誤？　(A)羈押於其原因消滅時，應即撤銷羈押，將被告責付　(B)被告、辯護人及得為被告輔佐之人，得聲請法院撤銷羈押　(C)偵查中經檢察官聲請撤銷羈押者，法院應撤銷羈押　(D)偵查中之撤銷，除依檢察官聲請者外，應徵詢檢察官之意見　　(A)
【104司特五等-民事訴訟法大意與刑事訴訟法大意】

解析：刑事訴訟法第107條第1項：「羈押於其原因消滅時，應即撤銷羈押，將被告釋放。」

公務員甲涉嫌收賄遭檢察官傳喚到場接受訊問，訊後檢察官認為甲涉嫌觸犯違背職務收賄罪，犯罪嫌疑重大，且有羈押必要，欲聲請羈押。下列敘述何者正確？　(A)檢察官得僅以甲所犯為最輕本刑 5 年以上之貪污重罪為由而聲請羈押　(B)基於羈押的「拘捕前置原則」，本案中因甲係自行到場，故檢察官不得聲請羈押　(C)依司法院釋字第 737 號解釋，基於「偵查不公開原則」，不讓被告甲之辯護人獲知聲請羈押之有關證據，係屬合憲　(D)羈押審查程序不適用傳聞法則，故法院得使用傳聞證據來作為決定羈押與否的判斷基礎

(D)

【105 司特五等 - 民事訴訟法大意與刑事訴訟法大意】

解析：(C)大法官會議第737號解釋解釋文：「偵查中之羈押審查程序，應以適當方式及時使犯罪嫌疑人及其辯護人獲知檢察官據以聲請羈押之理由；除有事實足認有湮滅、偽造、變造證據或勾串共犯或證人等危害偵查目的或危害他人生命、身體之虞，得予限制或禁止者外，並使其獲知聲請羈押之有關證據，俾利其有效行使防禦權，始符憲法正當法律程序原則之要求。其獲知之方式，不以檢閱卷證並抄錄或攝影為必要。」

下列關於羈押訊問之敘述，何者錯誤？　(A)檢察官於羈押訊問時，應到場陳述聲請羈押理由及提出必要之證據　(B)禁止被告及其辯護人獲知之卷證資料，不得作為羈押審查之依據　(C)行羈押訊問前，被告、辯護人得請求法官給予適當時間為答辯之準備　(D)羈押訊問程序僅能由法官為之

(A)

【107 司特五等 - 民事訴訟法大意與刑事訴訟法大意】

相關考題

依刑事訴訟法規定，對於被告之羈押聲請與審查程序，下列敘述何者正確？　(A)被告經法官訊問後，認為犯罪嫌疑重大、應為有罪判決者，始得羈押　(B)法官為羈押審查訊問時，檢察官原則上得不到場陳述聲請羈押之理由及提出必要之證據　(C)羈押審查程序仍屬於偵查程序，為遵守偵查不公開原則，檢察官聲請羈押所依據之事實、理由及有關證據，不得告知被告及其辯護人　(D)被告經法官訊問後，雖有法定羈押原因之一而無羈押之必要者，應先命檢察官補正羈押必要性之說明，不得逕命具保、責付或限制住居	（B）

【108 司特五等 - 民事訴訟法大意與刑事訴訟法大意】

相關考題　停止羈押

下列何者經具保聲請停止羈押，即應准許？　(A)被告經營之公司無人主持，即將倒閉　(B)被告為家中經濟支柱，須扶養同住之年邁父母及稚兒　(C)被告假釋中更犯最重本刑為 2 年以下有期徒刑之罪者　(D)被告為懷胎 5 月以上者	（D）

【107 司特五等 - 民事訴訟法大意與刑事訴訟法大意】

相關考題

甲為公務員，涉嫌收受廠商賄賂，甲被檢察官拘提到案，惟否認涉案辯稱對案情來龍去脈不清楚，檢察官乃向法院聲請羈押，試問：法官訊問後，認為犯罪嫌疑重大，若羈押亦有其必要，可否基於被告所涉為「最輕本刑為5年以上有期徒刑之重罪」而裁定羈押？(A)可以，因為所犯為最輕本刑為5年以上有期徒刑之罪，為法定羈押原因　(B)不可以，因為沒有證據證明有反覆實行同一犯罪之虞(C)可以，因為犯收受賄賂之重罪，一定會逃亡或串證　(D)不可以，除了所犯最輕本刑為5年以上有期徒刑之罪，還必須有相當理由認為有逃亡、湮滅、偽造、變造證據或勾串共犯或證人之虞	（D）

【109 司特五等 - 民事訴訟法大意與刑事訴訟法大意】

9 暫行安置

一 暫行安置之要件

　　被告經法官訊問後，認為犯罪嫌疑重大，且有事實足認為刑法第19條第1項、第2項之原因可能存在，而有<u>危害公共安全</u>之虞，並有<u>緊急必要</u>者，得於偵查中依檢察官聲請，或於審判中依檢察官聲請或依職權，先裁定諭知6月以下期間，令入司法精神醫院、醫院、精神醫療機構或其他適當處所，施以暫行安置。（刑訴§121-1 Ⅰ）

> **模擬案例** 精神障礙犯罪案
>
> 　　某甲患有精神分裂症，經常出現幻聽、妄想等症狀，並曾有攻擊他人的行為。某日，某甲在街上突然持刀攻擊路人，導致路人受傷。警方獲報後將某甲逮捕，並依法送檢。
> 　　暫行安置：檢察官認爲某甲的犯罪嫌疑重大，且有事實足認其行爲可能因精神障礙所致，而有危害公共安全之虞，因此聲請法院裁定暫行安置。法院經訊問後，認爲檢察官的聲請有理由，因此裁定某甲入司法精神醫院接受治療。

■分析

　　本案符合暫行安置的所有要件：

1. 犯罪嫌疑重大：某甲經檢察官偵查後，認定其有殺人未遂罪之嫌疑。
2. 有事實足認為刑法第19條第1項、第2項之原因可能存在：某甲患有精神分裂症，且曾有攻擊他人的行為，因此有事實足認其行為可能因精神障礙所致。
3. 有危害公共安全之虞：某甲曾持刀攻擊路人，導致路人受傷，因

此有危害公共安全之虞。

4. 有緊急必要：某甲的精神狀況不穩定，有再犯之虞，因此有緊急必要採取暫行安置措施。

本案中，暫行安置的目的在於保護被告本人及其他人的安全，並讓被告接受適當的醫療照護。

二 準用規定

第31-1條、第33-1條、第93條第2項前段、第5項、第6項、第93-1條及第228條第4項之規定，於偵查中檢察官聲請暫行安置之情形準用之。（刑訴§121-1 II）準用條文如下：

【刑事訴訟法第31-1條】

I 偵查中之羈押審查程序未經選任辯護人者，審判長應指定公設辯護人或律師為被告辯護。但等候指定辯護人逾4小時未到場，經被告主動請求訊問者，不在此限。

II 前項選任辯護人無正當理由而不到庭者，審判長得指定公設辯護人或律師。

III 前條第3項、第4項之規定，於第1項情形準用之。

【刑事訴訟法第33-1條】

I 辯護人於偵查中之羈押審查程序，除法律另有規定外，得檢閱卷宗及證物並得抄錄或攝影。

II 辯護人持有或獲知之前項證據資料，不得公開、揭露或為非正當目的之使用。

III 無辯護人之被告於偵查中之羈押審查程序，法院應以適當之方式使其獲知卷證之內容。

【刑事訴訟法第93條第2項前段】

偵查中經檢察官訊問後,認有羈押之必要者,應自拘提或逮捕之時起24小時內,以聲請書敘明犯罪事實並所犯法條及證據與羈押之理由,備具繕本並檢附卷宗及證物,聲請該管法院羈押之。

【刑事訴訟法第93條第5、6項】

V 法院於受理前三項羈押之聲請,付予被告及其辯護人聲請書之繕本後,應即時訊問。但至深夜仍未訊問完畢,被告、辯護人及得為被告輔佐人之人得請求法院於翌日日間訊問,法院非有正當理由,不得拒絕。深夜始受理聲請者,應於翌日日間訊問。

VI 前項但書所稱深夜,指午後11時至翌日午前8時。

【刑事訴訟法第93-1條】

I 第91條及前條第2項所定之24小時,有下列情形之一者,其經過之時間不予計入。但不得有不必要之遲延:

一、因交通障礙或其他不可抗力事由所生不得已之遲滯。

二、在途解送時間。

三、依第100-3條第1項規定不得為詢問者。

四、因被告或犯罪嫌疑人身體健康突發之事由,事實上不能訊問者。

五、被告或犯罪嫌疑人因表示選任辯護人之意思,而等候辯護人到場致未予訊問者。但等候時間不得逾4小時。其等候第31條第5項律師到場致未予訊問或因精神障礙或其他心智缺陷無法為完全之陳述,因等候第35條第3項經通知陪同在場之人到場致未予訊問者,亦同。

六、被告或犯罪嫌疑人須由通譯傳譯,因等候其通譯到場致未予訊問者。但等候時間不得逾6小時。

七、經檢察官命具保或責付之被告,在候保或候責付中者。但候保或候責付時間不得逾4小時。

（接下頁）

（承前頁）

八、犯罪嫌疑人經法院提審之期間。

Ⅱ前項各款情形之經過時間內不得訊問。

Ⅲ因第1項之法定障礙事由致24小時內無法移送該管法院者，檢察官聲請羈押時，並應釋明其事由。

【刑事訴訟法第228條第4項】

被告經傳喚、自首或自行到場者，檢察官於訊問後，認有第101條第1項各款或第101-1條第1項各款所定情形之一而無聲請羈押之必要者，得命具保、責付或限制住居。但認有羈押之必要者，得予逮捕，並將逮捕所依據之事實告知被告後，聲請法院羈押之。第93條第2項、第3項、第5項之規定於本項之情形準用之。

延長暫行安置

暫行安置期間屆滿前，被告經法官訊問後，認有延長之必要者，得於偵查中依檢察官聲請，或於審判中依檢察官聲請或依職權，以裁定延長之，每次延長不得逾6月，並準用第108條第2項之規定。但暫行安置期間，累計不得逾5年。(刑訴§121-1Ⅲ)

檢察官聲請暫行安置或延長暫行安置者，除法律另有規定外，應以聲請書敘明理由及證據並備具繕本為之，且聲請延長暫行安置應至遲於期間屆滿之5日前為之。(刑訴§121-1Ⅳ)

對於第1項及第3項前段暫行安置、延長暫行安置或駁回聲請之裁定有不服者，得提起抗告。(刑訴§121-1Ⅴ)

檢察官陳述意見、被告及辯護人答辯

法官為前條第1項或第3項前段訊問時，檢察官得到場陳述意見。但檢察官聲請暫行安置或延長暫行安置者，應到場陳述聲請理由及提出必要之證據。(刑訴§121-2Ⅰ)

暫行安置或延長暫行安置所依據之事實、各項理由之具體內容及有關證據,應告知被告及其辯護人,並記載於筆錄。(刑訴§121-2Ⅱ)

檢察官、被告及辯護人得於前條第1項或第3項前段訊問前,請求法官給予適當時間為陳述意見或答辯之準備。(刑訴§121-2Ⅲ)

暫行安置、延長暫行安置,由該管檢察官執行。(刑訴§121-2Ⅳ)

五 撤銷暫行安置

暫行安置之原因或必要性消滅或不存在者,應即撤銷暫行安置裁定。(刑訴§121-3Ⅰ)

檢察官、被告、辯護人及得為被告輔佐人之人得聲請法院撤銷暫行安置裁定;法院對於該聲請,得聽取被告、辯護人及得為被告輔佐人之人陳述意見。(刑訴§121-3Ⅱ)

偵查中經檢察官聲請撤銷暫行安置裁定者,法院應撤銷之,檢察官得於聲請時先行釋放被告。(刑訴§121-3Ⅲ)

撤銷暫行安置裁定,除依檢察官聲請者外,<u>應</u>徵詢檢察官之意見。(刑訴§121-3Ⅳ)

對於前四項撤銷暫行安置裁定或駁回聲請之裁定有不服者,得提起抗告。(刑訴§121-3Ⅴ)

六 第三審之審理

案件在第三審上訴中,而卷宗及證物已送交該法院者,關於暫行安置事項,由第二審法院裁定之。(刑訴§121-4Ⅰ)

第二審法院於為前項裁定前,得向第三審法院調取卷宗及證物。(刑訴§121-4Ⅱ)

第三審為法律審,不為事實之調查,被告是否有暫行安置之原因及必要,自應<u>由事實審調查審認</u>。倘案件已上訴於第三審,卷證並送交該法院時,如經檢察署檢察官聲請,為免違背第三審為法律審之原

則，關於暫行安置之事項，例如裁定暫行安置、延長暫行安置及撤銷暫行安置，仍由事實審之第二審法院為之為宜。惟第二審法院因無卷證資料，倘為裁定有參閱必要，自得向第三審法院調閱。

七 視為撤銷暫行安置

暫行安置後，法院判決未宣告監護者，視為撤銷暫行安置裁定。(刑訴§121-5 Ⅰ)

判決宣告監護開始執行時，暫行安置或延長暫行安置之裁定尚未執行完畢者，免予繼續執行。(刑訴§121-5 Ⅱ)

八 其他規定

暫行安置，本法未規定者，適用或準用保安處分執行法或其他法律之規定。(刑訴§121-6 Ⅰ)

於執行暫行安置期間，有事實足認被告與外人接見、通信、受授書籍及其他物件，有湮滅、偽造、變造證據或勾串共犯或證人之虞，且情形急迫者，檢察官或執行處所之戒護人員得為限制、扣押或其他必要之處分，並應即時陳報該管法院；法院認為不應准許者，應於受理之日起3日內撤銷之。(刑訴§121-6 Ⅱ)

前項檢察官或執行處所之戒護人員之處分，經陳報而未撤銷者，其效力之期間為7日，自處分之日起算。(刑訴§121-6 Ⅲ)

對於第2項之處分有不服者，得於處分之日起10日內聲請撤銷或變更之。法院不得以已執行終結而無實益為由駁回。(刑訴§121-6 Ⅳ)

第409條至第414條規定，於前項情形準用之。(刑訴§121-6 Ⅴ)

對於第2項及第4項之裁定，不得抗告。(刑訴§121-6 Ⅵ)

10 搜索

搜索，主要是找出犯罪事證，而對於住居所、營業所、身體等，施以搜查的強制處分。若發現犯罪事證，則必須進行扣押的程序。

搜索必須使用「搜索票」。(刑訴§128 I)並應記載：

(一)案由。

(二)應搜索之被告、犯罪嫌疑人或應扣押之物。但被告或犯罪嫌疑人不明時，得不予記載。

(三)應加搜索之處所、身體、物件或電磁紀錄。

(四)有效期間，逾期不得執行搜索及搜索後應將搜索票交還之意旨。

(刑訴§128 II)

搜索票是由法院核發、由法官簽名，由於搜索侵害人民基本權利甚鉅，透過法官的審查，決定搜索是否有必要性，無搜索票者，原則上不能進行搜索。(刑訴§128 III)

搜索票核發的程序，主要是由檢察官向法官聲請，如果是司法警察官，則必須經由檢察官的許可，再向法院聲請搜索票。(刑訴§128-1)無搜索票的搜索分成三種，包括「附帶搜索」、「緊急搜索」、「同意搜索」。

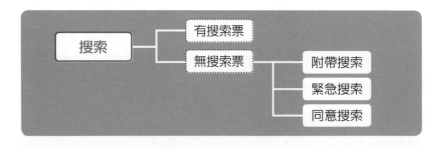

一 附帶搜索

搜索票是保障人民基本權利的制度，讓我國不會成為警察國家，但是衡量實務上的需求，在特定的情況下還是必須容許執法人員進行搜索。在逮捕、拘提或羈押時，有權對身體、隨身攜帶物品、交通工具及立即可接觸之處所進行搜索。此即刑事訴訟法第130條「附帶搜索」之規定。

【刑事訴訟法第130條】

檢察官、檢察事務官、司法警察官或司法警察逮捕被告、犯罪嫌疑人或執行拘提、羈押時，雖無搜索票，得逕行搜索其身體、隨身攜帶之物件、所使用之交通工具及其立即可觸及之處所。

實務案例 大炳吸毒案

知名影星大炳因為在公共場所公然吸毒，調查人員認為在其賓士車內，還藏有其他的毒品，遂搜索其身體及車內，果然在上衣右口袋、駕駛座下方搜到幾包安非他命。

如果必須聲請到搜索票才能搜索大炳的身體與汽車，吸毒的相關罪證有被湮滅之疑慮，或者是歹徒口袋中暗藏小刀，趁執法人員不備時，拿刀將執法人員刺傷，因此法律賦予附帶搜索之權利。

二 緊急搜索

(一)緊急搜索之概念

如果偵查案件都有一套過於嚴謹的程序，在某些緊急情況下，恐怕將無法有效打擊犯罪。因此，<u>在特定的緊急狀況下，「暫時性」的容許執法人員不需取得搜索票，即可以進行搜索。但是，事後要陳報法院，由法院決定未經事先允許的緊急搜索是否合法。</u>

若警察在轄區內巡邏，忽然聽到有女子在屋內大聲呼救，顯然正遭歹徒侵犯，警察即可立即翻牆而入，在屋內尋找歹徒的蹤跡；另外，已遭槍決的陳進興，在未遭逮捕前到處犯案，有一次接獲線報發覺其行蹤而進行追捕時，陳進興躲入民宅，警方遂進行逐層搜索。這些都是緊急搜索的一種，並不會觸犯刑法侵入住宅的罪名。

(二)緊急搜索之類型

緊急搜索僅限於住宅或處所，範圍相較於附帶搜索，顯然較為狹小。主要有四種：

1. 逮捕被告、犯罪嫌疑人，或執行拘提、羈押時，有事實足認被告或犯罪嫌疑人確實在內。(刑訴§131 I①)
2. 追躡現行犯或逮捕脫逃人，有事實足認現行犯或脫逃人確實在內。(刑訴§131 I②)
3. 有明顯事實足信有人在內犯罪而情形急迫者。(刑訴§131 I③)
4. 檢察官於偵查中確有相當理由認為情況急迫，非迅速搜索，24小時內證據有偽造、變造、湮滅或隱匿之虞者，得逕行搜索，或指揮檢察事務官、司法警察官或司法警察執行搜索，並層報檢察長。(刑訴§131 II)

(三)陳報法院

　　緊急搜索，有如「先斬後奏」，事後還是要在<u>3日</u>內陳報法院，由法院判斷是否合乎法律規定，如果認為合法，並不會撤銷緊急搜索；法院認為不應准許者，應於<u>5日</u>內撤銷。（刑訴§131Ⅲ）

　　第1、2項之搜索執行後未陳報該管法院或經法院撤銷者，審判時法院得宣告所扣得之物，不得作為證據。（刑訴§131Ⅳ）

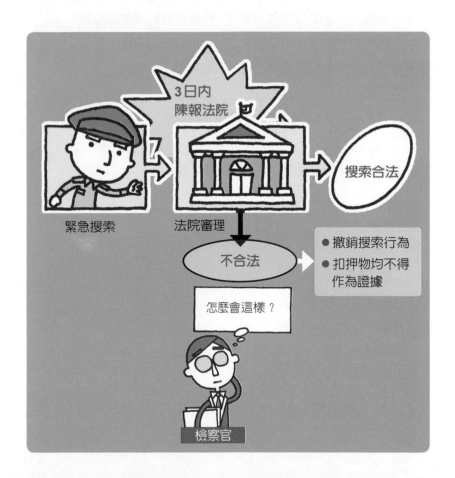

三 同意搜索

　　無搜索票而經受搜索人之同意之搜索，刑訴第131-1條：「搜索，經受搜索人出於自願性同意者，得不使用搜索票。但執行人員應出示證件，並將其同意之意旨記載於筆錄。」

　　許多民眾容易對司法人員產生畏懼感，或者是為了表示自身的清白，同意讓司法人員搜索，事後會有一種迫於權勢、出於無奈性質的搜索。實際上，這是可以自己決定，也應該好好考慮的權利。

　　如果你是被搜索人，必須要求執行人員提出證件；其次，還要仔細看看自願受搜索同意書的內容，以瞭解自己的權利。

自願受搜索同意書

本人〇〇〇同意〇〇〇〇〇〇〇〇〇〇(搜索機關名稱)，於民國〇〇年〇〇月〇〇日〇〇時〇〇分進行搜索。

- ☑ 處所
- ☑ 物件
- ☑ 電磁紀錄
- ☐ 本人身體

立此同意書

受搜索人：〇〇〇　　印

住(居)所：〇〇〇〇〇〇〇〇〇〇〇〇〇〇〇

身分證字號：〇〇〇〇〇〇〇〇〇〇

中　華　民　國　〇　〇　年　〇　〇　月　〇　〇　日

※ 以上僅是參考範本。

相關考題　搜索票的聲請與核發

下列機關何者可以直接對法院提出核發搜索票的聲請？　(A)書記官 (B)司法警察官　(C)檢察事務官　(D)檢察官 【98五等原住民庭務員 - 民事訴訟法大意與刑事訴訟法大意】	(D)
有關搜索票之核發，下列何者正確？　(A)司法警察調查犯罪認有搜索必要時，應向檢察官聲請核發搜索票　(B)偵查中搜索票之核發，由檢察官在搜索票上簽名　(C)審判中搜索票之核發，由法官在搜索票上簽名　(D)審判中搜索票之核發，應開庭公開為之 【98五等原住民庭務員 - 民事訴訟法大意與刑事訴訟法大意】	(C)

相關考題　附帶搜索

刑事訴訟法第130條規定：「司法警察逮捕被告、犯罪嫌疑人或執行拘提、羈押時，雖無搜索票，得逕行搜索其身體、隨身攜帶之物件、所使用之交通工具及其立即可觸及之處所。」此在學理上稱為何種搜索？　(A)同意搜索　(B)緊急搜索　(C)逕行搜索　(D)附帶搜索 【99五等司特 - 民事訴訟法大意與刑事訴訟法大意】	(D)
關於搜索及扣押程序，下列敘述，何者正確？　(A)扣押物於案件終結前，不得以法院之裁定或檢察官命令發還之　(B)搜索票於審判中由法官簽名，於偵查中由檢察官簽名　(C)司法警察實施搜索或扣押時，發見另案應扣押之物，應先報請該管法院或檢察官處理，不得逕行扣押之　(D)司法警察逮捕犯罪嫌疑人時，雖無搜索票，得逕行搜索其所使用之交通工具　【107司特五等 - 民事訴訟法大意與刑事訴訟法大意】	(D)
關於搜索之下列敘述，何者正確？　(A)偵查中必要時，檢察官得主動核發搜索票　(B)司法警察逮捕被告時，雖無搜索票，仍得逕行搜索被告立即可觸及之處所　(C)檢察官僅得委託司法警察執行搜索，不得親自搜索　(D)法官僅得委託司法警察執行搜索，不得親自搜索 【102司特五等 - 民事訴訟法大意與刑事訴訟法大意】	(B)
甲是通緝犯，騎乘機車時，經警察盤查而逮捕，下列何者非刑事訴訟法第130條附帶搜索之範圍？ (A)甲之身體 (B)甲隨身攜帶之包包 (C)甲之機車 (D)甲父母的家 【110司特五等 - 民事訴訟法大意與刑事訴訟法大意】	(D)

227

相關考題 同意搜索

下列敘述何者錯誤？ (A)司法警察官如係因受搜索人出於自願性同意搜索者，亦不得為無搜索票而實施搜索 (B)檢察官對追訴權時效完成之案件，應為不起訴處分 (C)法官對追訴權時效完成之案件，應為免訴之判決 (D)檢察官於第一審辯論終結前，得就與本案相牽連之犯罪或本罪之誣告罪，追加起訴

(A)

【100五等司特-民事訴訟法與刑事訴訟法大意】

當證據取得係出於「同意搜索」時，應注意那些要件之審查？試敘述之。

【100普考-刑事訴訟法概要】

實務問題

　　某毒品案，可以向法院開三天的搜索票？請問可不可以在夜間搜索、扣押？

■分析

　　依據刑事訴訟法第146條第1項本文規定，原則不得夜間搜索。但有下列四種情形，則可以夜間搜索、扣押：

1. 住居人、看守人或可為其代表之人承諾。（刑訴§146Ⅰ但）
2. 有急迫之情形。（刑訴§146Ⅰ但）
3. 不間斷原則。即日間已開始搜索或扣押者，得繼續至夜間。（刑訴§146Ⅲ）
4. 特定處所。下列處所，夜間亦得入內搜索或扣押：（刑訴§147）
   (1)假釋人住居或使用者。
   (2)旅店、飲食店或其他於夜間公眾可以出入之處所，仍在公開時間內者。
   (3)常用為賭博、妨害性自主或妨害風化之行為者。

相關考題　搜索程序

司法警察官因調查犯罪嫌疑人犯罪情形及蒐集證據，認有搜索之必要時，如何聲請核發搜索票？　(A)應以書面記載應搜索之犯罪嫌疑人或應扣押之物等，並敘明理由，逕向該管法院聲請　(B)應以書面記載應搜索之犯罪嫌疑人或應扣押之物等，並敘明理由，逕向該管檢察官聲請　(C)應以書面記載應搜索之犯罪嫌疑人或應扣押之物等，並敘明理由，報請檢察官許可後，向該管法院聲請　(D)應以書面記載應搜索之犯罪嫌疑人或應扣押之物等，並敘明理由，報由檢察官向該管法院聲請 ... (C)

【101五等司特-民事訴訟法大意與刑事訴訟法大意】

相關考題　搜索

下列有關搜索之敘述，何者錯誤？　(A)偵查中檢察官認為有搜索之必要者，應以書面聲請法院核發搜索票　(B)搜索得由檢察事務官、司法警察官或司法警察執行　(C)因逮捕被告，有事實足認被告確實在住宅內時，雖無搜索票，亦得逕行搜索住宅　(D)搜索票得由檢察官簽名核發 ... (D)

【102司特五等-民事訴訟法大意與刑事訴訟法大意】

相關考題　搜索票應記載事項

下列何者非搜索票應記載事項？　(A)被害人　(B)案由　(C)應加搜索之處所、身體、物件或電磁紀錄　(D)有效期間 ... (A)

【111司特五等-民事訴訟法大意與刑事訴訟法大意】

相關考題　令狀原則

關於令狀原則之敘述，下列何者錯誤？　(A)搜索票應由法官核發　(B)押票應由檢察官核發　(C)鑑定留置票應由法官核發　(D)偵查中拘票，由檢察官核發 ... (B)

【111司特五等-民事訴訟法大意與刑事訴訟法大意】

11 扣押

一 扣押之基本概念

扣押，指對於可為證據或得沒收之物，取得占有之對物的強制處分，與搜索、通訊監察同屬以物為強制對象之處分。相較於傳喚、通知、拘提、逮捕、緊急逮捕、羈押等六種，屬於對人之強制處分有所不同。刑訴第133條第1、3項：「I 可為證據或得沒收之物，得扣押之。III 對於應扣押物之所有人、持有人或保管人，得命其提出或交付。」如陳水扁七億洗錢案，特偵組進入陳水扁家中，將電腦及其他涉案證物扣押，此為第一次針對卸任總統進行搜索扣押的強制處分。

二 扣押之程序

(一)檢察官或法官親自實施或命司法警察(官)執行

扣押，除由法官或檢察官親自實施外，得命檢察事務官、司法警察(官)執行。(刑訴§136 I)命檢察事務官、司法警察(官)執行扣押者，應於交與之搜索票或扣押裁定內，記載其事由。(刑訴§136 II)應扣押物之所有人、持有人或保管人無正當理由拒絕提出或交付或抗拒扣押者，得用強制力扣押之。(刑訴§138)

(二)當事人及辯護人在場

當事人及審判中之辯護人得於搜索或扣押時在場。但被告受拘禁，或認其在場於搜索或扣押有妨害者，不在此限。(刑訴§150 I)搜索或扣押時，如認有必要，得命被告在場。(刑訴§150 II)行搜索

扣押物之處理

加封緘或其他標籤

由扣押之機關或公務員蓋印。以證明未經非法入侵及竄改。（刑訴§139Ⅱ）

適當處置扣押物

扣押物是由公家機關暫時取得占有，以保全證據為目的。為避免喪失或毀損，自然有權為適當的處置。例如即時化驗，以防止喪失證據力。（刑訴§140Ⅰ）

扣押物之處理

不便搬運或保管之扣押物，得命人看守或命所有人或其他適當之人保管。（刑訴§140Ⅱ）

易生危險之扣押物，得毀棄之。（刑訴§140Ⅲ）

有喪失毀損、減低價值之虞或不便保管、保管需費過鉅者，得變價之，保管其價金。（刑訴§141Ⅰ）

扣押物之處置或保管

扣押物之毀棄或拍賣

或扣押之日、時及處所，應通知前二項得在場之人。但有急迫情形時，不在此限。(刑訴§150Ⅲ)其他，則視情形命住居人或看守人或可為其代表之人在場，或通知政府機關長官在場。(刑訴§148、149)

(三) 出示搜索票

法官、檢察官、檢察事務官、司法警察官或司法警察執行搜索及扣押，除依法得不用搜索票或扣押裁定之情形外，應以搜索票或扣押裁定示第148條在場之人。(刑訴§145)

(四) 為必要之扣押處分

為扣押之目的，得開啟鎖局、封緘或為其他必要之處分(刑訴§144Ⅰ)；並得封鎖現場、禁止出入。(刑訴§144Ⅱ)扣押暫時中止，則將扣押處所加以閉鎖，並命人看守。(刑訴§151)

實務案例 張榮味的保險箱

雲林地檢署偵辦林內焚化爐案，搜索張榮味的住所，大批媒體得知消息蜂擁而至，拍攝到檢方以吊車將張榮味家中的保險箱吊起的畫面，引發張某之不滿，認為保險箱只不過放手錶與一些小物品，並無重要資料，何必如此大陣仗。

(五) 搜索票所未記載之應扣押之物

檢察官、檢察事務官、司法警察官或司法警察執行搜索或扣押時，發現本案應扣押之物為搜索票或扣押裁定所未記載者，亦得扣押之。(刑訴§137Ⅰ)惟應於實施後3日內陳報檢察官及法院。(刑訴§137Ⅱ準用§131Ⅲ)如果是另案應扣押之物，亦得扣押之，分別送交該管檢察署檢察官、法院。(刑訴§152)

㈥ **制作扣押收據**

扣押，應制作收據，詳記扣押物之名目，付與所有人、持有人或保管人。(刑訴§139 I)扣押物，應加封緘或其他標識，由扣押之機關或公務員蓋印。(刑訴§139 II)

㈦ **夜間**

左列處所，夜間亦得入內搜索或扣押：一、假釋人住居或使用者。二、旅店、飲食店或其他於夜間公眾可以出入之處所，仍在公開時間內者。三、常用為賭博、妨害性自主或妨害風化之行為者。(刑訴§147)

▤ 媒體可否進入搜索現場拍攝？

警方一腳踹開大門，衝入犯罪現場，迅速地將剛睡醒、穿著小內褲，還來不及反應的歹徒制服在地，並將其雙手反銬在背上！

大批媒體記者跟隨在後，將這一幕幕英勇的表現透過攝影機傳至每一位民眾家中的電視機。民眾茶餘飯後、觀看新聞之餘，除了讚揚警方的勇敢外，還大聲痛責穿著小內褲的歹徒，光著屁股在全臺灣民眾前面，真是罪有應得。

警方偵查犯罪事證，取得可靠的線索，向法院聲請搜索票也獲得准許，為了提高曝光率，非以記者會的方式，適度地宣傳打擊犯罪的成果，反而私底下向記者暗示辦案的行動，除了違反偵查不公開之原則，嚴重侵害了嫌犯的隱私權。

記者任意進入民宅，拍攝歹徒遭警方逮捕的畫面，觸犯了刑法侵入住宅的罪名。因為，法院核發搜索票，允許警方進入特定犯罪場所，並未包括允許記者進入，所以記者不能主張新聞自由而任意進入涉嫌人的住居所。

● 修正規定：

【刑事訴訟法第133條】

Ⅰ可爲證據或得沒收之物，得扣押之。

Ⅱ爲保全追徵，必要時得酌量扣押犯罪嫌疑人、被告或第三人之財產。

Ⅲ對於應扣押物之所有人、持有人或保管人，得命其提出或交付。

Ⅳ扣押不動產、船舶、航空器，得以通知主管機關爲扣押登記之方法爲之。

Ⅴ扣押債權得以發扣押命令禁止向債務人收取或爲其他處分，並禁止向被告或第三人清償之方法爲之。

Ⅵ依本法所爲之扣押，具有禁止處分之效力，不妨礙民事假扣押、假處分及終局執行之查封、扣押。

【刑事訴訟法第133-1條】

Ⅰ非附隨於搜索之扣押，除以得爲證據之物而扣押或經受扣押標的權利人同意者外，應經法官裁定。

Ⅱ前項之同意，執行人員應出示證件，並先告知受扣押標的權利人得拒絕扣押，無須違背自己之意思而爲同意，並將其同意之意旨記載於筆錄。

Ⅲ第1項裁定，應記載下列事項：

　一、案由。

　二、應受扣押裁定之人及扣押標的。但應受扣押裁定之人不明時，得不予記載。

　三、得執行之有效期間及逾期不得執行之意旨；法官並得於裁定中，對執行人員爲適當之指示。

Ⅳ核發第1項裁定之程序，不公開之。

【刑事訴訟法第133-2條】

Ⅰ偵查中檢察官認有聲請前條扣押裁定之必要時，應以書面記載前條第3項第1款、第2款之事項，並敘述理由，聲請該管法院裁定。

Ⅱ司法警察官認有為扣押之必要時，得依前項規定報請檢察官許可後，向該管法院聲請核發扣押裁定。

Ⅲ檢察官、檢察事務官、司法警察官或司法警察於偵查中有相當理由認為情況急迫，有立即扣押之必要時，得逕行扣押；檢察官亦得指揮檢察事務官、司法警察官或司法警察執行。

Ⅳ前項之扣押，由檢察官為之者，應於實施後3日內陳報該管法院；由檢察事務官、司法警察官或司法警察為之者，應於執行後3日內報告該管檢察署檢察官及法院。法院認為不應准許者，應於5日內撤銷之。

Ⅴ第1項及第2項之聲請經駁回者，不得聲明不服。

四 聲請發還扣押物

通常等到判決確定後，一切都塵埃落定時，假設扣押物未經諭知沒收者，應即發還。當事人可以具狀，請求聲請發還扣押物。

【刑事訴訟法第317條】

扣押物未經諭知沒收者，應即發還。但上訴期間內或上訴中遇有必要情形，得繼續扣押之。

撰寫範例如下：

刑事聲請發還扣押物狀

案號：112年度訴字第1000001號　　　　股別：○股
聲請人：吳大毛　　　　　　住址：臺北市凱達格蘭大道1號
(即自訴人或被告)　　　　　行動電話：0911-111111
送達代收人：　　　　　　　電話：

請准予發還扣押物事
聲請人被訴(或自訴被告)強盜殺人案(臺北地方法院○○年度訴字第○○○○○○○號)，曾經　貴院扣押聲請人所有○○○○在案。因該案業已判決確定，該物並未經諭知沒收，依刑事訴訟法第317條規定，聲請准予發還。

謹　　狀
臺灣臺北地方法院　公鑒
證物名稱及件數：

　　　　　　　　　　具狀人：吳大毛　印
　　　　　　　　　　撰狀人：○○○　印

中　華　民　國　○　○　年　○　○　月　○　○　日

> 寫明物品名稱，遭扣押時，會收到一張扣押清單，可參考該清單撰寫。

五 公務員文書或物件之扣押

刑事訴訟法第134條第1項規定：「政府機關、公務員或曾為公務員之人所持有或保管之文書及其他物件，如為其職務上應守秘密者，非經該管監督機關或公務員允許，不得扣押。」同條第2項規定：「前項允許，除有妨害國家之利益者外，不得拒絕。」

相關考題

對於公務員基於職務上應保守秘密之文書或物件，是否可以扣押？ (A)一律不許扣押　(B)不管任何情形一律皆可扣押　(C)須經公寓大廈管理委員會同意，才可以扣押　(D)須經監督機關或公務員允許才可以扣押，但除有妨礙國家利益者外，不得拒絕。 【97五等司特-民事訴訟法大意與刑事訴訟法大意】	(D)
下列那一種強制處分的決定採法官保留原則？ (A)搜索　(B)傳喚　(C)拘提　(D)逮捕【105司特五等-民事訴訟法大意與刑事訴訟法大意】	(A)
下列情形何者即使未得承諾，也無急迫情形，亦得於夜間入內搜索？ (A)有人居住或看守之住宅　(B)緩刑者住居或使用之處所　(C)夜間公開營業之夜店　(D)由檢察官執行者 【105司特五等-民事訴訟法大意與刑事訴訟法大意】	(C)
根據刑事訴訟法第130條，司法警察在辦公室逮捕犯罪嫌疑人時，在無搜索票之下，仍不得搜索下列那一個目標？ (A)犯罪嫌疑人的太太放在桌上的筆記型電腦　(B)也在辦公室裡犯罪嫌疑人的太太的身體　(C)辦公室的書櫃　(D)辦公室書桌的抽屜 【104司特五等-民事訴訟法大意與刑事訴訟法大意】	(B)
下列有關搜索之敘述，何者錯誤？ (A)對於被告之身體，必要時得搜索之　(B)經搜索而未發見應扣押之物者，應付與證明書於受搜索人　(C)軍事上應秘密之處所，應得該管長官允許，始得搜索　(D)偵查中，搜索票由檢察官簽名 【104司特五等-民事訴訟法大意與刑事訴訟法大意】	(D)

下列有關搜索及扣押之敘述，何者錯誤？　(A)假釋人住居或使用之處所，亦得於夜間入內搜索、扣押　(B)在有人住居之住宅行搜索或扣押者，應命住居人暫時離開現場　(C)在政府機關內行搜索或扣押者，應通知該管長官或可為其代表之人在場　(D)搜索或扣押時，如認有必要，得命被告在場

【104司特五等-民事訴訟法大意與刑事訴訟法大意】

(B)

下列有關扣押之敘述，何者錯誤？　(A)可為證據之被告所有物，得扣押之　(B)得沒收之物，得扣押之　(C)可為證據之第三人所有物，於合法搜索中發現，亦不得立即扣押之　(D)對於應扣押物之所有人，得命其提出

【104司特五等-民事訴訟法大意與刑事訴訟法大意】

(C)

司法警察執行搜索或扣押時，發現另案應扣押之物，應如何處理？
(A)應另行聲請搜索票，方得扣押　(B)先行扣押，再補聲請搜索票
(C)不得扣押　(D)亦得扣押

【99五等司特-民事訴訟法大意與刑事訴訟法大意】

(D)

解析：刑事訴訟法第152條規定：「實施搜索或扣押時，發現另案應扣押之物亦得扣押之，分別送交該管法院或檢察官。」

相關考題　附帶搜索

司法警察官率同數名司法警察在某 KTV 三樓包廂逮捕通緝犯甲，該等警員當時如欲執行附帶搜索，下列何者不在其搜索之範圍內？ (A)甲當時所穿著之外套口袋　(B)甲放置於桌面之手拿包　(C)甲身旁之購物袋　(D)甲停放於 KTV 店家附設停車場之汽車 【106司特五等-民事訴訟法大意與刑事訴訟法大意】	(D)
警察執行路邊臨檢勤務，發現某車輛疑似酒駕有肇事危險而予以攔檢，豈料該車竟加速逃逸，警察隨即開警車追捕，於3公里外強行攔下該車，並將車內駕駛甲逮捕。此時，一方面警察 A 要求甲作酒精測試，另一方面警察 B 則對甲的車輛進行搜索。甲配合作酒精測試後證實並未喝酒，但警察 B 卻在甲車輛內駕駛座旁發現二包海洛英，乃將該二包海洛英予以扣押。至此，警察懷疑甲仍藏有毒品，乃直接帶甲前往甲的住宅進行進一步搜索，果然又在甲的住宅中搜到一大包的海洛英。下列何者正確？　(A)依司法院釋字第535號解釋，警察實施臨檢僅得針對已實際發生犯罪事實者，故本案警察對甲之攔檢違法　(B)警察追捕經盤查而逃逸之甲車輛，並於追及後將車輛駕駛甲逮捕，性質上是屬於對現行犯之逮捕　(C)警察於逮捕甲後對於其所使用車輛所實施之搜索，依實務見解係屬合法之刑事訴訟法第130條之附帶搜索　(D)甲為持有毒品而遭逮捕之犯罪嫌疑人，警察直接帶甲前往甲的家中實施搜索，依實務見解係屬合法之刑事訴訟法第131條之緊急搜索 【105司特五等-民事訴訟法大意與刑事訴訟法大意】	(C)

12 通訊監察

一 通訊監察之概念

通訊監察乃執法機關偵查手段之一，主要規範依據為通訊保障及監察法。通訊監察之定義為「除在私人住宅裝置竊聽器、錄影設備或其他監察器材外，以截收、監聽、錄音、錄影、攝影、開拆、檢查、影印或其他類似之必要方法，截取利用電信設備發送、儲存、傳輸或接收符號、文字、影像、聲音或其他信息之有線及無線電信、郵件及書信與言論及談話之行為。」舉凡聲音、文字、圖片、影像、電子郵件、傳真文件、電腦網路或其他資訊的截取均包括在內，並不限於電子方式。(通保法 §3、13)

二 核發權力回歸法院

民國96年7月11日修正通訊保障及監察法前，檢察官有權核發通訊監察書，惟檢察官在組織之隸屬上，具有行政機關的性質，難免予人濫權之質疑。故該法修正後，則須由檢察官敘明理由、檢附相關文件，聲請該管法院核發。(通保法 §5 II)

若是屬於情報性通訊監察，其通訊監察書之核發，應先經綜理國家情報工作機關所在地之高等法院專責法官同意。(通保法 §7 II)

相關考題

警察依據監聽內容所作之監聽譯文屬於何種證據？對監聽譯文該如何調查，方為適法？　　　　　　　　　　【100普考-刑事訴訟法概要】

實務見解 王令麟簡訊露餡事件

　　民國96年間，王令麟因東森集團涉嫌不法，遭檢察官向法院聲請羈押，原本法院以1億元交保，檢察官立即抗告，提出監聽到的三則簡訊，如「要通知申，你們館前路九樓不知有無乾淨，早上已經中間抽屜都碎完了」等，被認為有湮滅事證之嫌，而遭法院裁定羈押。

通訊監察之種類與要件

一般犯罪通訊監察 ➡ 通保法§5

特定犯罪	危害性	關連性	最後手段性
有概括犯罪(通保法§5 I①)，也有列舉規定(通保法§5 I②～⑱)	+ 危害國家安全、經濟秩序或社會秩序情節重大	+ 有相當理由可信其通訊內容與本案有關	+ 不能或難以其他方法蒐集或調查證據

緊急性通訊監察 ➡ 通保法§6

特定犯罪	外國情報
通保法§6 I之特定犯罪	+ 為防止他人生命、身體、財產之急迫危險或有§5 I犯罪聯絡而情形急迫者

情報性通訊監察 ➡ 通保法§7

國家安全侵害性	外國情報	必要性
為避免國家安全遭受侵害	+ 蒐集外國情報或境外勢力情報	+

三 通信紀錄及通信使用者資料之限制

民國103年，因為柯建銘、王金平先生涉及不法遭監聽，導致通訊保障及監察法大幅度修正，連通信紀錄、使用者資料可以調閱的範圍也大幅度限縮為：

1. 最重本刑3年以上有期徒刑之罪；
2. 於本案之偵查有必要性及關連性。

程序上，除有急迫情形不及事先聲請者外，應以書面聲請該管法院核發調取票。（通保法§11-1 Ⅰ）

只是這樣子真的能保障民眾的隱私權嗎？

恐怕也未必。因為拔掉了司法機關的偵查工具，讓不法之徒有更寬廣的空間為非作歹，未來當您在網路上被誹謗、公然侮辱，想要查出到底是誰所為，執法機關只能兩手一攤，回覆說：抱歉，此資料依法不得調閱。（非檢察官的司法警察、司法警察官似乎只有通信紀錄遭到限制）

【通訊保障及監察法第11-1條第1、2項】

Ⅰ 檢察官偵查最重本刑3年以上有期徒刑之罪，有事實足認通信紀錄及通信使用者資料於本案之偵查有必要性及關連性時，除有急迫情形不及事先聲請者外，應以書面聲請該管法院核發調取票。聲請書之應記載事項，準用前條第1項之規定。

Ⅱ 司法警察官因調查犯罪嫌疑人犯罪情形及蒐集證據，認有調取通信紀錄之必要時，得依前項規定，報請檢察官許可後，向該管法院聲請核發調取票。

第六篇

起　訴

1

起訴、不起訴處分 與緩起訴處分

案件偵查到最後，總是要有個結果。一般而言，檢察官偵查後，通常會有下列幾種方式：

起 訴	檢察官偵查後，依所獲得的證據，如果認定被告確實有犯罪的嫌疑，就會對被告提起公訴。
不起訴	倘若檢察官查無被告犯罪的證據，或者認為案件具備其他不應起訴之特殊事由時，就會以不起訴處分結案。
緩起訴	現在檢察官還有一個「緩起訴處分」的法寶，不用決定是否起訴，就可以讓涉嫌特定犯罪的被告「留校察看」一段期間，而被告只要在這段期間內安分守己，其所涉嫌的罪就會一筆勾消！正因如此，不但檢察官樂用，連被告也都努力主動向檢察官爭取這項「福利」！

例如，伍姓醫師涉嫌在火車上向身旁熟睡的女乘客伸出鹹豬手，摸其胸部，同車乘客見義勇為，出面阻止，並合力將醫師扭送警局法辦；伍姓醫師事後非常懊悔，辯稱當時因為睡著了，不小心靠過去，也觸碰到女乘客的胸部，為了避免訴訟造成更多的傷害，所以承認犯行，宜蘭地檢署處以緩起訴處分，伍姓醫師必須給付女乘客2萬元之精神賠償，另捐出1萬元給公益團體。

■ 起訴

檢察官依偵查所得的證據，足認被告有犯罪嫌疑，即應提起公訴。

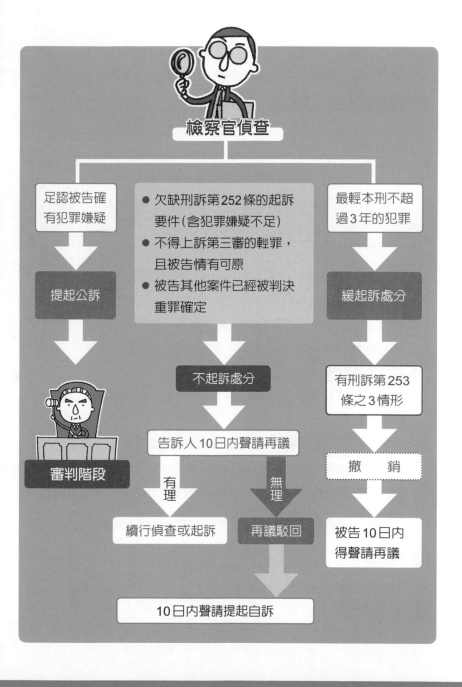

檢察官偵查

足認被告確有犯罪嫌疑

- 欠缺刑訴第252條的起訴要件（含犯罪嫌疑不足）
- 不得上訴第三審的輕罪，且被告情有可原
- 被告其他案件已經被判決重罪確定

最輕本刑不超過3年的犯罪

提起公訴

審判階段

不起訴處分

告訴人10日內聲請再議

有理 → 續行偵查或起訴

無理 → 再議駁回

緩起訴處分

有刑訴第253條之3情形

撤 銷

被告10日內得聲請再議

10日內聲請提起自訴

至於什麼叫「足認」被告有犯罪嫌疑？

這是一個很抽象的價值判斷問題，也很難加以量化。其認定被告犯罪的嫌疑程度，大概介於「對被告開始偵查」(可能的懷疑)與「判決被告有罪」(確信無疑)之間，一切交由檢察官自由心證。

【刑事訴訟法第251條第1項】

　　檢察官依偵查所得之證據，足認被告有犯罪嫌疑者，應提起公訴。

檢察官決定起訴後，會向法院提出一份起訴書，並且會寄一份給被告，其內容會記載下列事項：(刑訴§264 I、II)

1. 被告之姓名、性別、年齡、籍貫、職業、住所或居所或其他足資辨別之特徵。
2. 犯罪事實及證據並所犯法條。

Q：被告在偵查時所作之答辯，檢察官是否要在起訴書中交代、反駁？

A：刑事訴訟法並沒有規定。也因此，有的檢察官會鉅細靡遺地在起訴書中交代各項犯罪細節，並對被告的辯解詳附理由提出駁斥；有的卻只是空泛地交代犯罪事實、證據及所犯法條，卻沒有辦法讓被告明白知道檢察官如何認定他犯罪而起訴。

二 追加起訴

於第一審辯論終結前，得就與本案相牽連之犯罪或本罪之誣告罪，追加起訴。(刑訴§265 I)

三 公訴效力

(一) 人之範圍

起訴之效力，不及於檢察官所指被告以外之人。(刑訴§266)這是基於「不告不理」之基本原則。法院只能夠以檢察官所指的被告為審判對象，如果發現不是真正的犯罪，而是另有其人，對於原本起訴的對象也要為無罪的判決；至於真正的犯罪者，則必須由檢察官另行偵查起訴。

(二) 物之範圍

檢察官就犯罪事實一部起訴者，其效力及於全部。(刑訴§267)

也是基於「不告不理」之基本原則，法院審判的範圍必須與檢察官起訴的範圍相一致。因此，刑事訴訟法規定：法院不得就未經起訴之犯罪審判。(刑訴§268)

相關考題

關於起訴之效力，下列敘述，何者正確？ (A)檢察官就犯罪事實一部起訴者，法院認起訴一部免訴，未經起訴之他部無罪，效力及於全部 (B)檢察官就犯罪事實一部起訴者，法院認起訴一部無罪，未經起訴之他部有罪，效力及於全部 (C)檢察官就犯罪事實一部起訴者，法院認起訴一部有罪，未經起訴之他部有罪，效力及於全部 (D)檢察官就犯罪事實一部起訴者，法院認起訴一部有罪，未經起訴之他部無罪，效力仍及於全部 【107司特五等-民事訴訟法大意與刑事訴訟法大意】	(C)
依刑事訴訟法之規定，下列有關自訴之敘述，何者錯誤？ (A)非告訴乃論之同一案件，經檢察官知有犯罪嫌疑開始偵查者，不得再行自訴 (B)告訴乃論之罪，已逾告訴期間，不得再行自訴 (C)對於自己的妻子，不得提起自訴 (D)犯罪事實之一部提起自訴者，他部雖為較重之罪而不得自訴，亦可以一起提起自訴 【109司特五等-民事訴訟法大意與刑事訴訟法大意】	(D)

四 不起訴處分

(一)絕對不起訴

檢察官調查相關的事實、證據後,如果認為被告所涉嫌的案件有下列情形之一,就必須做出不起訴之處分:(刑訴§252)

(1) 曾經判決確定者。

(2) 時效已完成者。

(3) 曾經大赦者。

(4) 犯罪後之法律已廢止其刑罰者。

(5) 告訴或請求乃論之罪,其告訴或請求已經撤回或已逾告訴期間者。

(6) 被告死亡者。

(7) 法院對於被告無審判權者。

(8) 行為不罰者。

(9) 法律應免除其刑者。

(10) 犯罪嫌疑不足者。

❶ 眾所矚目的319槍擊案,檢察官就是以被告死亡為由(陳義雄墜海身亡),做出不起訴處分而結案。

❷ 影響政壇多年的「興票案」,也是以犯罪嫌疑不足而以不起訴處分作為結束。

因為犯罪嫌疑不足而不起訴的案件,則因為緩起訴制度的實施,而有減少的趨勢。

而傷害、妨害名譽等須「告訴乃論」的罪,也往往因為告訴人撤回告訴或超過6個月的告訴期間(已逾告訴期間),也是常見的不起訴處分案件。

法律大補丸 【告訴乃論】

某些犯罪,必須要有告訴權的人提出告訴,檢察官才能起訴,法院才能判決,稱之為「告訴乃論之罪」。

哪些犯罪須告訴乃論?刑法跟刑事特別法都會特別明文規定,常見的有一般傷害罪、公然侮辱罪等。

相關考題　追加起訴

下列有關「追加起訴」之敘述，何者正確？　(A)追加起訴之範圍須為與本案相牽連之犯罪或本罪之誣告罪　(B)須於準備程序時為之　(C)追加起訴，不得以言詞為之　(D)追加起訴得於第二審程序為之　【98五等司特-民事訴訟法大意與刑事訴訟法大意】	(A)
解析：(A)刑事訴訟法第265條第1項規定：「於第一審辯論終結前，得就與本案相牽連之犯罪或本罪之誣告罪，追加起訴。」；(B)刑事訴訟法第265條第2項規定：「追加起訴，得於審判期日以言詞為之。」；(C)同(B)；(D)同(A)。	
關於檢察官之追加起訴，下列何者正確？　(A)得就裁判上一罪之案件追加起訴　(B)須於第一審辯論終結前追加起訴　(C)於準備程序期日得以言詞追加起訴　(D)不同種程序之案件亦得追加起訴　【100五等司特-民事訴訟法與刑事訴訟法大意】	(B)

相關考題　絕對不起訴

下列何種情形不屬於絕對不起訴處分之事由？　(A)時效已完成者　(B)告訴乃論之罪已逾告訴期間者　(C)犯罪嫌疑不足者　(D)被害人死亡者　【99五等司特-民事訴訟法大意與刑事訴訟法大意】	(D)
告訴乃論罪已經逾越告訴期間而未經告訴，檢察官發現有犯罪嫌疑，應如何處置？　(A)為緩起訴處分　(B)為不起訴處分　(C)提起公訴　(D)詢問有告訴權人之意見後，再決定是否提起公訴　【97五等司特-民事訴訟法大意與刑事訴訟法大意】	(B)

相關考題

下列情形，何者屬於應為不起訴處分之事由？　(A)告訴乃論之罪未經合法告訴　(B)被告受重傷　(C)依法應免除其刑　(D)同案曾經被提起公訴　【103五等司法】	(C)

㈡ 相對不起訴

1. 輕微案件之不起訴處分

此外，對於某些起訴後不得上訴第三審的案件(一般都是犯罪情節輕微的案件，請參考本書有關上訴第三審的相關說明)，檢察官偵查後，雖然認為被告確實有犯罪嫌疑，但情有可原，也可以做出不起訴處分，而不見得一定要起訴。只是，這種不起訴處分的情形，因為緩起訴制度的實施，比例降低了不少。(參見刑訴§253、376)

【刑事訴訟法第253條】

第376條第1項各款所規定之案件，檢察官參酌刑法第57條所列事項，認為以不起訴為適當者，得為不起訴之處分。

---

2. 執行無益之不起訴處分

最後，還有一種「執行無益的不起訴處分」，因為被告犯有數罪，其一罪已受重刑之判決確定(譬如死刑、無期徒刑、或併科執行的刑度已經達到有期徒刑的30年上限)，其他罪雖然起訴，對被告的刑度也不會再有任何影響，這時候檢察官也可以作不起訴處分。(刑訴§254)

【刑事訴訟法第254條】

被告犯數罪時，其一罪已受重刑之確定判決，檢察官認為他罪雖行起訴，於應執行之刑無重大關係者，得為不起訴之處分。

---

3. 不起訴處分的效力

不起訴處分一旦確定，原則上檢察官就不能對同一案件再行起訴。對一般的被告而言，固然是件好事，但是有些不起訴的原因，卻是

讓被告的名譽受損。譬如被檢調認為是319槍擊案主嫌的陳義雄已經死亡，檢察官因而以不起訴處分結案，這樣的結果，陳義雄的家屬顯然無法接受，認為法院根本還沒有定罪，但他們卻將一輩子被人指指點點。

因此，刑事訴訟法第260條規定，如果不起訴處分已確定或緩起訴處分期滿未經撤銷的案件有下列情形，檢察官還是可以對該案件再行起訴：

(一)發現新事實或新證據者。

(二)有第420條第1項第1款、第2款、第4款或第5款所定得為再審原因之情形者。(如下)

　1.原判決所憑之證物已證明其為偽造或變造者。

　2.原判決所憑之證言、鑑定或通譯已證明其為虛偽者。

　4.原判決所憑之通常法院或特別法院之裁判已經確定裁判變更者。

　5.參與原判決或前審判決或判決前所行調查之法官，或參與偵查或起訴之檢察官，或參與調查犯罪之檢察事務官、司法警察官或司法警察，因該案件犯職務上之罪已經證明者，或因該案件違法失職已受懲戒處分，足以影響該不起訴處分者。

　前項第1款之新事實或新證據，指檢察官偵查中已存在或成立而未及調查斟酌，及其後始存在或成立之事實、證據。

相關考題

以下所述何者正確？　(A)法院可就未經起訴之犯罪審判　(B)起訴之效力，不及於檢察官所指被告以外之人　(C)於第二審辯論終結前，得就本罪之誣告罪追加起訴　(D)審判期日，以檢察官陳述起訴要旨為始　【98五等原住民庭務員-民事訴訟法大意與刑事訴訟法大意】	(B)

解析：(B)刑事訴訟法第266條規定：「起訴之效力，不及於檢察官所指被告以外之人。」

下列有關不起訴處分之敘述，何者錯誤？　(A)刑事訴訟法第376條規定之案件，檢察官參酌刑法第57條所列事項，認以不起訴處分為當者，得為不起訴處分　(B)被告曾經大赦者，檢察官應為不起訴處分　(C)被告所在不明者，檢察官應為不起訴處分　(D)告訴乃論之罪雖經告訴，但其已逾告訴期間者，檢察官應為不起訴處分　(C)

【104司特五等-民事訴訟法大意與刑事訴訟法大意】

五 再議

(一) 如何聲請再議？

如果你是告訴人，突然發現檢察官做出不起訴處分，可能會質疑檢察官沒有好好地調查事證，才會做出不起訴處分。

這時候你該怎麼辦呢？

刑事訴訟法建立一套再議的制度，讓<u>當事人得以透過再議的程序，讓承辦檢察官的上級機關得以再次檢視不起訴是否妥當</u>，如果確實有該查而未查的事項，就會認為再議有理由，要求原承辦檢察官繼續調查清楚。

(二) 再議期間

告訴人接受不起訴或緩起訴處分書後，得於<u>10日內</u>以書狀敘述不服之理由，經原檢察官向直接上級檢察署檢察長或檢察總長聲請再議。但第253條、第253-1條之處分曾經告訴人同意者，不得聲請再議。(刑訴§256Ⅰ)

死刑、無期徒刑或最輕本刑3年以上有期徒刑之案件，因犯罪嫌疑不足，經檢察官為不起訴之處分，或第253-1條之案件經檢察官為緩起訴之處分者，如無得聲請再議之人時，原檢察官應依職權逕送直接上級檢察署檢察長或檢察總長再議，並通知告發人。(刑訴§256Ⅲ)

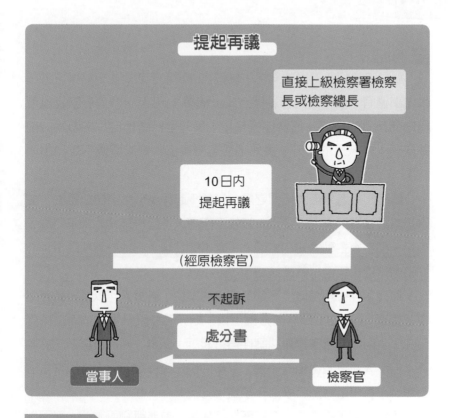

提起再議

直接上級檢察署檢察
長或檢察總長

10日內
提起再議

（經原檢察官）

不起訴

處分書

當事人

檢察官

相關考題 聲請再議

被告經檢察官撤銷緩起訴處分書後，依刑事訴訟法規定，其法律救濟程序為： (A)聲請再議 (B)聲請再審 (C)提起上訴 (D)提起抗告　　　【100五等司特-民事訴訟法與刑事訴訟法大意】	(A)

相關考題 再議期間

告訴人接受不起訴處分書後，依法得在幾日內聲請再議？ (A)4日　(B)5日　(C)6日　(D)7日　　　【98五等原住民庭務員-民事訴訟法大意與刑事訴訟法大意】	參見解析

解析：刑事訴訟法第256條第1項已修正為10日。

六 簽結

　　對於查無犯罪證據的案件，檢察官除了用不起訴處分結案之外，其內部還有一個不成文的結案方式，稱為「簽結」，就是檢察官以製作內部簽呈的方式，把案件終結掉。譬如眾所矚目的SOGO案，前總統夫人吳淑珍的部分，臺北地檢署檢察官就曾以證據不足為由簽結。

　　跟不起訴處分最大不同之處，在於不起訴處分必須做成書面，並以正本送達告訴人、告發人、被告及辯護人；但檢察官如果是將案子簽結，卻不會主動通知。也因此，常常有當事人向地檢署詢問後，才知道原來這個案件早就被簽結了！

　　此外，經檢察官做出不起訴處分的案件，告訴人可以循再議等途徑「翻案」，而在不起訴處分確定後，除非有發現新事實或新證據等事由，否則檢察官不得對該案件再行起訴；但是，經檢察官簽結的案件，告訴人並沒有再議的機會，該案件也沒有確定的時候，檢察官隨時想到，都可以再把它拿出來辦辦！

　　不過，案子將來是否有被簽結的機會？並非無跡可循。一般可以簽結的案件，其案號通常是「他」字案，如果是「偵」字案，檢察官就必須決定是否起訴，也沒機會簽結了！而被傳喚者在簽結的案件中，稱之為「關係人」，因此，如果被檢察官列為「被告」，那麼也不用期待該案件是否有可能被簽結了！

差異點	不起訴處分案件	簽結案件
常見案號	偵字案	他字案
被傳喚者稱謂	被告	關係人
是否將偵查結果送達？	必須書面送達	不用通知
告訴人救濟管道	再議、聲請提起自訴	無
效力	確定後除有發現新事實、新證據等法定理由外，檢察官不得再行起訴	檢察官得隨時重啓偵查、起訴

相關考題

檢察官僅知道有犯罪事實，卻不知道被告是誰，應該如何處理？ ⑷檢察官應繼續偵查並找出犯人 ⑻檢察官知有犯罪嫌疑，應終結偵查，立即起訴 ⑹檢察官應做成不起訴處分以終結偵查 ⑼檢察官應做成緩起訴處分 【97 五等司特 - 民事訴訟法大意與刑事訴訟法大意】	(A)

七 緩起訴處分

　　顧名思義，緩起訴就是「暫緩」起訴的意思，也就是將原本要起訴的案件暫時延緩一下，觀望被告日後的表現再做決定。如果被告在一定期間內確實能夠安分守己而改過向善，該案就一筆勾消！

　　緩起訴制度有一個適用的基本前提，就是被告所犯的罪，其法定刑不能是死刑、無期徒刑或最輕本刑為3年以上之有期徒刑。舉例而言，故意殺人罪，依刑法第271條規定處死刑、無期徒刑或「10年以上」有期徒刑，就不適用緩起訴；而偽造私文書罪，依刑法第210條規定，處5年以下有期徒刑，則其最低本刑為有期徒刑的最低刑度，只有2個月，檢察官就可以斟酌考慮是否給予被告緩起訴了。（刑訴§253-1）

　　符合法定刑的要件後，檢察官還必須參酌刑法第57條所列事項及公共利益之維護，認為適當時才會做出緩起訴處分，期間為1年以上3年以下。被告如果想要爭取檢察官給予緩起訴處分，也可以依照刑法第57條所列的事項，提出對自己有利的答辯。

以遭鄰居辱罵而毆打鄰居為例

刑法第57條所列項目	答辯範例
☐犯罪之動機、目的	基於被害人挑釁才動粗
☐犯罪時所受之刺激	被害人三番兩次挑釁，忍無可忍
☐犯罪之手段	僅是打一拳，並沒有使用武器
☐犯罪行為人之生活狀況	平時安分守己
☐犯罪行為人之品行	家世清白，無不良前科紀錄
☐犯罪行為人之智識程度	輕度智能障礙，認知能力不足
☐犯罪行為人與被害人之關係	鄰居關係，長年飽受鄰居冷嘲熱諷
☐犯罪行為人違反義務之程度	被害人挑釁，自招災難
☐犯罪所生之危險或損害	被害人表皮挫傷，並無大礙
☐犯罪後之態度	肇事後向被害人道歉並賠償醫藥費

以車禍事件為例

刑法第57條所列項目	答辯範例
☐犯罪之動機、目的	事出突然，並非故意犯罪
☐犯罪時所受之刺激	無
☐犯罪之手段	單純煞車不及
☐犯罪行為人之生活狀況	作息正常，當天開車精神狀況良好
☐犯罪行為人之品行	優良駕駛，無交通違規記點紀錄
☐犯罪行為人之智識程度	國中畢業，駕車經驗10年
☐犯罪行為人與被害人之關係	素昧平生
☐犯罪行為人違反義務之程度	經車禍鑑定，被害人為肇事主因
☐犯罪所生之危險或損害	被害人手腳受有皮肉挫傷
☐犯罪後之態度	肇事後立即報警自首並協助送醫，且已與被害人家屬達成和解

但是，在有被害人的案件中，如果被告無法與被害人達成和解，即使是被害人有意刁難，司法實務上，常見有檢察官為了避免被害人提起再議，就拒絕給予被告緩起訴。因此，<u>在此種有被害人的案件中，被告如果想得到緩起訴的機會，最重要的是花錢消災，儘快與被害人達成和解！</u>

　　為了使被告知所警惕，並讓被害人也能接受緩起訴的結果，檢察官可以在做出緩起訴處分時，同時命令被告在一定期間內遵守或履行下列事項：（刑訴§253-2 I）

1. 向被害人道歉。

2. 立悔過書。

3. 向被害人支付相當數額之財產或非財產上之損害賠償。

4. 向公庫支付一定金額，並得由該管檢察署依規定提撥一定比率補助相關公益團體或地方自治團體。

5. 向該管檢察署指定之政府機關、政府機構、行政法人、社區或其他符合公益目的之機構或團體，提供40小時以上240小時以下之<u>義務勞務</u>。

6. 完成戒癮治療、精神治療、心理輔導或其他適當之處遇措施。

7. 保護被害人安全之必要命令。

8. 預防再犯所為之必要命令。

　　其中，第3款及第4款還可以直接聲請民事法院強制執行，以確保被告不會「食言」。（刑訴§253-2 II 後段）

　　第5款義務勞務的項目五花八門，例如臺北市某知名餐廳老闆因為違建被移送法辦，檢察官將之緩起訴，但要求其必須到學校勞動服

務。觀護人要求他傳授做年菜的技巧，其所開的課居然爆滿。

　　另外桃園觀護人室也安排緩起訴的被告陪老人打麻將，在一般打掃工作外，又新增了一項有趣的勞動服務項目。

緩起訴處分，確可減輕司法負擔；被告因未經過法院判決，所以不會留下犯罪紀錄，不致烙下犯罪的印記；被害人方面也能夠受到保護，如接受道歉或損害賠償。因此，似乎屬於較為人性的司法制度，也能創造出政府、被告及被害人「三贏」的結果。

實務見解 楊宗緯緩起訴案

　　星光幫歌手楊宗緯，因為涉及偽造文書，但有悔改之意，遭檢察官予以緩起訴。緩起訴的條件為：

一、寫500字悔過書。

二、60個小時義務勞務。因為楊宗緯的專長是唱歌，所以主要安排他赴各單位，參加反賄選、反毒活動，透過歌聲來達到宣導法治教育之目的。

相關考題

檢察官偵辦刑事案件時，認以緩起訴為適當者，得訂多久為緩起訴期間而為緩起訴處分？　(A)2年至5年　(B)1年至3年　(C)1年至5年　(D)2年至4年	(B)
【98五等原住民庭務員－民事訴訟法大意與刑事訴訟法大意】	
以下關於緩起訴之描述，何者錯誤？　(A)緩起訴期間自緩起訴處分確定之日起算　(B)追訴權之時效，於緩起訴之確定後停止進行　(C)檢察官撤銷緩起訴之處分時，被告已履行之部分，不得請求返還或賠償　(D)被告於緩起訴期間內，故意更犯有期徒刑以上刑之罪，經檢察官提起公訴者，檢察官得依職權撤銷原處分起訴	(B)
【101五等司特－民事訴訟法大意與刑事訴訟法大意】	

八 緩起訴處分之撤銷

被告在緩起訴期間內，必須謹言慎行，如有下列情事之一，檢察官得依職權或依告訴人的聲請，撤銷對被告的緩起訴處分，繼續偵查或起訴：(刑訴§253-3Ⅰ)

情況 1	於緩起訴期間內故意更犯有期徒刑以上刑之罪，經檢察官提起公訴者。
情況 2	緩起訴前，因故意犯他罪，而在緩起訴期間內受有期徒刑以上刑之宣告者。
情況 3	違背刑事訴訟法第253-2條第1項各款之應遵守或履行事項者。(參照本書第258頁)

緩起訴處分撤銷後，檢察官就必須對被告繼續進行偵查，甚至因此提起公訴，至於被告依刑事訴訟法第253-2條第1項各款已經履行的部分，也不能請求返還或賠償，到時可說是賠了夫人又折兵！(刑訴§253-3Ⅱ)

至於被告，可以在收到撤銷緩起訴處分書後，得於10日內以書狀敘述不服之理由，經原檢察官向直接上級檢察署檢察長或檢察總長聲請再議。(刑訴§256-1)

九 不起訴或緩起訴之單獨宣告沒收

檢察官依第253條或第253-1條為不起訴或緩起訴之處分者，對刑法第38條第2項、第3項之物及第38-1條第1項、第2項之犯罪所得，得單獨聲請法院宣告沒收。(刑訴§259-1)

相關考題　緩起訴

以下關於「緩起訴處分」相關規定之敘述，何者正確？　(A)於緩起訴期間內，不停止追訴權時效之進行　(B)不論罪名為何，檢察官參酌刑法第57條事項及公共利益之維護，均得為之　(C)告訴人對於緩起訴處分，限於告訴乃論之罪始得聲請再議　(D)檢察官為緩起訴處分者，得就犯罪所得單獨聲請法院宣告沒收 【106司特五等-民事訴訟法大意與刑事訴訟法大意】	(D)
下列有關緩起訴之敘述，何者錯誤？　(A)緩起訴應指定期間　(B)檢察官為緩起訴處分者，得命被告立悔過書　(C)檢察官為緩起訴處分時，若命被告向被害人支付相當數額之財產，該命令得為民事強制執行名義　(D)檢察官為緩起訴處分時，得命被告為預防侵害本案證人之必要命令 【104司特五等-民事訴訟法大意與刑事訴訟法大意】	(D)
下列何者非檢察官撤銷緩起訴之事由？　(A)緩起訴前，因過失犯他罪，而在緩起訴期間內受有期徒刑以上刑之宣告者　(B)違背檢察官命被告於一定期間履行向被害人道歉之事項　(C)於緩起訴期間內故意更犯有期徒刑以上刑之罪，經檢察官提起公訴者　(D)違背檢察官命被告於一定期間履行向被害人支付相當數額之財產上之損害賠償 【107司特五等-民事訴訟法大意與刑事訴訟法大意】	(A)
依刑事訴訟法規定，下列何者非檢察官為緩起訴處分時應考量之事項？　(A)參酌刑法第57條所列事項及公共利益之維護，認以緩起訴為適當　(B)被告將受3年以下有期徒刑之宣告　(C)緩起訴期間為1年以上3年以下之期間　(D)被告所犯係法定刑為死刑、無期徒刑或最輕本刑3年以上有期徒刑以外之罪 【108司特五等-民事訴訟法大意與刑事訴訟法大意】	(B)

相關考題	緩起訴

下列關於聲請再議之敘述，何者正確？ (A)對於緩起訴處分，告訴人未曾同意者得聲請再議 (B)對於撤銷緩起訴之處分，告訴人得聲請再議 (C)逕向直接上級法院檢察署檢察長或檢察總長聲請 (D)遵守不變期間（10日內） 【108司特五等 - 民事訴訟法大意與刑事訴訟法大意】	(A) (D)

解析：(D)因於109年修法後改為10日內，故亦為正確答案。

相關考題	起訴

下列關於檢察官提起公訴應遵循法定程式之敘述，何者錯誤？ (A)起訴時無須將卷宗及證物一併送交法院 (B)起訴書應記載犯罪事實及證據並所犯法條 (C)檢察官應向管轄法院提出起訴書 (D)於第一審辯論終結前，檢察官得於審判期日以言詞追加起訴 【108司特五等 - 民事訴訟法大意與刑事訴訟法大意】	(A)

相關考題	不起訴處分

檢察官就被告所犯下列之罪，何者不得依刑事訴訟法第 253 條之規定為不起訴處分？ (A)刑法第 271 條之殺人罪 (B)刑法第 321 條之竊盜罪 (C)刑法第 346 條之恐嚇罪 (D)刑法第 339 條之詐欺罪 【110司特五等 - 民事訴訟法大意與刑事訴訟法大意】	(A)

相關考題	再議

告訴人對於不起訴或緩起訴處分聲請再議，得於接受處分書後幾日內為之？ (A) 10 日 (B) 15 日 (C) 20 日 (D) 30 日 【110司特五等 - 民事訴訟法大意與刑事訴訟法大意】	(A)

2 准許提起自訴

一 交付審判制度之轉變

　　原刑事訴訟法的「交付審判」制度，在檢察官決定不起訴或緩起訴時，由原本該遵守「不告不理」的法院，來代為強制案件的起訴，讓本來決定不起訴或緩起訴的檢察機關，在將來審理程序時，被迫立於控訴犯罪的一方，存有違反審檢分立、控訴原則之疑慮。刑事訴訟法於112年修正，於我國公訴與自訴雙軌併行的基礎上，將「視為提起公訴」轉型為「准許（告訴人）提起自訴」，維持對於檢察官不起訴或緩起訴處分的外部監督機制。

模擬案例　　准許提起自訴

　　甲在路上遭到乙毆打，乙事後被檢察官不起訴處分。告訴人甲聲請再議駁回後，於接受處分書後10日內委任律師提出理由狀，向該管第一審法院聲請准許提起自訴，法院審理後認為有理由者，裁定准許提起自訴。

新制度的優點

1. 解決現行制度的矛盾，提升法院的中立性。
2. 增加告訴人的權利，讓告訴人可以自行決定是否提起自訴。

■ 准許提起自訴之程序

告訴人不服前條之駁回處分者，得於接受處分書後10日內委任律師提出理由狀，向該管第一審法院聲請准許提起自訴。（刑訴§258-1 I）依法已不得提起自訴者，不得為前項聲請。但第321條前段或第323條第1項前段之情形，不在此限。（刑訴§258-1 II）

■ 准許提起自訴之撤回

准許提起自訴之聲請，於法院裁定前，得撤回之。（刑訴§258-2 I）撤回准許提起自訴之聲請，書記官應速通知被告。（刑訴§258-2 II）撤回准許提起自訴聲請之人，不得再行聲請准許提起自訴。（刑訴§258-2 III）

四 准許自訴裁定

聲請准許提起自訴之裁定，法院應以合議行之。（刑訴§258-3 I）

法院認准許提起自訴之聲請不合法或無理由者，應駁回之；認為有理由者，應定相當期間，為准許提起自訴之裁定，並將正本送達於聲請人、檢察官及被告。（刑訴§258-3 II）

法院為前項裁定前認有必要時，得予聲請人、代理人、檢察官、被告或辯護人以言詞或書面陳述意見之機會。（刑訴§258-3 III）

法院為第2項裁定前，得為必要之調查。（刑訴§258-3 IV）

被告對於第2項准許提起自訴之裁定，得提起抗告。駁回之裁定，不得抗告。(刑訴§258-3 V）

3 起訴不可分

一 起訴不可分之規範與要件

刑事訴訟法第267條規定：「檢察官就犯罪事實一部起訴者，其效力及於全部。」此即所謂起訴不可分之效力。其要件有三：

(一)須檢察官僅就一部犯罪事實起訴。

(二)須以法院審理結果為斷。

(三)須法院審理結果認為一罪，且起訴之一部及未起訴之他部均有罪。

二 從案件單一性觀察

基本上，案件之起訴，沒有起訴半件之情況，因為案件單一性，即指被告單一，犯罪事實單一之概念。被告單一，很容易從客觀上加以觀察，例如以某甲作為被告，就是被告單一。較難判斷者，在於什麼是事實單一的情況，原則上是以刑法之罪數理論加以判斷，如結合犯、繼續犯、接續犯等實質上一罪，或想像競合犯等裁判上一罪，均屬之。

舉個例子，某甲手持飛刀，射向某乙，某乙除了遭射中胸腔而受傷外(傷害罪)，其胸前所掛之水晶項鍊，亦遭飛刀射斷(毀損罪)。此例為想像競合犯，如果檢察官僅以傷害罪起訴，其起訴書中所載之範圍，固然並不及於毀損罪之部分，但是仍為起訴效力範圍所及，此即所謂起訴不可分之概念。

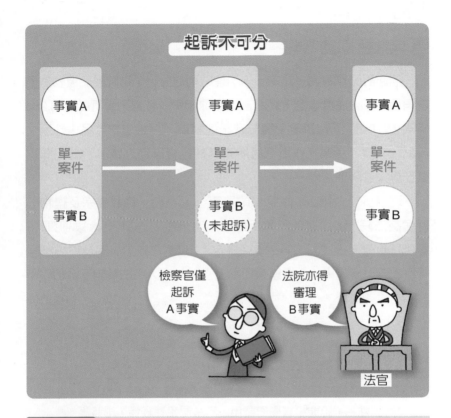

實務見解

　　見解摘要：檢察官就單一性案件之其中一部提起公訴，而將另一部分予以不起訴處分，法院仍不受檢察官該不起訴處分之拘束，而得就其全部予以審判。

　　檢察官既已就上訴人偽造文書部分之事實提起公訴，則其與此事實有牽連關係之職（即圖利）行為，依公訴不可分之原則，受理法院自屬有權審判，該檢察官就此具有不可分性之整個犯罪事實強裂為二，於就偽造文書部分起訴後，而將瀆職部分予以不起訴處分，其處分即應認為無效。(43 台上 690)

目 無起訴即無審判

　　無起訴即無審判，此為不告不理原則之展現，法院屬於被動消極之角色，不得主動審判未經起訴之犯罪事實。依據刑事訴訟法第264條第2項規定：「起訴書，應記載左列事項：㈠被告之姓名、性別、年齡、籍貫、職業、住所或居所或其他足資辨別之特徵。㈡犯罪事實及證據並所犯法條。」

　　刑事訴訟法第264條第3項規定：「起訴時，應將卷宗及證物一併送交法院。」所以起訴書所載之內容，主要有被告(人)與犯罪事實(事)兩種。依據同法第266條規定：「起訴之效力，不及於檢察官所指被告以外之人。」檢察官所指被告以外之人，法院自不得加以審判，常見如頂替。

相關考題	無起訴即無審判

甲、乙二人共同殺害丙，甲逃亡海外，警方循線逮捕乙，起訴書被告欄列乙姓名，犯罪事實欄記載甲、乙共同犯罪經過，則起訴效力，下列敘述，何者正確？　(A)起訴效力僅及於乙　(B)起訴效力及於甲、乙　(C)若甲已到案，起訴效力及於甲　(D)甲在第一審判決前已到案，始為起訴效力所及 　　　　　　　　【100五等司特-民事訴訟法與刑事訴訟法大意】	(A)

相關考題　無起訴即無審判

甲和乙一起殺害丙，檢察官並未發現乙為共同正犯，僅對甲提起公訴，則：　(A)法院仍得對乙加以審判　(B)甲和乙為共同被告　(C)視為乙亦已被起訴　(D)法院僅得對甲加以審判 【99五等司特-民事訴訟法大意與刑事訴訟法大意】	(D)

解析：刑事訴訟法第266條規定：「起訴之效力，不及於檢察官所指被告以外之人。」學說上向有表示說、行動說及意思說，通說採表示說為原則，行動說為例外，所以本題無論是表示說(起訴書所載某甲為被告)或行動說(針對某甲)，均不包括某乙，所以法院僅得對某甲加以審判。

相關考題　起訴時卷宗與證物之處理

依刑事訴訟法之規定，檢察官起訴時，對於卷宗與證物該如何處理？　(A)一併送交法院　(B)基於起訴狀一本主義，不可送交法院　(C)於法院要求時，始須送交法院　(D)由檢察官裁量是否送交法院 【103五等司法】	(A)

相關考題　頂替

檢察官起訴被告甲涉犯販賣第一級毒品罪嫌，審判中，法院調查發現甲係替乙頂罪，真正的販毒者係乙。法院該如何處置？　(A)將乙列為被告，依法判決乙有罪　(B)以裁定更正起訴書後，依法判決乙有罪　(C)判決甲無罪　(D)通知檢察官撤回原起訴書後，判決甲無罪 【103五等司法】	(C)

四 追加起訴

於第一審辯論終結前，得就與本案相牽連之犯罪或本罪之誣告罪，追加起訴。（刑訴§265 I）

追加起訴，得於審判期日以言詞為之。（刑訴§265 II）

相關考題 追加起訴

甲涉嫌實行普通強盜罪的案件。若甲還涉嫌實行另外一件普通強盜罪案件，當本案進行到什麼階段時才發現，檢察官不得與本案追加起訴？ (A)法官訊問甲之後才發現 (B)言詞辯論結束之後才發現 (C)交互詰問結束之後才發現 (D)法官證據調查結束之後才發現	(B)
【104司特五等-民事訴訟法大意與刑事訴訟法大意】	

第七篇

審判程序之進行

審判開始

在審判期日，必須由3位法官(審判長、受命法官、陪席法官)開庭，開庭的順序大致如下：

㈠ <u>朗讀案由</u>：通常均由書記官朗讀案由，也可能由審判長或陪席法官朗讀。(刑訴§285)

㈡ <u>人別訊問</u>：接著審判長會訊問被告，應先詢問其姓名、年齡、籍貫、職業、住、居所，以查驗其人有無錯誤。(刑訴§286)

㈢ <u>檢察官陳述起訴要旨</u>。(刑訴§286)

㈣ <u>宣讀基本權利</u>：偵查中有提到三項權利的宣讀，審判中也是一樣，必須告知被告犯罪嫌疑及所犯所有罪名(罪名經告知後，認為應變更者，應再告知)、得保持緘默，無須違背自己之意思而為陳述、得選任辯護人、得請求調查有利之證據。(刑訴§287)

相關考題　審判

刑事案件第一審通常審理程序，應包括以下各階段①對被告為權利告知②就被告被訴事實訊問被告③被告自白之調查④被告之辯論。若依順序排列，下列何者正確？　(A)①→②→③→④　(B)①→④→②→③　(C)①→③→②→④　(D)①→②→④→③ 【105司特五等-民事訴訟法大意與刑事訴訟法大意】	(C)

㈤證據調查：接著便是和被告、辯護人、檢察官討論如何進行調查證據的程序，包括決定哪些證據要調查或送鑑定，以及訊問證人的順序、是否隔離訊問等。（刑訴§288）

㈥言詞辯論：

☑ 調查證據完畢後，應命依下列次序就事實及法律分別辯論之：一、檢察官。二、被告。三、辯護人。（刑訴§289Ⅰ）

☑ 前項辯論後，應命依同一次序，就科刑範圍辯論之。於科刑辯論前，並應予到場之告訴人、被害人或其家屬或其他依法得陳述意見之人就科刑範圍表示意見之機會。（刑訴§289Ⅱ）

☑ 已依前二項辯論者，得再為辯論，審判長亦得命再行辯論。（刑訴§289Ⅲ）

☑ 最後陳述：審判長會在宣示辯論終結前，詢問被告有無陳述。（刑訴§290）

㈦宣示辯論終結：被告最後陳述後，審判長即可宣示辯論終結或當庭為判決之宣告，或宣告定期宣判。（刑訴§290）

㈧再開辯論：辯論終結後，遇有必要情形，法院得命再開辯論。什麼是「必要情形」，例如證據調查尚未完備、事實之認定尚有困難、審判程序有缺漏等。（刑訴§291）

《實案分析》

- 台開內線交易案,臺北地方法院於2006年11月10日召開最後一次言詞辯論庭,原本遭起訴求刑8年的前總統女婿趙建銘,檢方認為他涉案情節重大,加重求處9年有期徒刑。

- 同為被告的蔡清文,則強調自己在本案中獲利最少,犯罪所得也已繳回,希望能獲得緩刑。

- 2011年5月10日,更二審宣判,趙建銘仍被判處7年有期徒刑,趙玉柱8年6個月,兩人都併科3千萬罰金。

- 2012年4月18日,最高法院仍認為更二審對於如何計算內線交易犯罪所得的金額,並沒有說明清楚,因此再度判決發回高院更審。

- 2014年5月16日,更三審判刑4年。

- 2015年10月1日,再度發回更審。

- 2018年3月20日,更四審認定犯罪所得475萬,改判3年。

● 合議審判：

【刑事訴訟法第284-1條】

I 除簡式審判程序、簡易程序及下列各罪之案件外，第一審應行合議審判：

一、最重本刑為3年以下有期徒刑、拘役或專科罰金之罪。

二、刑法第277條第1項之傷害罪。

三、刑法第283條之助勢聚眾鬥毆罪。

四、刑法第320條、第321條之竊盜罪。

五、刑法第349條第1項之贓物罪。

六、毒品危害防制條例第10條第1項之施用第一級毒品罪、第11條第4項之持有第二級毒品純質淨重20公克以上罪。

七、刑法第339條、第339-4條、第341條之詐欺罪及與之有裁判上一罪關係之違反洗錢防制法第14條、第15條之洗錢罪。

八、洗錢防制法第15-1條之無正當理由收集帳戶、帳號罪。

II 前項第2款、第3款及第7款之案件，法院認為案情繁雜或有特殊情形者，於第一次審判期日前，經聽取當事人、辯護人、代理人及輔佐人之意見後，得行合議審判。

2 共同被告之審理

一 訴訟基本權與詰問權

　　刑事審判程序之被告，乃當事人之一造，有本於訴訟主體之地位而參與審判之權利，並有接受辯護人協助及保持緘默之權，且無自證己罪之義務。此項權利，屬憲法上所保障之人民訴訟基本權，不因係合併或追加起訴之共同被告，而加以剝奪。從而被告在同一審判程序中，性質上不能同時兼具證人之雙重身分；但合併審判之共同被告，其陳述如不利於其他共同被告，且利害相反時，倘以其未經彈劾之陳述，作為認定其他共同被告犯罪事實之證據，自亦侵害該其他共同被告之詰問權。

　　故刑事訴訟法第287-1條第2項規定「因共同被告之利害相反，而有保護被告權利之必要者，應分離調查證據或辯論」，使分離程序後之共同被告立於證人之地位，準用有關人證之規定，具結陳述，並接受其他共同被告之詰問，以兼顧共同被告之訴訟基本權及其他共同被告對證人之詰問權。(96台上1108)

二 利害相反是分離調查證據及辯論之基礎

　　非謂對同一案件之各共同被告，必須分離或合併調查證據或辯論，苟共同被告並無利害相反，審理事實之法院，未認有分離調查證據及辯論之必要，而合併調查證據及辯論，亦難指為違法。(94台上3497)

3 公開審判原則

一 公開審判原則之概念

　　陳水扁接受審判的過程中，民眾可以前往旁聽嗎？可以。因為我國案件之審理採取公開審判原則，任何人都有權利進入法院。只是若為特殊案件，而想要旁聽的民眾過多時，礙於法庭的旁聽席位有限，就必須以抽籤的方式決定旁聽民眾。

　　公開審理原則，主要源自於法國大革命所衍生的政治要求，以避免密室司法的發生，藉此監督國家司法的施行。依據我國法院組織法第86條之規定：「訴訟之辯論及裁判之宣示，應公開法庭行之。但有妨害國家安全、公共秩序或善良風俗之虞時，法院得決定不予公開。」因此，我國目前是以公開審理為原則，只有符合特定要件時，才不予公開。

二 公開審判原則之例外

　　不公之情況實屬例外，目前不公開之案件類型如下：

(一)少年刑事案件

　　少年事件處理法第34條規定：「調查及審理不公開。但得許少年之親屬、學校教師、從事少年保護事業之人或其他認為相當之人在場旁聽；必要時得聽取其意見。」

審理過程之旁聽

　　一般而言，旁聽席都設於法庭後方，直接進去坐下來，只要不打擾法庭審理的過程，通常法官也不會過問旁聽者的身分。不過，早期很多旁聽者多是司法改革基金會之成員，曾引發審判品質不佳的法官強烈反彈。

法庭素描

　　由於法庭審理過程中，旁聽者不得進行錄音、錄影，所以必須透過素描的方式，呈現案件審理的過程。

㈡ 有妨害國家安全或公共秩序或善良風俗之虞之案件

例如妨害風化案件、性侵害案件、性騷擾案件，甚至於外遇事件，審理過程公開可能侵害當事人之隱私權。

㈢ 其他案件

其他諸如簡易程序之案件，因為本即採書面審理原則，而非採取言詞辯論原則，當然就不採公開審理原則。還有審理過程公開可能會將企業內部的營業秘密外洩，造成企業利益之重大損害，審判亦應以不公開為原則。

三 開庭的日期

以上程序，有時候沒有辦法在一次審判期日內全部開完，依刑事訴訟法第293條規定，原則上次日應繼續開庭，但是，現在各法院的刑事庭大多都有固定開庭的時間，如果沒有事先通知，檢察官與辯護律師也不見得隔天一定有空來開庭。

因此，審判長在當天審判結束前，如果認為有繼續審理的必要，通常會跟檢察官、辯護律師及被告溝通下次開庭的時間。但如果下次開庭與本次開庭間隔有15天以上，審判長就會更新審判程序，也就是將朗讀案由、確認被告身分、調查證據、言詞辯論等程序重新來過一次，不過，這些一般都只是審判長口頭跟兩造確認有沒有問題，並記明筆錄就算完成了。

四 被告到庭的必要性

前第一夫人吳淑珍因病住院無法到庭，由於吳淑珍之身體確實狀況不佳，加上案件審理的壓力，容易導致身體更差，而無法到庭接

受案件的審理。由於刑事訴訟法第281條規定：「審判期日，除有特別規定外，被告不到庭者，不得審判。」因此，吳淑珍以身體不適為由，遲不到庭說明案情，讓許多民眾認為有採取拖延戰術的嫌疑。

從這一個著名的案例可以讓民眾得知，被告到庭在刑事案件中是非常重要的。法條中採用「不得」二字，也因此才有通緝的制度，一定要通緝到案並加以審理，法院才能夠做出有罪、無罪的判決。

五 審判期日之內容正確性

第一個重點，是要把審判期日當事人、法官的內容都錄音、錄影起來，所以法律規定：審判期日應全程錄音；必要時，並得全程錄影。(刑訴§44-1 I)

第二個重點，則是審判筆錄有錯誤或遺漏之核對，法律規定如下：當事人、代理人、辯護人或輔佐人如認為審判筆錄之記載有錯誤或遺漏者，得於次一期日前，其案件已辯論終結者，得於辯論終結後7日內，聲請法院定期播放審判期日錄音或錄影內容核對更正之。(刑訴§44-1 II前段)

第三個重點，則是自備費用轉譯，法律規定如下：其經法院許可者，亦得於法院指定之期間內，依據審判期日之錄音或錄影內容，自行就有關被告、自訴人、證人、鑑定人或通譯之訊問及其陳述之事項轉譯為文書提出於法院。(刑訴§44-1 II後段)

4 證據調查

一 基本規定

被告未經審判證明有罪確定前，推定其為無罪。(刑訴§154 I)
犯罪事實應依證據認定之，無證據不得認定犯罪事實。(刑訴
§154 II)

二 舉證責任

定罪要看證據，是刑事訴訟上最基本的法則，而且，檢察官就被
告的犯罪事實，負有舉證責任，並且須提出相關的證明方法。(刑訴
§161 I)

以常見的公務員圖利罪為例，檢察官如果要依該條起訴某位公務
員貪污，除了必須證明這是該名公務員在主管職務上所犯的罪外，檢
察官還必須證明被告是為了「圖自己或其他私人的不法利益」，如果
是圖國家或公眾的利益，就不符合該條的要件。此外，如果檢察官無
法證明因此確實有不法利益流入私人口袋，法院一樣無法判決被告犯
有圖利罪的！(如右上圖)

三 不自證己罪之原則

「我當天晚上確實在場殺人，張三、李四、王五可以證明我當初
確實有犯罪。」良心發現的被告會自動自發地證明自己有罪，應該較
為少見。被告沒有義務去證明自己犯罪，但為了洗刷罪嫌，積極提出
對自己有利的證據，往往也有一定的必要性。

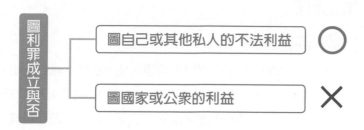

四 無罪推定原則

「無罪推定原則」是國際公認的刑事訴訟基本原則,我國刑事訴訟法第154條第1項規定:「被告未經審判證明有罪確定前,推定其為無罪。」即揭示此一原則。

因此,被告雖然經檢察官提起公訴,但如果沒有經過法院審判定罪以前,被告尚非謂為有犯罪,仍應先推定被告是無罪。檢察官為了追訴被告犯罪,則必須提出充分的證據,舉證證明被告確實有罪。被告未經自白,又無證據,不得僅因其拒絕陳述或保持緘默,而推斷其罪行。(刑訴§156 IV)

以下來一段法院判決的基本論述:

認定犯罪事實所憑之證據,雖不以直接證據為限,間接證據亦包括在內;然而無論直接或間接證據,其為訴訟上之證明,須於通常一般之人均不致有所懷疑,而得確信其為真實之程度者,始得據為有罪之認定,倘其證明尚未達到此一程度,而有合理之懷疑存在時,事實審法院復已就其心證上理由予以闡述,敘明其如何無從為有罪之確信,因而為無罪之判決,尚不得任意指為違法(最高法院76年台上字第4986號判例要旨參照)。

五 舉證責任

(一)檢察官之舉證責任

　　刑事案件中，原則上由檢察官負舉證責任。檢察官就被告犯罪事實，應負舉證責任，並指出證明之方法。(刑訴§161 Ⅰ)法院於第一次審判期日前，認為檢察官指出之證明方法顯不足認定被告有成立犯罪之可能時，應以裁定定期通知檢察官補正；逾期未補正者，得以裁定駁回起訴。(刑訴§161 Ⅱ)駁回起訴之裁定已確定者，非有第260條第1項各款情形之一，不得對於同一案件再行起訴。(刑訴161 Ⅲ)違反前項規定，再行起訴者，應諭知不受理之判決。(刑訴161 Ⅳ)

　　案件是一個過去的事實，無論如何蒐證也未必能建構出一個與當初相符的結果，所以只要達到法院確信之程度即可。故本法規定：證據之證明力，由法院本於確信自由判斷。但不得違背經驗法則及論理法則。(刑訴§155 Ⅰ)被告得就被訴事實指出有利之證明方法。(刑訴§161-1)例如請法院傳喚證人小三，以證明被告當日並未在命案現場，而是與小三在一起。

　　另外，法院為發見真實，得依職權調查證據。但於公平正義之維護或對被告之利益有重大關係事項，法院應依職權調查之。(刑訴§163 Ⅱ)

(二)無庸舉證

　　有些事證，必須要由檢察官負舉證責任，但是有些事項則不必。例如殺人案件，檢察官要找出兇刀，兇刀上有指紋，指紋可以找出兇手，兇手也承認確實有殺人。

　　但是有些證據並不需要舉證，例如刀子刺進心臟，幾乎沒有例外地會導致死亡，並不需要檢察官證明刀子刺進心臟與死亡的因果關係。因此，公眾週知之事實，無庸舉證。(刑訴§157)事實於法院

判決無罪，未必無罪

沒有證據，檢察官不能僅憑前一天我跟被害人吵架，就說人是我殺的！

1. 許多犯罪者在電視上主張法院已經判其無罪，所以他是清白的、無辜的。
2. 這樣子的說法並不正確，正確的說法應該是指檢察官所提出的證據，無法讓法官做出有罪判決的確信，因此只能說是證據不足以證明犯罪事實的無罪，但往往被簡化為無罪、清白。

已顯著，或為其職務上所已知者，無庸舉證。(刑訴§158)前二條無庸舉證之事實，法院應予當事人就其事實有陳述意見之機會。(刑訴§158-1)

相關考題　證據-起訴審查

法院於第一次審判期日前，認為檢察官提出之證據顯然不足以認定被告有罪時，應如何處置？　(A)判決被告無罪　(B)判決本案不受理　(C)通知檢察官撤回起訴　(D)以裁定定期通知檢察官補正 【103五等司法】	(D)
「法院於第一次審判期日前，認為檢察官指出之證明方法顯不足認定被告有成立犯罪之可能時，應以裁定定期通知檢察官補正；逾期未補正者，得以裁定駁回起訴」，此一規定學理上稱之為？　(A)卷證併送　(B)起訴狀一本　(C)起訴審查　(D)退案審查 【106司特五等-民事訴訟法大意與刑事訴訟法大意】	(C)

【有關第163條第2項之實務見解：依職權調查證據之範圍】

【刑事訴訟法第163條規定】

Ⅰ 當事人、代理人、辯護人或輔佐人得聲請調查證據，並得於調查證據時，詢問證人、鑑定人或被告。審判長除認為有不當者外，不得禁止之。

Ⅱ 法院為發見真實，<u>得依職權調查證據</u>。但於<u>公平正義之維護或對被告之利益有重大關係事項</u>，法院<u>應</u>依職權調查之。

Ⅲ 法院為前項調查證據前，應予當事人、代理人、辯護人或輔佐人陳述意見之機會。

Ⅳ 告訴人得就證據調查事項向檢察官陳述意見，並請求檢察官向法院聲請調查證據。

▶立法理由：

㈠凡與公平正義之維護或被告利益有重大關係事項，法院仍應依職權調查之。至於如何衡量及其具體範圍則委諸司法實務運作及判例累積形成。爰將本條原第1項，法院因發見真實之必要，「應」修正為「得」，移列為第2項，並增列但書規定。

㈡又為充分保障當事人、代理人、辯護人或輔佐人於調查證據時之詢問證人、鑑定人或被告之權利，爰於原條文第1項增列後段文字。

㈢在強化當事人進行色彩後之刑事訴訟架構中，法院依職權調查證據僅具補充性、輔佐性，因此在例外地依職權進行調查證據之情況下，為確保超然、中立之立場，法院於調查證據前，應先給予當事人陳述意見之機會。增列第3項。

㈣我國以國家追訴主義為原則，依第3條之規定，犯罪之被害人（告訴人）並非刑事訴訟程序中之「當事人」，惟告訴人係向偵查

機關申告犯罪事實，請求追訴犯人之人，原則上亦係最接近犯罪事實之人，予以必要之參與程序，亦有助於刑事訴訟目的之達成，故應賦予告訴人得以輔助檢察官使之適正達成追訴目的之機會，爰增列本條第4項，規定告訴人得就證據調查事項向檢察官陳述意見，並請求檢察官向法院聲請調查證據。檢察官受告訴人之請求後，非當然受其拘束，仍應本於職權，斟酌具體個案之相關情事，始得向法院提出聲請，以免延宕訴訟或耗費司法資源。

▶**爭點：**公平正義之維護是否僅限於對被告之利益？

▶**重大事件：**

㈠最高法院陸續於100、101年做出決議。

㈡檢察官於101年6月4日靜坐抗議。

最高法院101年度第2次刑事庭會議（一）

刑事訴訟法第163條第2項但書：但於公平正義之維護或對被告利益有重大關係事項，法院應依職權調查之。其中「公平正義之維護」所指為何，有甲、乙二說：

甲說：並非專指有利被告之事項

乙說：應指對被告利益而攸關公平正義之事項

決議：

無罪推定係世界人權宣言及公民與政治權利國際公約宣示具有普世價值，並經司法院解釋為憲法所保障之基本人權。民國91年修正公布之刑事訴訟法第163條第2項但書，法院於「公平正義之維護」應依職權調查證據之規定，當與第161條關於檢察官負實質舉證責任之規定，及嗣後修正之第154條第1項，暨新制定之公民與政治權利國際公約及經濟社會文化權利國際公約施行法、刑事妥速審判法第6、8、9條所揭示無罪推定之整體法律秩序理念相配合。盱衡實務運作及上開公約施行法第8條明示各級政府機關應於2年內依公約內容檢討、改進相關法令，再參酌刑事訴訟法第163條之立法理由已載明：如何衡量公平正義之維護及其具體範圍則委諸司法實務運作和判例累積形成，暨刑事妥速審判法為刑事訴訟法之特別法，證明被告有罪既屬檢察官應負之責任，基於公平法院原則，法院自無接續檢察官應盡之責任而依職權調查證據之義務。則刑事訴訟法第163條第2項但書所指法院應依職權調查之「公平正義之維護」事項，依目的性限縮之解釋，應以利益被告之事項為限，否則即與檢察官應負實質舉證責任之規定及無罪推定原則相牴觸，無異回復糾問制度，而悖離整體法律秩序理念。（採乙說）

最高法院101年度第2次刑事庭會議（二）

討論事項：

貳、修正「刑事訴訟法第161條、第163條修正後相關問題之決議」內容。

一、最高法院100年度第4次刑事庭會議決議內容

七、檢察官未盡舉證責任，除本法第163條第2項但書規定，為維護公平正義之重大事項，法院應依職權調查證據外，法院無庸依同條項前段規定，裁量主動依職權調查證據。是該項前段所稱「法院得依職權調查證據」，係指法院於當事人主導之證據調查完畢後，認為事實未臻明白仍有待澄清，尤其在被告未獲實質辯護時(如無辯護人或辯護人未盡職責)，得斟酌具體個案之情形，無待聲請，主動依職權調查之謂。

決 議：修正如下：

七、本法第163條第2項前段所稱「法院得依職權調查證據」，係指法院於當事人主導之證據調查完畢後，認為事實未臻明白仍有待澄清，尤其在被告未獲實質辯護時(如無辯護人或辯護人未盡職責)，得斟酌具體個案之情形，無待聲請，主動依職權調查之謂。但書所指「公平正義之維護」，專指利益被告而攸關公平正義者而言。至案內存在形式上不利於被告之證據，檢察官未聲請調查，然如不調查顯有影響判決結果之虞，且有調查之可能者，法院得依刑事訴訟法第273條第1項第5款之規定，曉諭檢察官為證據調查之聲請，並藉由告訴人、被害人等之委任律師閱卷權、在場權、陳述意見權等各保障規定，強化檢察官之控訴功能，法院並須確實依據卷內查得之各項直接、間接證據資料，本於經驗法則、論理法則而為正確判斷。因此，非但未減損被害人權益，亦顧及被告利益，於訴訟照料及澄清義務，兼容並具。

最高法院101年度第2次刑事庭會議（三）

討論事項：

貳、修正「刑事訴訟法第161條、第163條修正後相關問題之決議」內容。

二、最高法院91年度第4次刑事庭會議決議內容

十、法院於依職權調查證據前，經依本法第163條第3項之規定，踐行令當事人陳述意見之結果，倘遇檢察官、自訴人對有利或不利於被告之證據，表示不予調查，或被告對其有利之證據，陳述放棄調查，而法院竟不予調查，逕行判決者，如其係法院「應」依職權調查之證據，而有補充介入調查之義務時，此項義務，並不因檢察官、自訴人、被告或其他訴訟關係人陳述不予調查之意見，而得豁免不予調查之違誤。惟於法院「得」依職權調查證據之情形，法院既得參酌個案，而有決定是否補充介入調查之裁量空間，自不得徒以法院參照檢察官、自訴人、被告或其他訴訟關係人之查證意見後，不予調查，遽指即有應調查而不予調查之違法。

決議： 修正如下：

十、法院於依職權調查證據前，經依本法第163條第3項之規定，踐行令當事人陳述意見之結果，倘遇檢察官或被告對有利之證據，陳述放棄調查，而法院竟不予調查，逕行判決者，如其係法院「應」依職權調查之證據，而有補充介入調查之義務時，此項義務，並不因檢察官、被告或其他訴訟關係人陳述不予調查之意見，而得豁免不予調查之違誤。惟於法院「得」依職權調查證據之情形，法院既得參酌個案，而有決定是否補充介入調查之裁量空間，自不得徒以法院參照檢察官、被告或其他訴訟關係人之查證意見後，不予調查，遽指即有應調查而不予調查之違法。

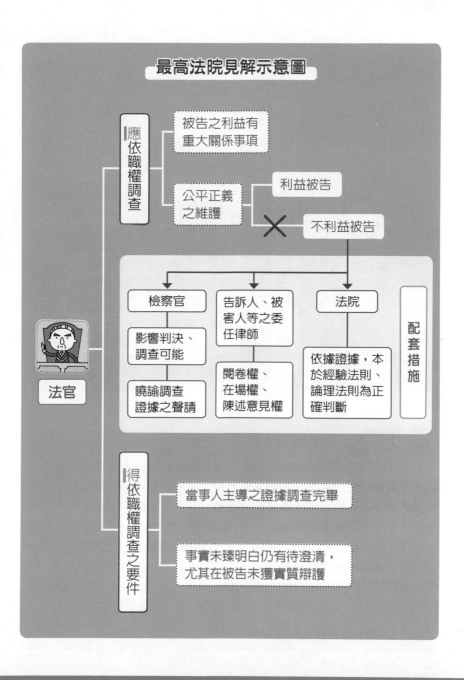

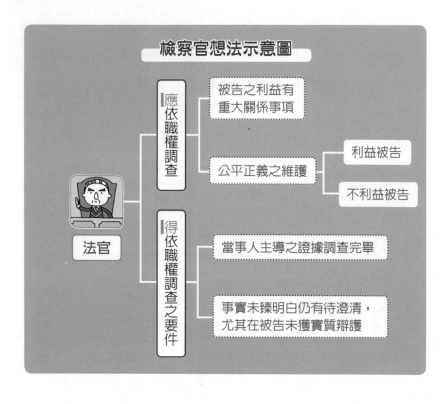

検察官想法示意圖

法官

應依職權調查
- 被告之利益有重大關係事項
- 公平正義之維護
  - 利益被告
  - 不利益被告

得依職權調查之要件
- 當事人主導之證據調查完畢
- 事實未臻明白仍有待澄清，尤其在被告未獲實質辯護

相關考題　與待證事實無重要關係

某甲涉嫌肇事逃逸經檢察官起訴，開庭時向法官請求傳喚該移送警察局分局長到庭，證明其為義警，平日在交通路口幫忙指揮交通、護送婦幼過馬路等優良事蹟，用以佐證他不可能肇事逃逸。試問其聲請有無理由？ (A)沒有理由，因為該管分局長依法應迴避，不能出庭 (B)有理由，因為此係足以影響判決之重要證據，應於審判期日詳為調查 (C)有理由，因為有調查可能性 (D)沒有理由，因與待證事實無重要關係

(D)

【109司特五等-民事訴訟法大意與刑事訴訟法大意】

解析：刑事訴訟法第163-2條。

相關考題　公眾週知之事實

下列敘述,何者錯誤? 　(A)公眾週知之事實,仍應舉證　(B)被告未經自白,又無證據,不得僅因其拒絕陳述或保持緘默,而推斷其罪行　(C)無證據能力、未經合法調查之證據,不得作為判斷之依據　(D)證人、鑑定人依法應具結而未具結者,其證言或鑑定意見,不得作為證據　【100五等司特-民事訴訟法與刑事訴訟法大意】　(A)

相關考題　調查證據聲請權

下列何人無調查證據聲請權? 　(A)當事人　(B)輔佐人　(C)辯護人　(D)告訴人　【100五等司特-民事訴訟法與刑事訴訟法大意】　(D)

相關考題　檢察官舉證責任

對於刑事訴訟程序中的「無罪推定原則」,下列敘述何者錯誤? 　(A)被告未經審判證明有罪確定前,推定其為無罪　(B)檢察官之職責為起訴被告,起訴後檢察官即不負舉證責任,而應由被告舉證證明自己無罪　(C)犯罪事實應依證據認定之,無證據不得認定犯罪事實　(D)法院形成確信有罪判決之心證前,應保護被告免於受有罪之預斷　【108司特五等-民事訴訟法大意與刑事訴訟法大意】　(B)

相關考題　法院職權調查

關於刑事訴訟案件的舉證責任與證據調查,依據實務見解,下列敘述何者錯誤? 　(A)檢察官就被告之犯罪事實應負實質的舉證責任　(B)證據之調查原則上由當事人聲請,但法院若認為有發見真實之必要時,亦得依職權調查證據　(C)凡涉及公平正義之維護的事項,不論有利或不利於被告,法院均有義務依職權調查　(D)當事人證據調查之聲請,法院認為與待證事實無重要關係者,得以裁定駁回之　【105司特五等-民事訴訟法大意與刑事訴訟法大意】　(C)

5 證據的概念

　　「證據」，是指可以證明某件事實為真正的人、事或物。在刑事訴訟法，「證據」又分為「證據能力」與「證據證明力」兩個層面，其中「證據能力」指的是可以作為證據的「資格」，必須是經過嚴格的法定證明方法，且不是刑事訴訟法所禁止使用的。而刑事訴訟法上所允許的證據方法，則限於被告的陳述、證人、鑑定、物證，以及勘驗等五種。

　　某個證據欠缺證據能力，即使它能證明被告有罪，也要直接排除掉。只有在具備證據能力後，才能進入證據證明力的判斷階段，繼續評估這個證據的「價值」，也就是證據「可信度」的問題。套句廣告術語，證據能力有如「先講求不傷身體」，而證據證明力則有如「再講求療效」。

　　法官每調查一項證據，都一定會問被告：「對這項證據的證據能力有無意見？」

　　這句話的意思，簡單來說，只是問被告是否質疑證據的「合法性」。至於這項證據的內容如何(譬如證人所言是否真正)，則是在審理「證據證明力」階段才要爭辯的，被告在此時如果操之過急，想把對該證據要爭執的東西都一股腦地說給法官聽，一定會被制止的。

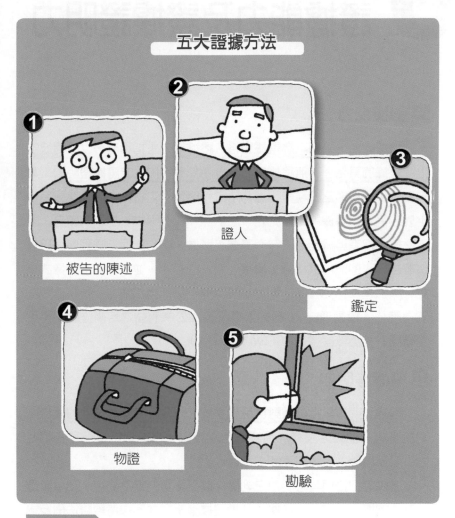

五大證據方法

① 被告的陳述

② 證人

③ 鑑定

④ 物證

⑤ 勘驗

相關考題

調查證據資料並證明待證事實之手段，稱為： (A)證據保全　(B)證據方法　(C)證據能力　(D)證據證明	(B)
【98五等司特-民事訴訟法大意與刑事訴訟法大意】	

6 證據能力及證據證明力

一 證據能力

　　證據能力，又稱之為證據資格。證據能力是指具有得以證明被告犯罪證據的資格，若無證據能力，毋庸探討次階段之證據證明力。實施刑事訴訟程序之公務員因違背法定程序取得之證據，除法律另有規定外，其有無證據能力之認定，應依照「權衡理論」加以判斷之，並不會絕對沒有證據能力。曾有某強盜案件，警方違背指認程序，只提供被告一人的照片供指認，屬於一對一的指認，並沒有採取選擇式指認，顯然違反指認程序。高等法院認為指認無證據能力，最高法院則認為應依「權衡理論」，審酌人權保障及公共利益之均衡維護，不應率斷認為指認無證據能力。(96 台上 4563)

二 證據證明力

　　證據證明力，指證據對於待證事實之認定，具有實質上的價值。對於有證據能力之證據，須經由法院評價，才能認定是否具有證明力，以及證明力之強弱程度。

　　證據之取捨與其證明力之判斷，以及事實有無之認定，屬事實審法院之職權，苟其取捨證據與判斷證據證明力並不違背經驗法則及論理法則，即不容任意指為違背法令，而執為第三審適法之上訴理由。(96 台上 4392)例如某一電子郵件為真實，具有證據能力，再進一步判決此一電子郵件可以證明被告確實有寄送誹謗之郵件，屬於證據證明力階段所討論。

證據能力及證據證明力

第一階段 證據能力	→	第二階段 證據證明力

認定事實、適用法律之前,證據必須具備有證據能力,才能進行第二階段證據證明力之判斷。

根本沒有證據能力之證據,則不必進入第二階段證據證明力之判斷。

實例說明 馬英九特別費案——吳麗洳筆錄之證據能力

馬英九特別費案,證人吳麗洳在偵查庭中所為之筆錄,有些情況是檢察官以假設性用語「理論上」提問,筆錄中問題及應答卻略而未顯,或者是證人以口頭語方式「對」、「嗯」之言詞,而非針對問題回答,也不是筆錄所記載之肯定答覆。法院認為回答內容遭檢察官斷章取義,且有筆錄記載與實際問答不符之情,故檢察官所為之筆錄不具有「特信性」,而有顯不可信情況,應依刑事訴訟法第159-1條第2項之反面解釋,認為吳麗洳的筆錄無證據能力。(臺北地方法院96年度矚重訴字第1號刑事判決)

三 自由心證

　　證據之證明力，由法院本於確信自由判斷。但不得違背經驗法則及論理法則。(刑訴§155 I)<u>證據之證明力如何，雖屬於事實審法院自由判斷職權，而其所為判斷，仍應受經驗法則與論理法則之支配。</u>(53年台上2067)所謂自由心證，並不是說法官高興怎麼判就怎麼判，還是以經驗法則與論理法則為基礎，在此框架中進行自由心證。

　　有案例針對安裝防毒軟體的電腦，被植入木馬程式之可能性？電信業者作證表示：「現今發展出木馬程式或其他後門程式大部分可被防(掃)毒軟體偵測出並阻擋……唯對未公開或未知之病毒及威脅則無法偵測。」

　　法院認為：廠商有安裝免費的掃毒軟體防護之情形下，其電腦再遭人以木馬程式植入之機率，可說微乎其微。(高院臺南分院99上更㈡159)應該是採取電信業者前半段的論點，可是正確的觀察點應是後半段。故錯誤的經驗法則進入自由心證後，將會導致錯誤的結果。

> **實務案例** 狐狸精變天使案
>
> 　　赴義大利唸書的留學生甲女，被控告因被害人拒絕其與其他二人多P性愛之要求，而將被害人殺害，被當地媒體形容為性關係雜亂的狐狸精、沉迷性愛的冷血女妖魔，一審判刑26年。在其家人努力奔走下，引起國際媒體關注，將其形象從之前的浪女、妖魔，轉換成天真熱情的美麗天使和無辜受害人，二審法院遂判其無罪。
>
> 　　一樣的論理及經驗法則在不同的氛圍下，結果就會不同，如同威士忌酒一樣，擺在不同的橡木桶會產生不同口感的酒。環境也會刺激與轉變法官內心的判斷，透過自由心證產出不一樣的判決結果。

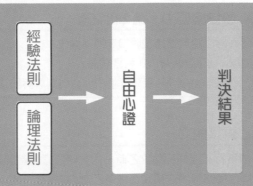

　　判決應該是有證據，再透過經驗法則、論理法則來推斷出證據應有的事實，最後才以此為基礎進行自由心證。

　　但是許多法官總是先有自由心證的結果，才去找出此一結果所需要的經驗法則、論理法則，也因此容易產生相同類型案件不同結果的矛盾現象。

　　經驗法則或論理法則，乃客觀存在之法則，非當事人主觀之推測。(74年台上字第1987號)

相關考題　自由心證主義

所謂自由心證主義，乃作為以下何者的判斷標準？ (A)證據能力　(B)證據調查　(C)無罪推定　(D)證據證明力 【99五等司特-民事訴訟法大意與刑事訴訟法大意】	(D)

解析：刑事訴訟法第155條第1項：「證據之證明力，由法院本於確信自由判斷。但不得違背經驗法則及論理法則。」此即自由心證主義之基本規範，但是自由心證也不是完全的自由，還是必須符合經驗法則及論理法則。

相關考題　證據證明力：第288-2條

法院應給予下列何者以辯論證據證明力之適當機會？
(A)檢察官　(B)證人　(C)告訴人　(D)利害關係人

(A)

【102司特五等-民事訴訟法大意與刑事訴訟法大意】

相關考題　證據能力

警員甲於詢問依現行犯逮捕到案之乙時，因一時疏忽違背刑事訴訟法第100-3條禁止夜間詢問之規定而取得乙之自白筆錄。依法該筆錄之證據能力如何？　(A)由法院審酌人權保障與公共利益之均衡維護判斷之　(B)若其違背顯非出於惡意，且該自白或陳述係出於自由意志者，仍有證據能力　(C)違背刑事訴訟法第100-3條而取得之警詢筆錄，一律不得作為證據　(D)此筆錄屬傳聞證據，原則上無證據能力

(B)

【106司特五等-民事訴訟法大意與刑事訴訟法大意】

解析：

刑事訴訟法第158-2條：「Ⅰ違背第93-1條第2項、第100-3條第1項之規定，所取得被告或犯罪嫌疑人之自白及其他不利之陳述，不得作為證據。但經證明其違背非出於惡意，且該自白或陳述係出於自由意志者，不在此限。Ⅱ檢察事務官、司法警察官或司法警察詢問受拘提、逮捕之被告或犯罪嫌疑人時，違反第95條第1項第2款、第3款或第2項之規定者，準用前項規定。」

何謂「證據能力」？請簡要說明之。另請判斷下列情形有無證據能力？

㈠犯罪嫌疑人在警局自白之陳述，未全程錄音；

㈡司法警察未取得同意，但報經檢察官許可，在夜間詢問犯罪嫌疑人，所取得之詢問筆錄；

㈢檢察官對可疑之犯罪嫌疑人以關係人身分傳喚，令其陳述，未告知改列被告，其中不利己之陳述。　【100三等書記官-刑事訴訟法】

相關考題

「無證據能力、未經合法調查之證據,不得作為判斷之依據」,係指論罪證據須合乎: (A)經驗及論理法則 (B)嚴格證明法則 (C)自由證明程序 (D)罪疑唯輕原則 【107司特五等-民事訴訟法大意與刑事訴訟法大意】	(B)
某日夜間甲當街對乙搶奪皮包,丙路過目擊部分情節,審判中丙到庭作證當晚見到甲搶乙皮包之事實,被告甲主張:「證人丙有深度近視而當晚未配帶眼鏡,於夜間應看不清楚搶奪行為人是否為被告甲,不能單憑證人之證詞認定被告之犯罪事實」等語,試問:該抗辯係針對證人證詞之何種問題而主張? (A)證據能力 (B)證據能力及證明力 (C)證據資格 (D)證明力 【109司特五等-民事訴訟法大意與刑事訴訟法大意】	(D)

7 被告的陳述

偵查機關蒐集相關事證後，認定特定涉嫌者有涉案的可能性，此時稱該涉嫌者為「犯罪嫌疑人」。起訴後，該犯罪嫌疑人才可以稱之為「被告」。<u>偵查單位或法院依法訊問被告後，被告自白犯罪或為其他不利的陳述，都可作為證據。</u>

一 自白不得作為有罪判決的唯一證據

曾經有人因為非常窮，希望到牢裡享受免費的牢飯，於是向警方自首說殺了人，結果當然是找不到凶器，也找不到被害人，唯一的證據只有被告的自白。這種情況下，是不能將之判處殺人罪，一定要找到其他證據來補強自白的薄弱性。

過去實務見解中，對於自白證據之價值，有尊稱為「<u>證據之王</u>」。換言之，只要當事人認罪，承認案子是他所為，在法庭上比任何人證或物證還更有價值。

但是，司法不斷地進步，若仍然採取此一見解，恐怕會造成當事人訴訟程序上潛在的侵害。何以有此一說？蓋因案件承辦人員在破案績效的壓力之下，恐怕會以刑求的方式，破壞當事人的任意性而取得自白。

知名的蘇建和等三人殺人案，遭法院判處死刑，但相關事證除了已經往生共犯的筆錄、床頭找到的一些零錢等薄弱的證據外，就是當事人的自白。而蘇建和等人又高聲喊冤，表示遭到警方刑求才說出不利於己的自白，到現在本案仍未有一個真正的結論。

因此，被告或共犯之自白，不得作為有罪判決之唯一證據，仍應調查其他必要之證據，以察其是否與事實相符。(刑訴§156Ⅱ)

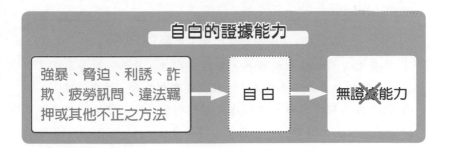

自白之任意性

以強暴、脅迫、利誘、詐欺、疲勞訊問、違法羈押或其他不正之方法，取得被告的自白或證人的證詞，都不可以作為證據。(刑訴§156 I)若警方用非法方式取供，到檢察官偵訊時就一定要說，千萬不要拖到法院才肯說。

被告自稱遭到刑求之處置

被告陳述其自白係出於不正之方法者，應先於其他事證而為調查。該自白如係經檢察官提出者，法院應命檢察官就自白之出於自由意志，指出證明之方法。(刑訴§156Ⅲ)所以，調查自白是否具備「任意性」，是優先調查的事項；其次，自白是由檢察官提出，則「任意性」之舉證責任在檢察官。一般而言，提出偵訊錄音或錄影的紀錄或其他人證，大致上就可以證明其任意性。

相關考題

依刑事訴訟法之規定，下列何者具有證據能力？　(A)證人為醫生，於審判中經具結後，依其醫療經驗所表示之意見　(B)證人私下與被告聊天時所為之陳述　(C)證人為特定案件寫信給法官陳述之內容　(D)證人為共犯，在警詢時所為之自白，經被告否認為真實	(A)
【109司特五等-民事訴訟法大意與刑事訴訟法大意】	

【刑事訴訟法第156條】

I 被告之自白，非出於強暴、脅迫、利誘、詐欺、疲勞訊問、違法羈押或其他不正之方法，且與事實相符者，得為證據。

II 被告或共犯之自白，不得作為有罪判決之唯一證據，仍應調查其他必要之證據，以察其是否與事實相符。

III 被告陳述其自白係出於不正之方法者，應先於其他事證而為調查。該自白如係經檢察官提出者，法院應命檢察官就自白之出於自由意志，指出證明之方法。

IV 被告未經自白，又無證據，不得僅因其拒絕陳述或保持緘默，而推斷其罪行。

【刑事訴訟法第158-2條】

I 違背第93-1條第2項、第100-3條第1項之規定，所取得被告或犯罪嫌疑人之自白及其他不利之陳述，不得作為證據。但經證明其違背非出於惡意，且該自白或陳述係出於自由意志者，不在此限。

II 檢察事務官、司法警察官或司法警察詢問受拘提、逮捕之被告或犯罪嫌疑人時，違反第95條第1項第2款、第3款或第2項之規定者，準用前項規定。

【刑事訴訟法第158-3條】

證人、鑑定人依法應具結而未具結者，其證言或鑑定意見，不得作為證據。

【刑事訴訟法第158-4條】

除法律另有規定外，實施刑事訴訟程序之公務員因違背法定程序取得之證據，其有無證據能力之認定，應審酌人權保障及公共利益之均衡維護。

實務見解 南韓性刑求事件

　　南韓曾發生「性刑求」，簡單來說就是利用性虐待來達到刑求逼供的目的。該事件被南韓列為西元1945至1988年間的60大重要事件之一，也是南韓人權與民主化運動的一個里程碑。

　　事件發生在1986年間，女大學生權仁淑偽裝至工廠就業，目的是教導女性勞工爭取自己的權益。在一次示威活動中遭警方逮捕，偵訊過程中，刑警文貴童利用性虐待的方法刑求，而達到逼供的目的。權仁淑在法庭上陳述曾遭警方性刑求，但不被採信且被判了重刑。引起社會團體的重視，唯當時南韓仍偏向高壓統治的政治環境，遂在檢察官包庇下草草結案，結果引起社會譁然，數萬人齊集天主教明洞聖堂示威，更有近兩百名律師挺身而出，義務當權仁淑的辯護律師，終於迫使本案重新調查，將刑警文貴童免職並判處重刑。

本故事引自朱立熙的「臺灣心 韓國情」個人網站
(http://www.rickchu.net/)

四 調查證據程序最末事項

　　法院對於得為證據之被告自白，除有特別規定外，非於有關犯罪事實之其他證據調查完畢後，不得調查。(刑訴§161-3)其立法理由認為：被告對於犯罪事實之自白，僅屬刑事審判所憑證據之一種，為防止法官過分依賴該項自白而形成預斷，因此，對於得為證據之自白，其調查之次序應予限制。

　　本條所稱「除有特別規定外」，例如本法第449條、第451-1條所定之簡易判決處刑程序或修正條文第273-1條、第273-2條所定之簡式審判程序，即容許法院先就得為證據之被告自白為調查。

相關考題　緘默

在沒有被告自白，而全案所有調查業已終結，並無發現任何證據之情形下，被告僅一直保持緘默，不願為任何陳述，法院應為何種判決之諭知？　(A)有罪判決　(B)無罪判決　(C)受理判決　(D)免訴判決　　　【97五等司特－民事訴訟法大意與刑事訴訟法大意】	(B)

解析：刑事訴訟法第156條第4項規定：「被告未經自白，又無證據，不得僅因其拒絕陳述或保持緘默，而推斷其罪行。」

相關考題　自白之自由意志之舉證

對於檢察官所提出之被告自白，被告當庭卻陳述，該自白係以不正當方法所取得。請問，該自白是否出於自由意志，應由誰負擔舉證責任？　(A)被告自己　(B)檢察官　(C)法官　(D)受害者　　　【97五等司特－民事訴訟法大意與刑事訴訟法大意】	(B)

解析：刑事訴訟法第156條第3項規定：「被告陳述其自白係出於不正之方法者，應先於其他事證而為調查。該自白如係經檢察官提出者，法院應命檢察官就自白之出於自由意志，指出證明之方法。」

被告於審判中，抗辯其於先前警詢中之自白係遭警刑求所為，依法不得作為證據。法院應如何處理？　(A)依自由心證原則嚴格判斷該自白內容之真偽　(B)依職權調查是否果有刑求逼供之事　(C)命被告舉出遭警刑求之證據後謹慎判斷　(D)命檢察官舉證證明該自白係出於自由意志，未遭刑求　　　【103五等司法】	(D)

相關考題　自白

被告自白自己之犯行，法院該如何處理？　(A)必須根據其自白，逕行諭知有罪判決　(B)不用再行調查其他證據，而按自首規定判決有罪並減輕其刑　(C)仍應調查其他必要之證據，以察其是否與事實相符　(D)逕由法官自由心證判決有罪或無罪，無須再為其他調查　　　【97五等司特－民事訴訟法大意與刑事訴訟法大意】	(C)

相關考題　自白

關於被告自白，下列敘述，何者正確？　(A)被告之自白，非出於強暴、脅迫、利誘、詐欺、疲勞訊問、違法羈押或其他不正方法者，得為證據　(B)共犯之自白，不得作為有罪判決之唯一證據，仍應調查其他必要之證據，以察其是否與事實相符　(C)被告陳述其自白係出於不正之方法者，應先於其他事證而為調查。但該自白如係經檢察官提出者，被告應負舉證責任　(D)被告拒絕陳述或保持緘默，縱有其他證據，仍不得推斷其罪行　　　　【99五等司特 - 民事訴訟法大意與刑事訴訟法大意】	(B)

解析：
(A)依據刑事訴訟法第156條第1項規定，還必須具備「與事實相符」之要件。
(C)依據同條第3項規定，如果是經檢察官提出者，則「法院應命檢察官就自白之出於自由意志，指出證明之方法」。
(D)依據同條第4項規定：「被告未經自白，又無證據，不得僅因其拒絕陳述或保持緘默，而推斷其罪行。」所以，如果有證據可證明被告之犯罪行為，法院判決仍然可以據此推斷其罪行。

以下關於被告自白的敘述，何者錯誤？　(A)被告之自白，若查明非出於不正之方法，即可為證據　(B)被告之自白，不得作為有罪判決之唯一證據　(C)被告陳述其自白係出於不正之方法者，應先於其他事證而為調查　(D)被告不得僅因其拒絕陳述或保持緘默，而推斷其罪行　　　　【101五等司特 - 民事訴訟法大意與刑事訴訟法大意】	(A)

解析：(A)仍然必須與事實相符。(刑訴§156Ⅰ)

警察依法逮捕犯罪嫌疑人後進行詢問，卻漏未告知可以保持緘默，該犯罪嫌疑人不久後就自白犯罪。試問該自白有無證據能力？　(A)警察以詐欺方法取得自白，該自白無證據能力　(B)若法院認為自白內容與事實相符，有證據能力　(C)若能證明警察非出於惡意，且該自白係出於自由意志者，仍有證據能力　(D)若被告同意使用該自白，且法院認為適當，有證據能力　　　　【103五等司法】	(C)

關於被告或共犯自白之規定，下列敘述何者錯誤？　(A)被告抗辯自白非出於任意性時，法院即應先於其他事證而為調查　(B)共犯非出於任意性之自白，經被告及辯護人詰問對質後，即可據為被告有罪之證據　(C)被告或共犯出於任意性之自白，仍須與事實相符，始具有證據能力　(D)被告出於任意性之自白，但與事實不符，仍不得為不利於共犯之證據　　　　【111司特五等 - 民事訴訟法大意與刑事訴訟法大意】	(B)

8 證人

一 傳喚證人之基本規定

傳喚證人，應用傳票。(刑訴§175Ⅰ)

傳票，應記載下列事項：(刑訴§175Ⅱ)

(一)證人之姓名、性別及住所、居所。

(二)待證之事由。

(三)應到之日、時、處所。

(四)無正當理由不到場者，得處罰鍰及命拘提。

(五)證人得請求日費及旅費。

法院因當事人、代理人、辯護人或輔佐人聲請調查證據，而有傳喚證人之必要者，為聲請之人應促使證人到場。(刑訴§176-2)

二 作證的義務

對於刑事案件有所見聞的訴訟第三人。任何人都有作證的義務，如果拒絕履行此一義務，可能會被科以新臺幣3萬元以下之罰鍰，並得拘提之；再傳不到者，亦同。(刑訴§178Ⅰ)

> **實務案例** 國務機要費作證案
>
> 國務機要費案，法院依據檢察官的聲請，傳喚當時的現任總統府秘書長陳唐山、第二局局長、第二局三科科長、政風處處長及政風處一科科長等人。然而該等5人為了維護國家機密而拒絕出庭，被法院認為無正當理由，而科以新臺幣3萬元。相信這5人為了國家，繳交這3萬元也是有所貢獻。

若有傳喚證人之需要，可參考下列格式撰寫訴狀：

刑事聲請傳喚證人狀

案號：○○年度訴字第○○○○○○號　股別：○股
聲請人：吳大毛　　住址：臺北市凱達格蘭大道1號
(即自訴人或被告)　行動電話：0911-111111
送達代收人：　　電話：

為請求傳喚證人事
一、被告吳大毛被訴強盜殺人案件，正由貴院審理中
　　(臺北地方法院○○年度訴字第○○○○○○○號)。
二、請求傳喚證人王小輝，男(女)，住○○○○○
　　○○○○○。

　　與待證事實之關係及預期詰問所需時間：
　　○○○○○○○○○○○。

三、依刑事訴訟法第163條第1項及第163-1條第1項規
　　定，請求如上。

謹　狀
臺灣臺北地方法院 公鑒
證物名稱及件數：

　　　　　　具狀人：吳大毛　印
　　　　　　撰狀人：○○○　印

中　華　民　國　○　○　年　○　○　月　○　○　日

> 寫下所欲傳喚證人的基本資料，讓法院能夠傳喚該名證人

> 具體敘明傳喚證人與本案的關係，如果隨便亂傳，法院當然不會准許

三 可否拒絕證言

　　證人有陳述的義務，可是有下列四種情形之一，還是可以拒絕證言：

- 必須得到該管監督機關或公務員之允許（刑訴§179）
- 證人與被告（或自訴人）有特定身分關係（刑訴§180）
- 證人擔心自己或他人受到追訴或處罰（刑訴§181）
- 證人因為業務上的關係，而知悉他人秘密（刑訴§182）

　　其中，<u>因為業務上的關係，而知悉他人秘密，並不是任何業務都包括在內，僅限於證人為醫師、藥師、助產士、宗教師、律師、辯護人、公證人、會計師，或其業務上佐理人或曾任此等職務之人</u>。除非獲得本人的允許，否則上述證人得拒絕證言。（刑訴§182）

■記者可以拒絕說出「消息來源」嗎？

　　股市勁永禿鷹案，不明人士曾在檢調準備搜索勁永公司之前，將此消息放給記者高年憶，高某之報導成為內線交易過程中，放空勁永股票的工具。臺北地方法院傳喚高年憶出庭作證，詢問其報導勁永案之消息來源。高年憶因為拒絕說出消息來源，遭法院以證人無正當理由，科以3萬元之罰鍰。不過，最高法院於2007年初撤銷高院處罰的裁定，要求高院審酌「記者在公開法庭透露消息來源，是否會對記者造成重大損害」。

　　同樣的場景也發生在美國，2005年間，檢察官正調查一件中央情報局特情人員瓦萊麗·普雷姆身分曝光的事件，紐約時報的一名記者朱迪思·米勒（Judith Miller）拒絕向檢察官透露消息來源，遭法院認為藐視法庭而關入獄中85天；同案另外一名時代雜誌的記者古柏，則妥協並願意交出採訪紀錄。

拒絕證言權

醫師　會計師　宗教師　助產士　藥師　公證人　辯護人　律師

Yes

記者

No

相關考題

從事下列何種職業之人，就其因業務所知悉有關被告秘密之事項受訊問，不在得依刑事訴訟法第182條主張拒絕證言之列？　(A)藥師 (B)宗教師　(C)記者　(D)會計師 【101五等司特 - 民事訴訟法大意與刑事訴訟法大意】	(C)
依特別專門知識而得知已往事實之人，稱為：　(A)證人　(B)鑑定人 (C)鑑定證人　(D)污點證人 【98五等司特 - 民事訴訟法大意與刑事訴訟法大意】	(C)

解析：刑事訴訟法第210條：「訊問依特別知識得知已往事實之人者，適用關於人證之規定。」亦即鑑定證人適用證人之規定。

四 證人之具結

(一)具結之概念

　　所謂「具結」，是指證人保證所言為真，也就是以文書保證其所陳述之事實為真實，通常是以「宣誓」的方式為之。有點類似結婚的誓言「我願意與另外一半廝守終生」。如果具結之後還說了假話，那可是要觸犯刑事責任，如刑法第168條偽證罪之規定：「於執行審判職務之公署審判時或於檢察官偵查時，證人、鑑定人、通譯於案情有重要關係之事項，供前或供後具結，而為虛偽陳述者，處7年以下有期徒刑。」證人具結前，應告以具結之義務及偽證之處罰。(刑訴§187Ⅰ)對於不令具結之證人，應告以當據實陳述，不得匿、飾、增、減。(刑訴§187Ⅱ)

(二)證人具結義務之免除

　　證人應命具結，但是證人有第181條之情形者，應告以得拒絕證言(所謂第181條之情形，是指證人恐因陳述致自己或與其有刑訴第180條第1項一定親屬或特定關係之人受刑事追訴或處罰者，得拒絕證言)。(刑訴§186Ⅱ)有下列情形之一者，不得令其具結：

1. 未滿16歲者。
2. 因精神障礙，不解具結意義及效果者。(刑訴§186Ⅰ)

(三)具結之方式

　　具結應於結文內記載當據實陳述，決無匿、飾、增、減等語；其於訊問後具結者，結文內應記載係據實陳述，並無匿、飾、增、減等語。結文應命證人朗讀；證人不能朗讀者，應命書記官朗讀，於必要時並說明其意義。結文應命證人簽名、蓋章或按指印。證人係依第177條第2項以科技設備訊問者，經具結之結文得以電信傳真或其他科技設備傳送予法院或檢察署，再行補送原本。(刑訴§189Ⅰ至Ⅳ)

　　第74條、第98條、第99條、第100-1條第1項、第2項之規定，於證人之訊問準用之。(刑訴§192)

相關考題　具結

根據我國刑事訴訟法之規定，證人具有下列何種情況時不得令其具結？　(A)與被告訂有婚約　(B)現為被告的配偶　(C)曾任被告的醫師　(D)未滿16歲 【98五等原住民庭務員-民事訴訟法大意與刑事訴訟法大意】	(D)
依刑事訴訟法規定，證人作證時，滿幾歲，始得令其具結？ (A)16歲　(B)17歲　(C)18歲　(D)20歲 【99五等司特-民事訴訟法大意與刑事訴訟法大意】	(A)
證人應命具結，但年齡未滿幾歲之人，不得令其具結？ (A)12歲　(B)14歲　(C)16歲　(D)18歲 【100五等司特-民事訴訟法與刑事訴訟法大意】	(C)
下列何者，原則上無具結義務？　(A)鑑定人　(B)輔佐人　(C)通譯　(D)證人　【103五等司法】	(B)
對於證人的調查，下列的敘述何者正確？　(A)滿14歲的證人才具有具結能力　(B)司法警察詢問證人之前無須具結　(C)以遠距訊問方式訊問證人傳票應在訊問前12小時前送達　(D)證人不配合司法警察通知到場得處以新臺幣3萬元以下的罰鍰 【104司特五等-民事訴訟法大意與刑事訴訟法大意】	(B)
下列有關證人具結之敘述，何者正確？　(A)證人未滿18歲者，不得令其具結　(B)證人因精神障礙，不解具結意義及效果者，不得令其具結　(C)證人恐因陳述致自己受刑事追訴者，不得令其具結　(D)證人為醫生，不得令其具結 【105司特五等-民事訴訟法大意與刑事訴訟法大意】	(B)
有關證人與鑑定人之規定，下列敘述何者正確？　(A)任何人受法院傳喚者，都有擔任證人與鑑定人義務　(B)證人與鑑定人經合法傳喚未到者，法院均得拘提之　(C)證人與鑑定人到法院作證時，均應命具結　(D)當事人得依法拒卻證人與鑑定人 【110司特五等-民事訴訟法大意與刑事訴訟法大意】	(C)
有關詰問程序當中異議的敘述，下列何者錯誤？　(A)被告得以證人的回答不當為由聲明異議　(B)審判長認為異議無理由時應以裁定駁回之　(C)對審判長的異議決定不得聲明不服　(D)受理異議後審判長應立即處理　【110司特五等-民事訴訟法大意與刑事訴訟法大意】	(B)

下列有關證人之權利與義務，何者錯誤？　(A)傳喚證人出庭，應用傳票　(B)證人經合法傳喚，無正當理由而不到場者，得聲請羈押　(C)證人拒絕證言時，應將拒絕之原因釋明之　(D)未滿16歲之證人，不得令其具結　　(B)

【102司特五等-民事訴訟法大意與刑事訴訟法大意】

證人、鑑定人依法應具結而未經具結者，其證言或鑑定意見，效力為何？　(A)仍可作為證據　(B)不得作為證據　(C)有證據能力而無證明力　(D)其證據能力及證明力由法官依自由心證加以判斷　　(B)

【97五等司特-民事訴訟法大意與刑事訴訟法大意】

解析：刑事訴訟法第158-3條規定：「證人、鑑定人依法應具結而未具結者，其證言或鑑定意見，不得作為證據。」

下列關於拒絕證言權之敘述，何者錯誤？　(A)因執行業務而知悉被告病情的醫生，得拒絕證言　(B)就公務員在職務上應守秘密之事項訊問者，應得該管監督機關或公務員之允許。此一允許，除有妨害國家之利益者外，不得拒絕　(C)現為或曾為被告或自訴人之法定代理人，皆得拒絕證言　(D)經合法傳喚之證人，縱因陳述而有致自己受刑事追訴或處罰之虞，亦不得拒絕證言　　(D)

【106司特五等-民事訴訟法大意與刑事訴訟法大意】

根據我國刑事訴訟法第175條第4項的規定，傳喚證人之傳票，至遲應於到場期日多久前送達？　(A)24小時　(B)72小時　(C)48小時　(D)12小時　　(A)

【98五等原住民庭務員-民事訴訟法大意與刑事訴訟法大意】

解析：(A)刑事訴訟法第175條第4項規定：「傳票至遲應於到場期日24小時前送達。但有急迫情形者，不在此限。」

相關考題 **拒絕證言**

刑事訴訟證人於接受訊問時，於下列何種情形不得主張「拒絕證言權」？　(A)曾為公務員之人就其原職務上應守秘密之事項接受訊問者　(B)與被告訂有婚約之未婚妻接受訊問者　(C)醫師就其因業務所知悉有關其病人之隱私事項接受訊問者　(D)未滿 16 歲之證人接受訊問者　【105司特五等-民事訴訟法大意與刑事訴訟法大意】	(D)
下列有關證人之拒絕證言權敘述，何者錯誤？　(A)證人與被告訂有婚約者，得拒絕證言　(B)證人恐因陳述致自己受刑事訴追者，得拒絕證言　(C)證人為公務員者，並就其職務上應守秘密之事項作證時，應得該管監督機關或公務員之同意　(D)證人曾為其他證人之法定代理人者，得拒絕證言　【104司特五等-民事訴訟法大意與刑事訴訟法大意】	(D)
關於刑事案件證人之拒絕證言及具結，下列敘述，何者正確？　(A)證人未滿20歲者，不得令其具結　(B)證人現為被告之配偶而不拒絕證言者，不得令其具結　(C)證人係被告之父之弟之子得拒絕證言　(D)證人曾為自訴人之法定代理人者，得拒絕證言　【107司特五等-民事訴訟法大意與刑事訴訟法大意】	(D)

相關考題 **科技設備**

關於訊問或詰問證人之程序，下列敘述何者正確？　(A)只能在訊問前先行具結，不容許訊問後才補行具結　(B)結文應命證人簽名，不得以蓋章或按指印代之　(C)結文應命證人朗讀，但若證人不能朗讀時，應命通譯或庭務員朗讀，於必要時並說明其意義　(D)證人係以科技設備訊問者，經具結之結文得以電信傳真或其他科技設備傳送予法院或檢察署，再行補送原本　【109司特五等-民事訴訟法大意與刑事訴訟法大意】	(D)

9 傳聞證據

　　證人在國外、證人沒空、證人已經在警察局做過筆錄等情況，可以用書面作證嗎？甚至是否可由證人畫押，以證明該書證內容確實無誤？證人可否到庭證稱：「我曾經親耳聽某乙表示：親眼看到某丙殺丁……」這些即所謂的傳聞證據。

　　依據刑事訴訟法第159條第1項之規定：「被告以外之人於審判外之言詞或書面陳述，除法律有規定者外，不得作為證據。」換言之，也就是排除傳聞證據的適用。

一 傳聞法則之概念

　　傳聞法則(Hearsay Rule)，是英美法律中重要證據法則，係指排除傳聞證據(Hearsay Evidence)作為證據之法則，亦即否定、限制傳聞證據具有證據能力。傳聞法則係由英美國家發展而來，隨著陪審團制度之發達而成長。

　　傳聞法則之主要作用，在英美法係當事人進行主義者，重視當事人與證據之關係，排斥傳聞證據，以保障被告之反對詰問權。英美法之所以排斥傳聞證據，其主要法理係基於「傳聞證據之可信度低」、「無從確保被告之反對詰問權」及「無從貫徹直接審理之要求」，故傳聞證據實不具備證據資格，法院在進行調查證據之程序時，原則上即應加以排除之。

　　因此，除非法律另外有所規定，不然不管該項證詞對被告是有利或不利，法院都有義務傳喚證人到庭再陳述一次，並接受檢察官、被告、辯護人的詰問，必要時還要與被告進行對質。

二 傳聞法則之例外

類型	條文	規範內容
審判外向法官陳述	159-1 I	審判外向法官所為之陳述,得為證據。 任意陳述之信用性已受確定保障之情況,例如在其他刑事案件之準備程序、審判期日或民事事件或其他訴訟程序之陳述。
檢察官之偵查筆錄: 程序上不致違法取供,其可信性極高	159-1 II	偵查中向檢察官所為之陳述,除顯有不可信之情況者外,得為證據。(原則採之,例外不採)
警訊筆錄: 相較於審判中陳述之可信性較低	159-2	檢察事務官、司法警察官或司法警察調查中所為之陳述,與審判中不符時,其先前之陳述具有較可信之特別情況,且為證明犯罪事實存否所必要者,得為證據。(原則不採,例外採之)
蒐證困難之特殊情況: 仍須具備可信性	159-3	有下列情形之一,於檢察事務官、司法警察官或司法警察調查中所為之陳述,經證明具有可信之特別情況,且為證明犯罪事實之存否所必要者,得為證據: 一、死亡者。 二、身心障礙致記憶喪失或無法陳述者。 三、滯留國外或所在不明而無法傳喚或傳喚不到者。 四、到庭後無正當理由拒絕陳述者。
特種可信性之文書	159-4	除前三條之情形外,下列文書亦得為證據: 一、除顯有不可信之情況外,公務員職務上製作之紀錄文書、證明文書。 二、除顯有不可信之情況外,從事業務之人於業務上或通常業務過程所須製作之紀錄文書、證明文書。 三、除前二款之情形外,其他於可信之特別情況下所製作之文書。
同意或未聲明異議	159-5	當事人於審判程序同意作為證據,法院審酌該言詞陳述或書面陳述作成時之情況,認為適當者。 當事人、代理人或辯護人於法院調查證據時,知有第159條第1項不得為證據之情形,而未於言詞辯論終結前聲明異議者,視為有前項之同意。

其他不適用傳聞證據之情況（刑訴§159 II）

(一) 起訴審查（刑訴§161 II）

法院於第一次審判期日前，斟酌檢察官起訴或移送併辦意旨及全案卷證資料，依客觀之經驗法則與論理法則，從客觀上判斷被告是否顯無成立犯罪之可能，明定其不適用傳聞法則之規定。

(二) 簡易判決

簡易程序乃對於情節輕微，證據明確，已足認定其犯罪者，規定迅速審判之訴訟程序，其不以行言詞審理為必要，如本法第449條第1項前段即規定：第一審法院依被告在偵查中之自白或其他現存之證據，已足認定其犯罪者，得因檢察官之聲請，不經通常審判程序，逕以簡易判決處刑。是以適用簡易程序之案件，當無須適用傳聞法則之規定。

(三) 簡式審判程序

簡式審判程序時，對於證據之調查，依修正條文第273-1條、第273-2條等規定，排除傳聞法則之適用。

(四) 關於羈押、搜索等強制處分之審查

關於搜索、鑑定留置、許可、證據保全及其他依法所為強制處分之審查，除偵查中特重急迫性及隱密性，應立即處理且審查內容不得公開外，其目的僅在判斷有無實施證據保全或強制處分之必要，因上開審查程序均非認定被告有無犯罪之實體審判程序，其證據法則毋須嚴格證明，僅以自由證明為已足，爰明定其不適用傳聞法則之規定，以避免實務運作發生爭執。

四 電子郵件是否屬於傳聞證據

電子郵件是否屬於傳聞證據，法院見解並不相同，有採肯定之見解，例如有判決逕行認為電子郵件列印資料屬於傳聞證據（北院93易1339）；亦有認為告訴人接獲友人轉寄之電子郵件，始知其夫與他人通姦，該電子郵件為被告以外之人於審判外之書面陳述，屬傳聞證據

可信性之情況保證

法官面前陳述：
即便是審判外，也得為證據，可信性最高。

檢察官面前陳述：
原則可採為證據，例外顯不可信的情況，不得採為證據，其可信性稍低於法官面前之陳述。

司法警察（官）面前陳述：
原則不可採為證據，例外「有較可信之特別情況」且為「證明犯罪事實存否所必要者」，則仍可採為證據。

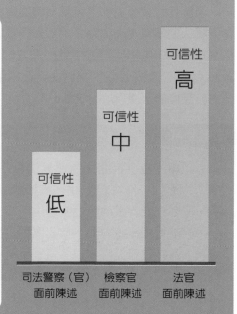

可信性
高

可信性
中

可信性
低

| 司法警察（官）面前陳述 | 檢察官面前陳述 | 法官面前陳述 |

可信性程度之檢討：

　　早期司法警察（官）違法取供的情況為人所詬病，然而歷經多年的變革，錄音、錄影早已成為製作筆錄的基本需求。早期為了破案不擇手段，也早已不復多見。是否仍應以傳統觀念，作為判斷可信性程度高低之標準，顯然有欠公允。若能有數據統計作為立法依據，才能為之信服。司法警察（官）耗時費力進行偵查作為，約談相關人等到案，卻因可信性程度「先天」被視為過低，可能導致一切所為皆屬白工，此種立法制度是否妥適，殊值檢討。

（高院94上易475）；也有採否定之見解，例如針對冒用他人名義，寄送散布誹謗被害人之電子郵件，法院認為並非「陳述」，即非傳聞證據（北院92訴1411）。

至於其他電腦紀錄是否屬於傳聞證據，見解亦很紛亂，有採肯定之見解，例如有法院認為「中華電信數據通信分公司用戶資料」乃電信警察隊第一中隊回覆臺北地檢署之附件資料，屬傳聞證據（北院93易1338）。亦有採否定之見解，認為電腦紀錄因並未涉及人的陳述，故並非屬傳聞證據（板院93易638）。

本書見解

以電子郵件而言，當應探討電子郵件之內容是否該當「傳聞」之要件，惟實務上往往直接論斷電子郵件是否屬於傳聞證據，顯然未能善盡法院敘明理由之責。

至於電腦紀錄方面，核心問題也在於是否該當於「傳聞」之定義。許多實務見解均以「電腦所為，而非人所為」為理由，不認為是傳聞證據。但是此種電腦設備取代人工操作，仍係在人員之操控下所進行，電腦設備實係人員操作之延伸，如同工具之性質，亦屬人員意旨之延伸。從此一觀點而言，應該也是屬於人的陳述，而有進行傳聞證據認定之必要。

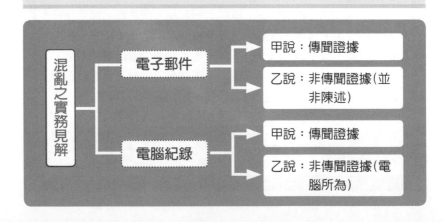

相關考題　證人之個人意見或推測之詞

證人當庭所表述之個人意見或推測之詞，其效力為何？　(A)一律都有證據能力　(B)除以想像經驗為基礎外，不得作為證據　(C)除以實際經驗為基礎者外，不得作為證據　(D)須經精神科醫師開立精神正常之證明書，方有證據能力 【97五等司特 - 民事訴訟法大意與刑事訴訟法大意】	(C)

解析：刑事訴訟法第160條規定：「證人之個人意見或推測之詞，除以實際經驗為基礎者外，不得作為證據。」

相關考題　傳聞法則

有關被告以外之人於審判外之言詞或書面陳述，下列那一種不得作為證據？　(A)向法官所為之陳述　(B)偵查中向檢察官所為之陳述，且無不可信之情況者　(C)公務員職務上製作之紀錄文書，且無不可信之情況者　(D)當事人於法院調查證據時，知有不得作為證據之情形，而於言詞辯終結前聲明異議者 【98五等司特 - 民事訴訟法大意與刑事訴訟法大意】	(D)

解析：

(A)刑事訴訟法第159-1條第1項規定：「被告以外之人於審判外向法官所為之陳述，得為證據。」

(B)刑事訴訟法第159-1條第2項規定：「被告以外之人於偵查中向檢察官所為之陳述，除顯有不可信之情況者外，得為證據。」

(C)刑事訴訟法第159-4條第1款規定：「除前三條之情形外，下列文書亦得為證據：一、除顯有不可信之情況外，公務員職務上製作之紀錄文書、證明文書。……」

(D)刑事訴訟法第159-5條第2項規定：「當事人、代理人或辯護人於法院調查證據時，知有第159條第1項不得為證據之情形，而未於言詞辯論終結前聲明異議者，視為有前項之同意。」所以既然有聲明異議，也就不能作為證據。

相關考題　傳聞法則

關於傳聞法則，下列敘述何者錯誤？　(A)被告於審判外之言詞或書面陳述，依傳聞法則，不得作為證據　(B)被告以外之人於審判外向法官所為之陳述，依傳聞法則之例外，仍得為證據　(C)公務員職務上製作之紀錄文書、證明文書，除顯有不可信之情況外，依傳聞法則之例外，仍得為證據　(D)從事業務之人於業務上或通常業務過程所須製作之紀錄文書，除顯有不可信之情況外，依傳聞法則之例外，仍得為證據 【102司特五等-民事訴訟法大意與刑事訴訟法大意】	(A)

依刑事訴訟法之規定，下列情形，何者得作為證據？　(A)證人之個人意見或推測之詞，但係以實際經驗為基礎者　(B)從事業務之人就業務所須製作之紀錄文書，顯有不可信之情況者　(C)公務員職務上製作之紀錄文書、證明文書，顯有不可信之情況者　(D)被告以外之人於偵查中向檢察官所為之陳述，顯有不可信之情況者 【101司特五等-民事訴訟法大意與刑事訴訟法大意】	(A)

解析：刑事訴訟法第160條規定：「證人之個人意見或推測之詞，除以實際經驗為基礎者外，不得作為證據。」

甲因遭乙橫刀奪愛而相約於咖啡廳中談判，言談間甲出言恐嚇乙要將其殺死，乙不予理會而慘遭甲持菜刀殺害。法院在審理前揭恐嚇罪及殺人罪案件時，下列何者屬傳聞證據？　(A)咖啡店店員A作證陳述，談判當日曾聽聞甲揚言將要殺死乙　(B)出售菜刀給甲的刀具店老闆B作證陳述，甲曾向他購買殺死乙的那把菜刀　(C)目擊證人C作證陳述，他親眼看到甲將乙殺死　(D)第一個抵達現場的急救人員D作證陳述，乙在死前明確地表示殺人兇手是甲 【106司特五等-民事訴訟法大意與刑事訴訟法大意】	(D)

相關考題　傳聞法則

下列關於傳聞法則及其例外之敘述,何者正確?　(A)被告以外之人於審判外之言詞或書面陳述,除法律有規定者外,不得作為證據　(B)被告以外之人於審判外向法官所為之陳述,不得作為證據　(C)被告以外之人於偵查中向檢察官所為之陳述,除顯有不可信之情況者外,不得作為證據　(D)被告以外之人於檢察事務官、司法警察官或司法警察調查中所為之陳述,不得作為證據 【108司特五等-民事訴訟法大意與刑事訴訟法大意】	(A)
依刑事訴訟法之規定,證人在警察局所為之證詞,在下列何種情形下,可採為證據?　(A)證人在審判中之證詞與警詢時之證詞不同　(B)證人在偵訊中之證詞與警詢時之證詞不同　(C)證人在審判中到庭表示為被告之配偶,拒絕陳述　(D)證人所在不明而傳喚不到,經證明具有可信之特別情況,且為證明犯罪事實之存否所必要 【109司特五等-民事訴訟法大意與刑事訴訟法大意】	(D)
下列文書何者不得作為證據?　(A)公務員職務上製作之紀錄,非顯不可信　(B)從事業務之人於通常業務過程所須製作之紀錄,非顯不可信　(C)證人在他案法官審判時作證之審判筆錄　(D)警察就本案所製作之職務報告,辯護人於審理中聲明否認證據能力 【109司特五等-民事訴訟法大意與刑事訴訟法大意】	(D)
下列何種陳述,非屬刑事訴訟法第159-1條第1項所定之傳聞例外?　(A)證人於法官面前之陳述　(B)告訴人於法官面前之陳述　(C)被告於法官面前之陳述　(D)鑑定人於法官面前之陳述 【111司特五等-民事訴訟法大意與刑事訴訟法大意】	(C)

10 鑑定

刑事司法人員對於偵查犯罪之專業訓練相當充足，但是對於特殊專業領域則仍無法深入研究。因此，必須透過具有專業知識或經驗者，對於特定之證據資料，加以分析、實驗或臨床診斷，以作為檢察官追訴或法庭審理的參考，此種程序即稱之為鑑定(Forensic)。

以現在常見的電腦科技為例，數位證據容易遭到刪除及修改，因此必須藉由特定之還原分析技術，才能釐清犯罪之原貌，電腦鑑識(Computer Forensics)的觀念於焉產生。調查局於2006年底正式成立資安實驗室，提供數位證據的鑑定服務。

鑑定，除有特別規定外，準用人證之規定。(刑訴§197)鑑定人限於就鑑定事項有特別知識經驗者，以及經政府機關委任有鑑定職務者。(刑訴§198)對於鑑定人並不能以拘提的方式強制到庭陳述(刑訴§199)，與人證無正當理由不到場者，得處罰鍰及命拘提，兩者有所不同。(刑訴§175Ⅱ、178)鑑定人應於鑑定前具結，其結文內應記載必為公正誠實之鑑定等語。(刑訴§202)

鑑定人因鑑定之必要，得經審判長、受命法官或檢察官之許可，檢查身體、解剖屍體、毀壞物體或進入有人住居或看守之住宅或其他處所。(刑訴§204Ⅰ)此一許可，應用許可書。但於審判長、受命法官或檢察官前為之者，不在此限。(刑訴§204-1Ⅰ)

一 如何聲請鑑定

鑑定人在審判中由審判長或受命法官，在偵查中由檢察官選任。

Q：如果檢察官或法院不願意進行鑑定，可否自行找專家鑑定？鑑定的結果可不可以作為證據？

A：只要不是法院或檢察官選任為鑑定者，其所製作之鑑定報告書，屬於傳聞證據，原則上不得作為證據。

二 什麼是鑑定留置

　　為了鑑定被告的心神或身體，得預定7日以下之期間，將被告留置於醫院或其他適當處所連續觀察、診療的處分。(刑訴§203Ⅲ)此種情況，因為涉及到限制當事人之人身自由，因此應用鑑定留置票，由法官簽名。檢察官認有鑑定留置必要時，向法院聲請簽發之。(刑訴§203-1)

　　例如觸犯妨害性自主罪的被告，在法院裁判前，應經過「鑑定」，由專業醫師判斷有沒有施以治療的必要，以判斷是否令入相當的處所強制治療。

實務案例　吞海洛因球事件

　　實務上也曾發生吞海洛因球至胃中，企圖搭飛機闖關，賺取23萬元的「賣命錢」。為了讓被告順利將毒品排出體外，先送到醫院的急診室，然後服下瀉藥，由於會花很多時間，檢警偵訊被告只能使用24小時，檢方擔心時間不夠，所以另外向法官聲請「鑑定留置票」，好讓被告慢慢「排毒」。

檢察事務官、司法警察官或司法警察因調查犯罪情形及蒐集證據之必要，對於經拘提或逮捕到案之犯罪嫌疑人或被告，得違反犯罪嫌疑人或被告之意思，採取其指紋、掌紋、腳印，予以照相、測量身高或類似之行為；有相當理由認為採取毛髮、唾液、尿液、聲調或吐氣得作為犯罪之證據時，並得採取之。(刑訴§205-2)

相關考題　　鑑定

依刑事訴訟法之規定，下列何者無權選任鑑定人？ (A)受命法官　(B)檢察官　(C)受託法官　(D)審判長　【103五等司法】	(C)
下列有關期間的敘述，何者錯誤？　(A)延長鑑定留置，期間的上限是2個月　(B)偵查中，羈押期間以延長一次為限，且上限是2個月　(C)因鑑定被告心理狀況有必要送入醫院，首次留置期間的上限為14天　(D)應該從辯論終結之日起14天內，宣示判決　【103五等司法】	(C) (D)

解析：新修改的刑事訴訟法第311條本文：「行獨任審判之案件宣示判決，應自辯論終結之日起14日內為之；行合議審判者，應於21日內為之。」故(D)亦錯誤。

依據刑事訴訟法之規定，下列關於傳喚之法律效果說明，何者錯誤？　(A)證人經合法傳喚，無正當理由而不到場者，得科以新臺幣3萬元以下之罰鍰，並得拘提之　(B)被告於停止羈押後，經合法傳喚無正當之理由不到場者，得命再執行羈押　(C)鑑定準用人證之規定，因此鑑定人經合法傳喚，無正當理由而不到場者，亦得科以新臺幣3萬元以下之罰鍰，並得拘提之　(D)於沒收程序中，參與人經合法傳喚或通知而不到庭者，得不待其陳述逕行判決 【106司特五等-民事訴訟法大意與刑事訴訟法大意】	(C)

解析：刑事訴訟法第197條規定：「鑑定，除本節有特別規定外，準用前節關於人證之規定。」同法第199條規定：「鑑定人，不得拘提。」

相關考題

司法警察因調查犯罪情形之必要，對於經逮捕到案之犯罪嫌疑人，不得為下列何者強制處分？ (A)採取尿液 (B)採取血液 (C)採取指紋 (D)採取毛髮 【107司特五等-民事訴訟法大意與刑事訴訟法大意】	(B)
關於鑑定程序，下列敘述，何者錯誤？ (A)鑑定留置之預定期間，法院得於審判中依職權或偵查中依檢察官之聲請裁定縮短或延長之。但延長之期間不得逾2月 (B)關於鑑定留置，被告得依係裁定或處分之情形，分別提起抗告或聲請所屬法院撤銷或變更之 (C)因鑑定經拘提到案之被告心神或身體之必要，將被告送入醫院或其他適當之處所，不論其時間長短，均應用鑑定留置票 (D)審判長、受命法官或檢察官均有選任鑑定人之權限 【107司特五等-民事訴訟法大意與刑事訴訟法大意】	(C)

11 物證

　　凡是與犯罪事實有關的物體，均為物證調查的對象，包括「普通證物」與「書證」。

　　什麼是普通證物？例如殺人的刀子、搶劫用的贓車。

　　什麼是書證？例如公務員在刑事追訴中所做成的筆錄。為了答辯的說明，可能還需要向特定機關調閱相關書證，例如網路上張貼誹謗內容的文字，受害人可以向法院聲請調閱電信業者的紀錄檔案，以證明被告確實有上網張貼誹謗文字的行為；其他像是帳戶明細、就醫紀錄等都屬之。

　　物證調查之方法，包括第一、觀察與分析：例如藉由人的五官對於證物加以觀察，或透過科學的驗證加以分析；第二、提示：審判長應將證物提示當事人、代理人、辯護人或輔佐人，使其辨認。(刑訴§164 I)第三、宣讀或告以要旨：前項證物如係文書而被告不解其意義者，應告以要旨。(刑訴 164 II)

　　卷宗內之筆錄及其他文書可為證據者，審判長應向當事人、代理人、辯護人或輔佐人宣讀或告以要旨。(刑訴§165 I)

　　如果未踐行提示、宣讀或告以要旨之程序，依據刑事訴訟法第379條第10款規定「依本法應於審判期日調查之證據而未予調查者」，屬於判決當然違背法令，可以作為上訴第三審之理由。

　　有關刑事訴訟法第165條宣讀或告以要旨之規定，於文書外之證物有與文書相同之效用者，準用之。(刑訴§165-1 I)

　　錄音、錄影、電磁紀錄或其他相類之證物可為證據者，審判長應以適當之設備，顯示聲音、影像、符號或資料，使當事人、代理人、辯護人或輔佐人辨認或告以要旨。(刑訴§165-1 II)

刑事請求調查證據狀

案號：○○年度訴字第○○○○○○號　股別：○股
聲請人：吳大毛　　　住址：臺北市凱達格蘭大道1號
(即自訴人或被告)　　行動電話：0911-111111
送達代收人：　　　　電話：

為請求調查證據事
一、被告吳大毛被訴強盜殺人案件，正由貴院審理中
　　(臺北地方法院96年度訴字第1000001號)。
二、請求向○○○調閱○○。(若係文書請載明其目錄
　　及請求調閱之部分)與待證事實之關係：
　　○○○○○○○○○○○(具體敘明)。

寫下向什麼機關調閱何種資料，機關與資料內容應該要清楚明確，以利法院進行調閱

具體說明為什麼要調閱這些資料

三、依刑事訴訟法第163條第1項、第163-1條第1項規
　　定，請求如上。

謹　　狀
臺灣臺北地方法院 公鑒
證物名稱及件數：

　　　　　　　　具狀人：吳大毛　[印]
　　　　　　　　撰狀人：○○○　[印]

中　華　民　國　○○　年　○○　月　○○　日

12 勘驗

　　勘驗是指對與案件有關的場所、物品或屍體,由司法人員或特定機關人員依其職權和法定程序,進行勘查、檢驗,勘驗製作筆錄。

　　勘驗,得為下列處分:

　㈠履勘犯罪場所或其他與案情有關係之處所。

　㈡檢查身體。

　㈢檢驗屍體。

　㈣解剖屍體。

　㈤檢查與案情有關係之物件。

　㈥其他必要之處分。(刑訴§213)

　　行勘驗時,得命證人、鑑定人到場。(刑訴§214Ⅰ)

　　檢察官實施勘驗,如有必要,得通知當事人、代理人或辯護人到場。(刑訴§214Ⅱ)

　　檢查身體,如係對於被告以外之人,以有相當理由可認為於調查犯罪情形有必要者為限,始得為之。(刑訴§215Ⅰ)

　　至於實務上常見之開棺驗屍,則是依據刑事訴訟法第217條規定:「因檢驗或解剖屍體,得將該屍體或其一部暫行留存,並得開棺及發掘墳墓。」(刑訴§217Ⅰ)

　　「檢驗或解剖屍體及開棺發掘墳墓,應通知死者之配偶或其他同居或較近之親屬,許其在場。」(刑訴§217Ⅱ)

實務見解 法醫探案——楊日松

　　法醫楊日松，相信這位法醫界的前輩，大家並不陌生。有關他的傳奇故事難以計數。多年前，發生在臺北縣的一件殺人棄屍案，楊日松相驗屍體後認定爲他殺，並且依據死者骨骼彎曲的程度，斷定死者是計程車司機，後來命案偵破了，證實該名死者確實是從事計程車業，令辦案人員嘖嘖稱奇。

　　據稱，法醫楊日松驗屍不戴口罩，也不戴手套，爲的是要藉由屍體的氣味和實際的觸感來判斷屍體的狀況，故許多命案發生的原因，都難逃他的法眼。

　　此外，還有一些道聽塗說的靈異傳聞，例如某一天楊日松到醫院解剖一具女屍，歸途中遇到「鬼打牆」，車子轉了半天，還是回到原點附近，於是楊日松回到醫院再驗一次，結果在肺部找到毒藥殘留的痕跡。民國81年間，傳聞他到沙崙海水浴場相驗女屍，晚間即夢到滿面鮮血的女子，隔日再度相驗屍體，發現並非遭海裡螃蟹所啃食，而是遭人以利刃割除臉部。

相關考題 勘驗

在檢察官指揮的勘驗執行中，下列何者，無在場權？ (A)輔佐人 (B)被告 (C)辯護人 (D)代理人 　【103五等司法】	(A)
有關勘驗、相驗之敘述，下列何者錯誤？　(A)檢察官偵查中實施勘驗，無論如何，應通知被告到場 (B)勘驗，得檢查身體 (C)遇有非病死，檢察官應速相驗 (D)勘驗，得由審判長爲之 　【110司特五等-民事訴訟法大意與刑事訴訟法大意】	(A)
關於相驗之敘述，下列何者錯誤？ (A)遇有非病死者，該管檢察官應速相驗 (B)相驗，檢察官得命檢察事務官會同法醫師行之 (C)相驗，得由司法警察官爲之 (D)遇有可疑爲非病死者，該管檢察官應速相驗 　【111司特五等-民事訴訟法大意與刑事訴訟法大意】	(C)

13 交互詰問

一 基本概念

交互詰問 (Cross Examination) 是發現真實的最大利器。我國目前刑事訴訟法採取「改良式的當事人進行主義」，除了陪審團沒有引進國內之外，其他交互詰問的制度與英美法國家有異曲同工之妙。

所謂交互詰問，是指刑事案件在法庭開庭調查時，得由檢察官、辯護人或被告分別對證人直接問話，使證人的陳述內容對自己一方有利的證據；或是發現對方所提證人之陳述內容，有誇大不實之虛偽陳述時，可以當庭提出詰問，讓證人的虛偽陳述不被法院所採信。以交錯的方式進行，也就是必須遵守一定的順序，當一方詰問完畢，才輪到另一方發問，所以才稱為交互詰問。

我國的刑事訴訟法制並無陪審制，法官還是會在某種情況下介入當事人間的訴訟程序，也就是針對公平正義之維護或對被告利益有重大關係之事項，還是得以依職權調查證據。現行法准許被告若要親自詰問證人，但是被告可能不會詰問，又沒錢請律師辯護，法院可以覓請辯護律師代行詰問，也可由被告當庭請求法官代為詰問。

二 交互詰問之開始與順序

當事人、代理人、辯護人或輔佐人聲請傳喚之證人、鑑定人，在審判長依本法第185條、第197條為人別訊問後，即由當事人、代理人或辯護人直接運作交互詰問之訴訟程序。(刑訴 §166 I)

交互詰問

Q: 是不是只有律師才可以詰問呢？
A: 並非如此，當事人、代理人或辯護人可直接對證人詰問。

實務見解　金法尤物的燙髮知識

　　電影「金法尤物」中，全身上下都是粉紅色的女主角在法庭上的第一場辯論，案情是某名男子疑似遭其女友殺害，女主角擔任該名女友的辯護律師，死者女兒表示涉嫌人有殺害其父親的動機，而在女主角詰問這名女兒時，女兒表示因為洗頭而沒有聽到槍聲，後來女主角持續追問下，又詰問出她當天有去燙頭髮的線索。

　　燙頭髮後的24小時內頭髮都不能碰水，否則藥水將失效。有燙髮經驗的女性都知道剛燙完頭髮絕對不能洗頭，所以，女主角認為死者女兒說謊。由於女主角對於燙髮的專業知識，發現女兒根本不可能在當天洗頭，反而突破原本被列為證人之女兒的心防，而當庭俯首認罪。

交互詰問的順序，基本上是依據下列順序為之：

主詰問 ➡ 反詰問 ➡ 覆主詰問 ➡ 覆反詰問

　　交互詰問制度設計之主要目的，在辯明供述證據之真偽，以發見實體之真實，而由當事人一造聲請傳喚之證人、鑑定人，此造對於該證據最為關心及瞭解，自應先由該當事人、代理人或辯護人為主詰問，次由他造之當事人、代理人或辯護人反詰問，再由先前之一造當事人、代理人或辯護人為覆主詰問，再次由他造當事人等為覆反詰問，交叉為之以示公平，並有助訴訟程序之順利進行。

【誘導詰問】
　　詰問者對於證人暗示其所希望的回答內容，也就是「問話中含有答話」的詰問方式。當事人所傳喚的證人通常對其自身有利，若允許誘導詰問，證人可能會為了迎合主詰問者的意思，而做出不實在的回答。

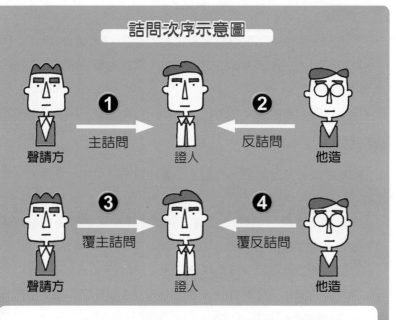

詰問次序示意圖

① 主詰問　聲請方 → 證人
② 反詰問　證人 ← 他造
③ 覆主詰問　聲請方 → 證人
④ 覆反詰問　證人 ← 他造

　　上列詰問結束後，當事人、代理人或辯護人，經審判長之許可，得更行詰問。（刑訴§166Ⅲ）

　　證人、鑑定人經當事人、代理人或辯護人詰問完畢後，審判長得為訊問。（刑訴§166Ⅳ）

　　同一被告、自訴人有二以上代理人、辯護人時，該被告、自訴人之代理人、辯護人對同一證人、鑑定人之詰問，應推由其中一人代表為之。但經審判長許可者，不在此限。（刑訴§166Ⅴ）

相關考題　　證人詰問

下列何者不得直接詰問證人？　(A)當事人　(B)辯護人　(C)輔佐人 (D)代理人　　　　　【100五等司特-民事訴訟法與刑事訴訟法大意】	(C)

■主詰問

主詰問，應就待證事項及其相關事項行之。(刑訴§166-1 I)

為辯明證人、鑑定人陳述之證明力，得就必要之事項為主詰問。(刑訴§166-1 II)

<u>誘導詰問</u>：原則 ×；例外○。(刑訴§166-1 III，內容參照右頁)

■反詰問

簡單來說，就是輪流詰問證人。當他造問完話後，就輪到另外一造進行反詰問。

反詰問，應就主詰問所顯現之事項及其相關事項，或為辯明證人、鑑定人之陳述證明力所必要之事項行之。(刑訴§166-2 I)

行反詰問於必要時，<u>得為誘導詰問</u>。(刑訴§166-2 II)

視為主詰問：行反詰問時，就支持自己主張之新事項，經審判長許可，得為詰問。(刑訴§166-3 I)

就該新事項的詰問視為主詰問。(刑訴§166-3 II)

■覆主詰問

簡單來說，就是第二回合，由雙方繼續詰問證人。只不過詢問的內容，必須與反詰問詢問過程中，所產生的問題有關係。

覆主詰問，應就反詰問所顯現之事項及其相關事項行之。(刑訴§166-4 I)

行覆主詰問，依主詰問之方式為之。(刑訴§166-4 II)

視為主詰問：行覆主詰問時，就支持自己主張之新事項，經審判長許可，得為詰問。就該新事項的詰問視為主詰問。(刑訴§166-4 III 準用§166-3)

■覆反詰問

覆反詰問，應就辯明覆主詰問所顯現證據證明力必要之事項行之。(刑訴§166-5 I)

行覆反詰問，依反詰問之方式行之。(刑訴§166-5 II)

■主詰問原則不得誘導詰問

行主詰問時，原則上不得為誘導詰問。(刑訴§166-1 III 本文)若有但書的情況，則得為之。但書規定如下：(刑訴§166-1 III 但書)

㈠未為實體事項之詰問前，有關證人、鑑定人之身分、學歷、經歷、與其交游所關之必要準備事項。

㈡當事人顯無爭執之事項。

㈢關於證人、鑑定人記憶不清之事項，為喚起其記憶所必要者。

㈣證人、鑑定人對詰問者顯示敵意或反感者。

㈤證人、鑑定人故為規避之事項。

㈥證人、鑑定人為與先前不符之陳述時，其先前之陳述。

㈦其他認有誘導詰問必要之特別情事者。

誘導詰問乃指詰問者對供述者暗示其所希望之供述內容，而於「問話中含有答話」之詰問方式。就實務經驗而言，由當事人、代理人、辯護人或輔佐人聲請傳喚之證人、鑑定人，一般是有利於該造當事人之友性證人。因此，若行主詰問者為誘導詰問，證人頗有可能迎合主詰問者之意思，而做非真實之供述。故而，原則上在行主詰問時不得為誘導詰問，惟為發見真實之必要或無導出虛偽供述之危險時，則例外允許於行主詰問時，為誘導詰問。

■反詰問必要時得誘導詰問

行反詰問於必要時，得為誘導詰問。(刑訴§166-2 II)

行反詰問時，因證人、鑑定人通常非屬行反詰問一造之友性證人，較不易發生證人、鑑定人附和詰問者而為非真實供述之情形，故允許為誘導詰問。再者，從另一角度觀察，經由反對詰問程序而發現證人、鑑定人於主詰問時之供述是否真實，透過誘導詰問，更能發揮推敲真實之效果。然而，行反詰問時，證人、鑑定人亦有迎合或屈服於詰問者意思之可能或遭致羞辱之危險。因此，對於反詰問之誘導詰問亦應有適當之規範，即於必要時，始得為之。至於何種情形為「必要時」，則由審判長裁量。

> **實務見解** 誘導詰（詢）問
>
> 誘導詰問非屬法律明定之以恫嚇、侮辱、利誘、詐欺或其他不正方法之不正詰問方法，僅係於特定情況下，禁止誘導詰問而已，則與上開不正詰問方法相當之強暴、脅迫、利誘、詐欺、疲勞訊問等不正詢問方法，自難認包含誘導詢問在內(最高法院98年度台上字第865號判決同此意旨可供參考)；是以，即便如被告及辯護人所言於承辦員警正式進行警詢前曾就案情詢問被告，甚至提出不可能沒有攻擊被害人頭部之誘導性質疑，依據前揭說明，尚難認係以不正方法進行詢問，辯護人此部分主張，並非可採。
>
> 交互詰問制度設計之主要目的，在於使刑事被告得以盤詰、辯明證人現在與先前所為供述證言之真偽，以期發見實體真實。就實質證據價值面之判斷而言，既無所謂「案重初供」原則，

當亦無所謂其證據價值即當然比審判外未經交互詰問之陳述爲高之可言。良以證人所爲之供述證言，係由證人陳述其所親身經歷事實之內容，而證人均係於體驗事實後之一段期間，方於警詢或檢察官偵訊時爲陳述，更於其後之一段期間，始於審判中接受檢、辯或被告之詰問，受限於人之記憶能力及言語表達能力有限，本難期證人於警詢或檢察官偵訊時，能鉅細無遺完全供述呈現其所經歷之事實內容，更無從期待其於法院審理時，能一字不漏完全轉述先前所證述之內容。因此，詰問規則方容許遇有「關於證人記憶不清之事項，爲喚起其記憶所必要者」、「證人爲與先前不符之陳述時，其先前之陳述」之情形時，即使爲主詰問亦可實施誘導詰問(刑事訴訟法第166-1條第3項第3款、第6款參照)，以喚起證人之記憶，並爲精確之言語表達。從而，經交互詰問後，於綜核證人歷次陳述之內容時(包括檢察官偵訊時之陳述、法院審理時之陳述，以及於容許警詢陳述作爲證據時之警詢內容)，自應著重於證人對於待證事實主要內容之先後陳述有無重大歧異，藉此以判斷其證言之證明力高低，不得僅因證人所供述之部分內容不確定，或於交互詰問過程中，就同一問題之回答有先後更正或不一致之處；或證人先前證述之內容，與其於交互詰問時所證述之內容未完全一致，即全盤否認證人證言之眞實性。故證人之供述證言，前後雖稍有參差或互相矛盾，事實審法院非不可本於經驗法則，斟酌其他情形，作合理之比較，定其取捨(最高法院97年台上字第96號判決參照)。

進行反詰問時，因證人通常不是友性證人，較不發生證人附和詰問者而為非真實陳述之情形，故必要時得為： (A)誘導訊問 (B)直接訊問 (C)隔離訊問 (D)對質訊問 【98司特五等－民事訴訟法大意與刑事訴訟法大意】	(A)

解析：(A)行反詰問於必要時，得為誘導詰問。(刑訴§166-2 II)

參照立法理由：行反詰問時，因證人、鑑定人通常非屬行反詰問一造之友性證人，較不易發生證人、鑑定人附和詰問者而為非真實供述之情形，故允許為誘導詰問。再者，從另一角度觀察，經由反對詰問程序而發現證人、鑑定人於主詰問時之供述是否真實，透過誘導詰問，更能發揮推敲真實之效果。然而，行反詰問時，證人、鑑定人亦有迎合或屈服於詰問者意思之可能或遭致羞辱之危險。因此，對於反詰問之誘導詰問亦應有適當之規範，即於必要時，始得為之。至於何種情形為「必要時」，則由審判長裁量。

近年，我國刑事司法制度採行「證據法則」導入「交互詰問」，乃源自以下何種制度思潮之影響？ (A)糾問主義 (B)職權進行主義 (C)當事人進行主義 (D)公開審理主義 【100司特四等－法學知識與英文】	(C)

依據刑事訴訟法第289條規定，證據調查完畢後，對於事實及法律辯論的順序，下列何者正確？ (A) 檢察官→辯護人→被告 (B)檢察官→被告→辯護人 (C)辯護人→被告→檢察官 (D)辯護人→檢察官→被告 【101司特五等－民事訴訟法大意與刑事訴訟法大意】	(B)

解析：刑事訴訟法第289條第1項規定：「調查證據完畢後，應命依下列次序就事實及法律分別辯論之：一、檢察官。二、被告。三、辯護人。」

相關考題 辯論

①被告 ②辯護人 ③檢察官。刑事審判中，證據調查完畢後，上述的程序參與人，就事實及法律分別辯論的次序，以下何者是正確的安排？ (A)①→②→③ (B)③→②→① (C)②→①→③ (D)③→①→②

(D)

【102司特五等-民事訴訟法大意與刑事訴訟法大意】

相關考題 被告詰問

下列關於證人之敘述，何者錯誤？ (A)證人受裁定者，亦得抗告 (B)證人依法應具結而未具結者，其證言不得作為證據 (C)審判長預料證人於被告前不能自由陳述者，得不給予被告詰問之機會 (D)傳喚證人時應用傳票

(C)

【106司特五等-民事訴訟法大意與刑事訴訟法大意】

解析：

(A)刑訴第178條第3項。

(B)刑訴第158-3條。

(C)刑訴第169條。

(D)刑訴第175條第1項。

相關考題 證據調查方法

下列有關證據調查方法之敘述，何者錯誤？ (A)審判長應將證物提示當事人，使其辨認 (B)卷宗內之筆錄可為證據時，審判長應於調查時予以宣讀或告以要旨 (C)被告於審判長人別訊問後，優先於審判程序進行對質詰問 (D)證人之主詰問應就待證事實及其相關事項行之

(C)

【104司特五等-民事訴訟法大意與刑事訴訟法大意】

14 證據保全

一 基本概念

　　證據有保全之必要者，告訴人、犯罪嫌疑人、被告或辯護人在偵查中，得聲請檢察官為搜索、扣押、鑑定、勘驗、訊問證人或其他必要之保全處分；第一審法院審判中，被告或辯護人認為證據有保全之必要者，得在第一次審判期日前，聲請法院或受命法官為保全證據處分；檢察官或自訴人於起訴後，第一次審判期日前，認有保全證據之必要者，亦同。（刑訴§219-1Ⅰ、§219-4Ⅰ、Ⅱ）

二 向檢察官聲請證據保全

　　因證據保全均有一定時效或急迫性，檢察官受理聲請後，除認聲請為不合法或無理由予以駁回者外，應於5日內為保全之處分。為確保告訴人、犯罪嫌疑人及被告之訴訟權益，檢察官受理證據保全之聲請後駁回聲請或逾法定期間未為保全處分時，聲請人得直接向該管法院聲請保全證據，以尋求救濟。（刑訴§219-1Ⅱ、Ⅲ）

　　偵查程序之證據保全，往往具有緊急性，為求事權統一，並避免延誤，案件業經移送或報告檢察官偵辦者，宜向該管檢察官提出證據保全之聲請，應較為妥適。但案件仍在司法警察（官）調查中，未移送或報告檢察官偵辦者，則應向該司法警察（官）所屬警察機關所在地之地方法院檢察署檢察官聲請之。（刑訴§219-3）

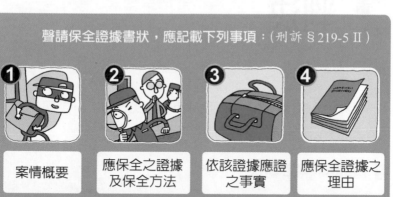

聲請保全證據書狀，應記載下列事項：(刑訴§219-5 Ⅱ)

❶ 案情概要

❷ 應保全之證據及保全方法

❸ 依該證據應證之事實

❹ 應保全證據之理由

三 向法院聲請保全證據

案件於第一審之第一次審判期日前，基於發見真實與保障被告防禦及答辯權，亦應賦予被告或辯護人向該管法院聲請保全證據之權利。若遇有急迫情形時，則許被告或辯護人得逕向受訊問人住居地或證物所在地之地方法院聲請之。檢察官、自訴人於審判程序同為當事人，檢察官於起訴後，就本案無逕行決定實施強制處分之權力，自訴人亦同，於有保全證據之必要時，於第一次審判期日前，自應容許其等向法院聲請之。(刑訴§219-4)

相關考題 證據保全

關於證據保全之敘述，下列何者正確？ (A)聲請保全證據，偵查中得向檢察官為之 (B)聲請保全證據，審判中仍應向檢察官為之 (C)檢察官駁回證據保全聲請者，聲請人得聲請再議 (D)聲請保全證據，得以言詞為之	(A)
【110司特五等-民事訴訟法大意與刑事訴訟法大意】	

15 判決

判決可分為有罪判決(又可分為科刑與免刑判決)、無罪判決、免訴判決、不受理判決、管轄錯誤判決等五種。

一 有罪與無罪判決

基於無罪推定原則,不能證明被告犯罪或其行為不罰者,當然應該諭知無罪之判決。(刑訴§301 I)如果被告犯罪事證明確,應諭知科刑之判決。(刑訴§299 I 本文)有時雖然有罪,但依據法律規定予以諭知免刑。(刑訴§299 I 但書)其中若屬於刑法第61條輕微案件之免刑時,為免刑判決前,得斟酌情形經告訴人或自訴人同意,命被告為左列各款事項:㈠向被害人道歉、㈡立悔過書、㈢向被害人支付相當數額之慰撫金。(刑訴§299 II)

前條之判決,得就起訴之犯罪事實,變更檢察官所引應適用之法條。(刑訴§300)

二 免訴判決

是指起訴案件欠缺實體公訴權者,包括:㈠曾經判決確定者(一事不再理)、㈡時效已完成者、㈢曾經大赦者、㈣犯罪後之法律已廢止其刑罰者。(刑訴§302)

三 不受理判決

是指起訴案件欠缺形式上之公訴權者,包括:

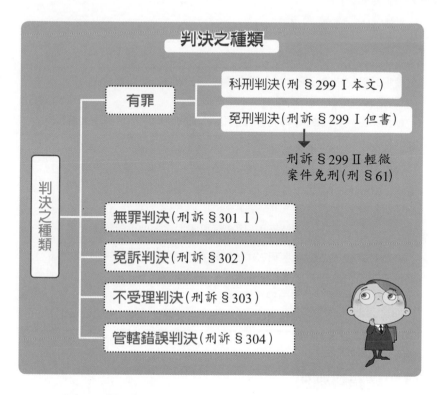

(一)起訴之程序違背規定者。

(二)已經提起公訴或自訴之案件,在同一法院重行起訴者。

(三)告訴或請求乃論之罪,未經告訴、請求或其告訴、請求經撤回或已逾告訴期間者。

(四)曾為不起訴處分、撤回起訴或緩起訴期滿未經撤銷,而違背第260條第1項之規定再行起訴者。

(五)被告死亡或為被告之法人已不存續者。

(六)對於被告無審判權者。

(七)依第8條之規定不得為審判者。(同一案件繫屬於有管轄權之數法院)(刑訴§303)

對於犯罪後之法律已廢止其刑罰之情形,法院應諭知何種判決? (A) 無罪　(B)免訴　(C)免刑　(D)不受理 【101司特五等-民事訴訟法大意與刑事訴訟法大意】	(B)
關於無罪、免訴或不受理判決,下列敘述,何者正確?　(A)曾經判決確定者,應諭知不受理之判決　(B)時效已完成者,應諭知免訴之判決　(C)被告死亡者,應諭知免訴之判決　(D)被告行為不罰者,應諭知免訴之判決 【107司特五等-民事訴訟法大意與刑事訴訟法大意】	(B)
通、相姦罪經司法院釋字第791號解釋宣告違憲而立即失效,請問此時仍在法院審判中之通、相姦案件,法官應如何下判決? (A)免訴　(B)無罪　(C)不受理　(D)免刑 【109司特五等-民事訴訟法大意與刑事訴訟法大意】	(A)

四 管轄錯誤判決

　　無管轄權之案件,應諭知管轄錯誤之判決,並同時諭知移送於管轄法院。(刑訴§304)於自訴案件,非經自訴人聲明,毋庸移送案件於管轄法院。(刑訴§335)

■宣示判決

- 宣示判決,應自辯論終結之日起2星期內為之。行獨任審判之案件宣示判決,應自辯論終結之日起2星期內為之;行合議審判者,應於3星期內為之。但案情繁雜或有特殊情形者,不在此限。(刑訴§311)
- 宣示判決,被告雖不在庭亦應為之。(刑訴§312)

- 宣示判決，<u>不以參與審判之法官為限</u>。（刑訴§313）
- 判決得為上訴者，其上訴期間及提出上訴狀之法院，應於宣示時一併告知，並應記載於送達被告之判決正本。（刑訴§314 I）前項判決正本，並應送達於告訴人及告發人，告訴人於上訴期間內，得向檢察官陳述意見。（刑訴§314 II）

相關考題　宣示判決

下列有關「宣示判決」之敘述，何者正確？　(A)應自辯論終結之日起15日內為之　(B)應當場將判決書正本送達給被告　(C)必須由原審判之法官宣判　(D)被告雖不在庭亦應宣判 【98司特五等-民事訴訟法大意與刑事訴訟法大意】	(D)

相關考題　變更起訴法條

法院於審判程序中，若認為應變更檢察官所引應適用之法條時，下列敘述何者錯誤？　(A)法院應告知被告所變更之罪名　(B)被告得就變更後之罪名請求調查證據　(C)法院應就變更後之罪名給予被告辯明犯罪嫌疑之機會　(D)法院應以裁定變更起訴法條 【106司特五等-民事訴訟法大意與刑事訴訟法大意】	(D)

相關考題　不受理判決

刑事案件曾經判決確定者，法院應諭知下列何種判決？　(A)免刑判決　(B)無罪判決　(C)免訴判決　(D)不受理判決 【98五等原住民庭務員-民事訴訟法大意與刑事訴訟法大意】	(C)
刑事案件曾經判決確定者，法官應諭知何種判決？ (A)免訴判決　(B)不受理判決　(C)無罪判決　(D)管轄錯誤判決 【99司特五等-民事訴訟法大意與刑事訴訟法大意】	(A)

下列何種情形，法院應諭知不受理判決？　(A)案件曾經判決確定者　(B)對於被告無審判權者　(C)案件之時效已完成者　(D)對於被告無管轄權者【106司特五等-民事訴訟法大意與刑事訴訟法大意】	(B)
住所於A地的甲，於B地行竊被捕，B地之檢察官乙向B地之法院提起公訴後，B地法院發現該案件於乙提起公訴前業已繫屬於A地法院，此時B地法院應如何處理？　(A)依刑事訴訟法第304條諭知管轄錯誤判決　(B)依刑事訴訟法第303條諭知不受理判決　(C)依刑事訴訟法第302條諭知免訴判決　(D)除有其他原因外，B地法院應繼續審判並為實體上有罪或無罪之判決【106司特五等-民事訴訟法大意與刑事訴訟法大意】	(B)
對於告訴乃論之罪，其告訴已經撤回，下列敘述何者正確？　(A)尚未起訴者，檢察官得為不起訴處分　(B)已經起訴者，法院應諭知不受理判決　(C)告訴人還可以提起自訴　(D)未逾告訴期間，告訴人還可以提起告訴【105司特五等-民事訴訟法大意與刑事訴訟法大意】	(B)
下列何種情形，法院得不經審理而為判決？　(A)被告到庭拒絕陳述　(B)告訴乃論之罪，告訴已逾告訴期間　(C)依卷內證據不能證明被告犯罪　(D)經調查被告係頂替他人自首【109司特五等-民事訴訟法大意與刑事訴訟法大意】	(B)

相關考題　　**判決應記載事項**

| 關於有罪判決書理由內應記載之事項，下列敘述，何者錯誤？　(A)對於被告有利之證據不採納者，其理由　(B)未依被告之請求宣告緩刑者，其理由　(C)依刑法第59條規定酌量減輕其刑者，其理由　(D)依刑法第47條累犯之規定加重其刑者，其理由【107司特五等-民事訴訟法大意與刑事訴訟法大意】 | (B) |

相關考題　一造缺席判決

關於一造缺席判決，下列敘述，何者錯誤？　(A)第一審程序，被告拒絕陳述者，得不待其陳述逕行判決　(B)第二審程序，被告經合法傳喚，無正當之理由不到庭者，得不待其陳述，逕行判決　(C)第一審程序，被告未受許可而退庭者，得不待其陳述逕行判決　(D)第一審程序，法院認為應科拘役、罰金或應諭知免刑或無罪之案件，得不待其陳述逕行判決	(D)

【109司特五等-民事訴訟法大意與刑事訴訟法大意】

相關考題　審判不可分

檢察官起訴某甲接續2趟竊取某公司倉庫內之 IC 晶片共2千片（每趟1千片），法院審理時發現實情是：某甲接續3次竊取該公司倉庫內之 IC 晶片共3千片（每趟1千片），為接續犯，試問，法院可否就檢察官未起訴之被告第3趟接續竊取該公司 IC 晶片1千片之行為一併審判？　(A)可以，追加起訴即可合併審判　(B)可以，因為審判不可分原則　(C)不可以，因為基於不告不理原則　(D)不可以，因為檢審分隸，應由檢察官負舉證責任	(B)

【109司特五等-民事訴訟法大意與刑事訴訟法大意】

16 被害人訴訟參與制度

一 類型

下列犯罪之被害人得於檢察官提起公訴後第二審言詞辯論終結前，向該管法院聲請參與本案訴訟：(刑訴§455-38 I)

一、因故意、過失犯罪行為而致人於死或致重傷之罪。

二、刑法第231條、第231-1條、第232條、第233條、第240條、第241條、第242條、第243條、第271條第1項、第2項、第272條、第273條、第275條第1項至第3項、第278條第1項、第3項、第280條、第286條第1項、第2項、第291條、第296條、第296-1條、第297條、第298條、第299條、第300條、第328條第1項、第2項、第4項、第329條、第330條、第332條第1項、第2項第1款、第3款、第4款、第333條第1項、第2項、第334條第1項、第2項第1款、第3款、第4款、第347條第1項、第3項、第348條第1項、第2項第2款之罪。

三、性侵害犯罪防治法第2條第1項所定之罪。

四、人口販運防制法第31條至第34條、第36條之罪。

五、兒童及少年性剝削防制條例第32條至第35條、第36條第1項至第5項、第37條第1項之罪。

審判中訴訟之三面關係為法院、檢察官及被告。被害人訴訟參與制度係在此三面關係下，為被害人設計一程序參與人之主體地位，使其得藉由參與程序，瞭解訴訟之經過情形及維護其人性尊嚴。關於得

聲請訴訟參與之案件類型，考量上開被害人訴訟參與制度之目的及司法資源之合理有效利用，自以侵害被害人生命、身體、自由及性自主等影響人性尊嚴至鉅之案件為宜。

前項各款犯罪之被害人無行為能力、限制行為能力、死亡或因其他不得已之事由而不能聲請者，得由其法定代理人、配偶、直系血親、三親等內之旁系血親、二親等內之姻親或家長、家屬為之。但被告具前述身分之一，而無其他前述身分之人聲請者，得由被害人戶籍所在地之直轄市、縣（市）政府或財團法人犯罪被害人保護協會為之。被害人戶籍所在地不明者，得由其住（居）所或所在地之直轄市、縣（市）政府或財團法人犯罪被害人保護協會為之。（刑訴§455-38 Ⅱ）

二 聲請程序

聲請訴訟參與，應於每審級向法院提出聲請書狀。（刑訴§455-39 Ⅰ）為使法院儘早知悉訴訟參與之聲請，避免程序延滯，聲請人應逕向法院提出聲請書狀。又案件於每一審級終結時，原有訴訟參與之效力即不復存在，故訴訟參與人如欲聲請訴訟參與，自應於每一審級提出聲請書狀。

訴訟參與聲請書狀，應記載下列事項：（刑訴§455-39 Ⅱ）

一、本案案由。

二、被告之姓名、性別、出生年月日、身分證明文件編號或其他足資辨別之特徵。

三、非被害人者，其與被害人之身分關係。

四、表明參與本案訴訟程序之意旨及理由。

法院對於前條之聲請，認為不合法律上之程序或法律上不應准許者，應以裁定駁回之。但其不合法律上之程序可補正者，應定期間先

命補正。（刑訴§455-40Ⅰ）

　　法院於徵詢檢察官、被告、辯護人及輔佐人之意見，並斟酌案件情節、聲請人與被告之關係、訴訟進行之程度及聲請人之利益，認為適當者，應為准許訴訟參與之裁定；認為不適當者，應以裁定駁回之。（刑訴§455-40Ⅱ）

　　法院裁定准許訴訟參與後，訴訟參與人即得依法行使本編所定訴訟參與人之權益，其中對準備程序處理事項、證據及科刑範圍陳述意見、詢問被告等事宜，均影響本案訴訟程序之進行至鉅，故應賦予檢察官、被告、辯護人及輔佐人陳述意見之機會。

　　又被害人訴訟參與制度旨在維護被害人及其家屬之人性尊嚴及其程序主體性，故法院於裁定前，自應綜合考量案件情節、聲請人與被告之關係、訴訟進行之程度及聲請人之利益等情事，認為准許訴訟參與有助於達成被害人訴訟參與制度之目的且無不適當之情形者，即應為准許之裁定。

　　其中就「案件情節」而言，應審酌相關犯罪之動機、態樣、手段、被害結果等因素，例如敵對性極高之組織或團體間因宿怨仇恨所生之犯罪案件，應考量若准許被害人訴訟參與，是否有擾亂法庭秩序之虞；就「聲請人與被告之關係」而言，例如被害人與被告具有組織內上下從屬之關係，應考量若准許被害人訴訟參與，是否有實質上不利於被告防禦之虞；就「訴訟進行之程度」而言，例如被害人於第一審之審理期間並未聲請訴訟參與，迄至第二審接近審結之時始聲請訴訟參與，即應考量是否有對於被告防禦權產生無法預期之不利益之虞；若就案件情節、聲請人與被告之關係或訴訟進行之程度而言，有諸如前述之情形，則聲請人就訴訟參與即須具有較大之利益，始能衡平因其訴訟參與對於法庭秩序或被告防禦權所生之不利益。

法院裁定准許訴訟參與後，認有不應准許之情形者，應撤銷原裁定。(刑訴§455-40 Ⅲ)

前三項裁定，不得抗告。(刑訴§455-40 Ⅳ)

目 代理人選任

訴訟參與人得隨時選任代理人。(刑訴§455-41 Ⅰ)

第28條至第30條、第32條之規定，於訴訟參與人之代理人準用之；第31條第1項第3款至第6款、第2項至第4項之規定，於訴訟參與人未經選任代理人者並準用之。(刑訴§455-41 Ⅱ)

代理人於審判中得檢閱卷宗及證物並得抄錄、重製或攝影。但代理人為非律師者，於審判中對於卷宗及證物不得檢閱、抄錄、重製或攝影。(刑訴§455-42 Ⅰ)

無代理人或代理人為非律師之訴訟參與人於審判中得預納費用請求付與卷宗及證物之影本。但卷宗及證物之內容與被告被訴事實無關或足以妨害另案之偵查，或涉及當事人或第三人之隱私或業務秘密者，法院得限制之。(刑訴§455-42 Ⅱ)

前項但書之限制，得提起抗告。(刑訴§455-42 Ⅲ)

四 準備程序

準備程序期日，應通知訴訟參與人及其代理人到場。但經合法通知無正當理由不到場或陳明不願到場者，不在此限。(刑訴§455-43 Ⅰ)準備程序期日攸關法院審判範圍、爭點整理、證據取捨與調查範圍、次序及方法等重要事項之處理，為增加訴訟參與人對於訴訟程序及法庭活動之瞭解，提高其參與度，故課以法院於準備程序期日通知訴訟參與人及其代理人之義務。

第273條第1項各款事項，法院應聽取訴訟參與人及其代理人之意見。(刑訴§455-43 II)檢察官雖為公益代表人，負責實行公訴及說服法院，俾使被告受罪刑宣告，然其亦為實施刑事訴訟程序之公務員，依刑事訴訟法第2條第1項規定，負有對於被告有利及不利之處均應一律注意之法定義務，是檢察官與被害人或其家屬之立場仍有不同。況對於訴訟進行之程序及結果最為關心者，厥為被害人或其家屬，尤其關於被告所為辯解是否符合實情，被害人常有一定程度之瞭解或不同之觀點，故為尊重訴訟參與人之程序主體性，宜賦予訴訟參與人及其代理人就第273條第1項各款事項得陳述意見之機會。

五 審判期日

　　審判期日，應通知訴訟參與人及其代理人。但經合法通知無正當理由不到場或陳明不願到場者，不在此限。(刑訴§455-44)

六 多數訴訟參與人

　　多數訴訟參與人得由其中選定一人或數人，代表全體或一部訴訟參與人參與訴訟。(刑訴§455-45 I)

　　於有多數訴訟參與人之情形，如重大公共安全、交通事故等案件，如使其等同時出庭及行使本編所定之權利，可能造成審判窒礙難行，甚而導致訴訟程序久延致侵害被告受妥速審判之權利，故為因應有多數訴訟參與人之情形，爰制定選定代表人制度。又多數訴訟參與人是否選定代表人及其人選，未必全體訴訟參與人意見一致，且相較於法院，訴訟參與人之間應更清楚彼等之利害關係、對於本案證據資料、事實及法律之主張、科刑之意見是否相同，故應許訴訟參與人自主決定是否選定代表人，並許其分組選定不同之人，或僅由一部訴訟參與人選定一人或數

人，與未選定代表人之訴訟參與人一同參與訴訟。

　　未依前項規定選定代表人者，法院認為必要時，得限期命為選定，逾期未選定者，法院得依職權指定之。(刑訴§455-45 II)

　　前二項經選定或指定之代表人得更換、增減之。(刑訴§455-45 III)

　　本編所定訴訟參與之權利，由經選定或指定之代表人行使之。(刑訴§455-45 IV)

七 調查證據

　　每調查一證據畢，審判長應詢問訴訟參與人及其代理人有無意見。(刑訴§455-46 I)

　　對於證據之解讀，訴訟參與人常有一定程度之瞭解或不同於檢察官之觀點，故為確保訴訟參與人及其代理人於調查證據程序中有陳述意見之機會，以貫徹被害人訴訟參與之目的，自應予訴訟參與人及其代理人於調查證據程序中，有就每一證據表示意見之機會。

　　法院應予訴訟參與人及其代理人，以辯論證據證明力之適當機會。(刑訴§455-46 II)

　　賦予訴訟參與人及其代理人辯論證據證明力之適當機會，旨在使其得就各項證據資料之憑信性表示意見，以維護訴訟參與人於案件中之主體性。是法院自應依訴訟程序進行之情形及程度，給予訴訟參與人及其代理人辯論證據證明力之適當機會。

八 科刑範圍

　　審判長於行第289條關於科刑之程序前，應予訴訟參與人及其代理人、陪同人就科刑範圍表示意見之機會。(刑訴§455-47)

刑事審判之量刑，在於實現刑罰權之分配正義，法院對有罪之被告科刑時，除應符合罪刑相當原則外，尤應注意刑法第57條所列各款事項，以為科刑輕重之標準。又刑罰之量定與罪責之認定均屬重要，是於檢察官、被告及辯護人就事實與法律進行辯論後，審判長應行第289條關於科刑之程序。

　　訴訟參與人因被告之犯罪行為而蒙受損害，其往往對於被告與被害人之關係、犯罪所生損害及被告犯罪後之態度等量刑事項知之甚詳；且陪同人既具備第271-3條第1項所定身分或關係，其對於被害人因被告之犯罪行為所受之創傷、心路歷程等攸關前開量刑事項之情形，亦有所悉，是應賦予訴訟參與人及其代理人、陪同人就科刑範圍表示意見之機會，使量刑更加精緻、妥適，以符刑罰個別化原則。又為使檢察官能事先知悉訴訟參與人及其代理人、陪同人對於科刑範圍之意見，以作為求刑之參考，並考量科刑之結果影響被告之權益甚鉅，為確保被告及其辯護人對於訴訟參與人及其代理人、陪同人所述，亦有表示意見之機會。

第八篇

上訴與抗告

1 上訴與抗告

法院決定之方式	意　義	不服的方式
判決	針對案件的實質結果	上訴
裁定	針對訴訟過程的程序事項	抗告

一 判決與上訴

　　不服法院的判決嗎？如果你是被告，認為自己沒有罪時，法院卻判你有罪，你該怎麼辦呢？或者是覺得判刑過重，如何向高等法院提出上訴，希望判輕一點？

　　若對於下級法院的未確定判決，聲明不服，可以請求上級法院撤銷或變更原判決，這個訴訟過程稱為「上訴」。如果判決已經確定，則不得上訴，只能在符合特定之要件下，依據再審或非常上訴提起救濟。

　　上訴的種類可以分成兩種：

第二審上訴	不服地方法院第一審判決的上訴
第三審上訴	不服高等法院第二審或第一審判決的上訴(內亂、外患、妨害國交罪第一審管轄權屬於高等法院)

法律大補丸　【高等法院為第一審管轄的案件】

　　一般而言，第一審的管轄通常是地方法院，但是有些特別的案件，第一審的管轄卻是高等法院，包括內亂罪、外患罪、妨害國交罪。這些案件因為牽涉到國家法益，案情較為重大，也希望能儘速審理，所以直接由高等法院為第一審管轄法院審理。

　　（參考法條：刑事訴訟法第4條）

　　談到內亂罪、外患罪，還有一個特別值得注意的法律問題，例如憲法第52條：「總統除犯內亂或外患罪外，非經罷免或解職，不受刑事上之訴究。」有稱之為總統的刑事豁免權，然而比較精確的說法應該是「暫時性的刑事豁免權」。

　　因為，大法官會議曾做出釋字第388號解釋，主要是說內亂、外患罪當然要立即辦，除此之外的犯罪，「僅發生暫時不能為刑事上訴追之問題」，並不是說不辦。

　　這並不是給總統個人的禮遇，而是總統這個位子、身分，因為總統職位代表全民的「面子」，如果因為總統竊盜、侵占等個人的行為被判刑下台，在全世界媒體的注目下，實在丟臉至極，故我國採取此種制度。其他也有許多國家不採取此種制度，所以常見許多總統貪污，還是被辦下台。

二 釋字第627號解釋

(一)釋字第388號解釋之延伸

本號解釋，除了重申釋字第388號的意旨，諸如憲法第52條之暫時性刑事豁免權，是針對總統職位所為之尊崇與保障，且僅是暫時性之程序障礙，並非實體上的免責權。

本號解釋再加以補充闡述，認為總統任職期間，就總統涉犯內亂或外患罪以外之罪者，暫時不得以總統為犯罪嫌疑人或被告而進行偵查、起訴與審判程序而言。但對總統身分之尊崇與職權之行使無直接關涉之措施，或對犯罪現場之即時勘察，不在此限。簡單來說，就是「等你下台再來辦」的概念，前總統陳水扁下台後，果然因國務機要費等案件纏訟於法院之中，且羈押多時。

(二)他人刑事案件之偵查，與總統豁免權無關

假設他案之被告為前總統陳水扁夫人吳淑珍，若對總統進行證據調查與證據保全之必要，總統並不能以刑事豁免權加以對抗。但如果在這些程序的過程中，發現總統也涉案，還是不能對總統進行刑事偵查，也不得限制總統之人身自由，例如拘提或對其身體之搜索、勘驗與鑑定等，亦不得妨礙總統職權之正常行使。看來隱匿證據最安全的地方，當屬「總統的口袋」。

(三)總統還是有作證的義務

總統之刑事豁免權，亦不及於總統於他人刑事案件為證人之義務。惟以他人為被告之刑事程序，刑事偵查或審判機關以總統為證人時，應準用民事訴訟法第304條：「元首為證人者，應就其所在詢問之」規定，以示對總統之尊崇。

三 裁定與抗告

不服判決叫做上訴，法院還有一種意思表示，稱之為裁定。判決主要是針對案件的實質結果，決定孰是孰非。裁定則是針對訴訟過程中的程序事項，例如法院有沒有管轄權、法官需不需要迴避、證人科罰鍰、羈押與否等，則是以裁定為之。

如果不服裁定的話，則叫做抗告。所以抗告是指不服法院尚未確定的裁定，請求上級法院撤銷或變更的救濟程序。

經典案件 記者高年憶拒絕透露消息來源案

民國95年間，臺北地院審理勁永公司股市禿鷹案，並傳喚記者高年憶出庭作證，但是高年憶拒絕透露消息來源，法院裁定科罰3萬，合議庭連續2天傳喚高年憶出庭作證，還是都拒絕透露，因此被裁罰3次，總共9萬。

高年憶不服，向臺灣高等法院提起抗告，高院將原法院的裁定撤銷，可是原法院仍維持裁定，還是罰3次共9萬元。高年憶再抗告，高院撤銷後兩次的裁罰，認為高年憶不能以新聞自由拒絕證言。

96年初，最高法院撤銷高院裁定，認為記者透露消息來源，確實可能對記者造成重大損害，高院應調查高年憶有無拒絕證言的正當理由，再重作裁定。

看來新聞自由與證人作證的義務，還有一場拔河拉鋸賽值得觀察。

2 上訴

一 上訴權人

　　當事人不服下級法院的判決，得上訴於上級法院。(刑訴 §344 I)告訴人或被害人對於下級法院之判決有不服者，亦得具備理由，請求檢察官上訴(刑訴 §344 III)。除此之外，被告的法定代理人或配偶，也可以為被告的利益，獨立提起上訴。(刑訴 §345)

地方法院　　　　高等法院　　　　最高法院

判　決　　上　訴　　判　決　　上　訴

【通常程序之上訴】
　　當事人不服地方法院的判決，可以向高等法院提出上訴；
當事人不服高等法院的判決，可以向最高法院提出上訴。

　　被告在原審的代理人或辯護人，也可以為被告的利益而上訴，但不得與被告明示的意思相反。（刑訴§346）

　　須注意的是，代理人或辯護人依法是以一個審級為範圍接受委託，而在原審接受委託的範圍，最多也只到這裡的「聲明上訴」，除非接下來的審級繼續委任，不然並沒有義務再為被告撰寫上訴理由狀或進行任何訴訟行為。

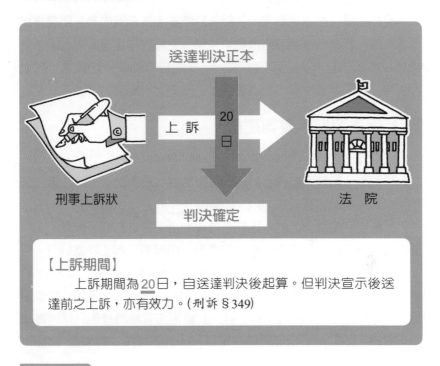

送達判決正本

上　訴　　20日

判決確定

刑事上訴狀　　　　　　　　　　　　　　法　院

【上訴期間】
　　上訴期間為20日，自送達判決後起算。但判決宣示後送達前之上訴，亦有效力。（刑訴§349）

相關考題　　宣示判決

依刑事訴訟法規定，下列何者非合法之上訴權人？　(A)自訴人 (B)被告之輔佐人　(C)被告　(D)被告之配偶	(B)
【108司特五等-民事訴訟法大意與刑事訴訟法大意】	

二 儘量直接向法院提出上訴

特別要注意，法院是以「收到」上訴狀的時間來判斷被告是否在法定期間內上訴，而不是以郵戳為憑。因此，為了避免上訴逾期，建議儘量直接到法院遞交上訴狀，如果是郵寄上訴狀，一定要提早以「雙掛號」的方式寄出，隔幾天聯絡原審法院書記官確認是否已經收到，並妥善保管掛號回執。

被告如果在監獄或看守所的話，只要在上訴期間內向監所長官提出上訴狀，就算法院還沒有收到，也視為已經在法定期間內上訴。依據刑事訴訟法第351條第1項規定：「在監獄或看守所之被告，於上訴期間內向監所長官提出上訴書狀者，視為上訴期間內之上訴。」

三 上訴法院會不會判更重？

如果提出上訴，上訴法院會不會判更重呢？

原則上，如果是被告上訴或為了被告的利益而上訴，第二審法院不得諭知較重於原審判決之刑，即所謂「不利益變更禁止」原則。所以，為被告利益提出上訴，應該不會被判處更重的刑罰。但是，如果原審判決發生「適用法條不當」的情況，而被第二審法院撤銷時，可以改判較重於原審判決之「刑」。(刑訴§370 I)

例如原審法院認為被告是基於義憤而殺人，成立刑法第273條第1項之義憤殺人罪；被告不服上訴，上級審法院認為被告只是因為私仇而憤怒，並非基於公理道義之理由，因此不構成「義憤」，應論以較重之刑法第271條第1項之殺人罪。

第370條第1項所稱「刑」，指宣告刑及數罪併罰所定應執行之刑。(刑訴§370 II)第1項規定，於第一審或第二審數罪併罰之判決，一部上訴經撤銷後，另以裁定定其應執行之刑時，準用之。(刑訴§370 III)

實務案件　趙建銘台開內線交易案

　　受到高度關注的趙建銘台開內線交易案，一審法院認為屬於「權貴犯罪」，重判趙玉柱判刑8年4個月、趙建銘判刑6年。二審上訴後，高院還重判趙玉柱9年6個月，趙建銘7年有期徒刑，都比原本的一審刑期還要重。二審之所以會判得比一審還重，主要原因在於犯罪所得的認定不同，一審僅4百餘萬元，二審則為上億元，適用法條不同，因此予以重判。

二審會判的比一審還重，主要是犯罪的認定與法條的適用有所不同！

相關考題　上訴期間

我國刑事訴訟法規定，不服第二審法院判決之上訴期間為送達原審判決後之幾日？　(A)20日　(B)15日　(C)10日　(D)5日 【98五等原住民庭務員 - 民事訴訟法大意與刑事訴訟法大意】	(A)
解析：刑事訴訟法第349條已修正為20日。（原答案為（C））	
依刑事訴訟法規定，上訴期間為：　(A)5日　(B)7日　(C)10日　(D)20日　　　　　　　【100五等司特 - 民事訴訟法與刑事訴訟法大意】	(D)
解析：刑事訴訟法第349條已修正為20日。（原答案為（C））	
刑事訴訟法上訴期間之計算，應依據何種法規？ (A)民事訴訟法　(B)行政法　(C)刑法　(D)民法 　　　　　【97五等司特 - 民事訴訟法大意與刑事訴訟法大意】	(D)
解析：刑事訴訟法第65條規定：「期間之計算，依民法之規定。」	

四 檢察官在上訴扮演之角色

　　檢察官也是訴訟當事人，對於下級法院之判決有不服者，當然也可以上訴於上級法院。(刑訴§344 I)此外，檢察官仍具有公益代表人之地位，上訴不以不利於被告者為限，即使為被告之利益，亦得上訴。(刑訴§344 IV)

　　除此之外，檢察官負有協助自訴或擔當自訴的職責，故對於自訴案之判決，無論以被告不利益或利益，均得獨立上訴。(刑訴§347)且自訴人上訴者，非得檢察官之同意，不得撤回。(刑訴§356)

相關考題　　檢察官之上訴

有關上訴之敘述，下列何者錯誤？　(A)被告對於下級法院之判決有不服者，得上訴於上級法院　(B)檢察官對於下級法院之判決有不服者，得上訴於上級法院　(C)檢察官不得為被告之利益提起上訴　(D)宣告死刑或無期徒刑之案件，原審法院應不待上訴依職權逕送該管上級法院審判　【100五等司特-民事訴訟法與刑事訴訟法大意】	(C) (D)

解析：(D)僅死刑（刑訴§344 V）。

下列何人，既可為被告之利益上訴，亦可為被告之不利益上訴： (A)檢察官　(B)自訴人　(C)原審之指定辯護人　(D)被害人 【98五等司特-民事訴訟法大意與刑事訴訟法大意】	(A)

解析：(A)依據刑事訴訟法第344條第1項規定：「當事人對於下級法院之判決有不服者，得上訴於上級法院。」檢察官也是訴訟當事人，提起上訴，本即對於被告不利益，例如法院判決被告無罪，檢察官依舊認為有罪而提起上訴，即屬於對於被告不利益。但是，依據刑事訴訟法第344條第4項規定：「檢察官為被告之利益，亦得上訴。」

關於刑事訴訟之上訴，下列何項敘述正確？　(A)告訴人或被害人對於下級法院之判決有不服者，亦得具備理由提起上訴　(B)檢察官亦得為被告之利益提起上訴　(C)被告之法定代理人或配偶，得為被告之利益獨立上訴。但不得與被告明示之意思相反　(D)宣告死刑、無期徒刑之案件，原審法院應不待上訴依職權逕送該管上級法院審判　【109司特五等-民事訴訟法大意與刑事訴訟法大意】	(B)

相關考題　檢察官之上訴

告訴乃論罪經告訴人提出告訴後，案件起訴經第一審法院判決被告無罪，告訴人不服，得由誰提出上訴？　(A)監察委員　(B)告訴人以自己是告訴人之名義提出上訴　(C)檢察官　(D)被害人以自己名義提出上訴　【97五等司特－民事訴訟法大意與刑事訴訟法大意】	(C)

解析：刑事訴訟法第344條第3項規定：「告訴人或被害人對於下級法院之判決有不服者，亦得具備理由，請求檢察官上訴。」檢察官才是公訴程序之訴訟當事人。

相關考題　上訴

第一審法院判決被告普通竊盜有期徒刑5月，被告不服提起上訴，第二審法院審理後，認為被告所犯為攜帶兇器之加重竊盜罪，本案僅有被告上訴，試問第二審法院可否撤銷改判超過有期徒刑5月？(A)不可以，因為被告有不利益變更禁止原則之保障　(B)不可以，法條可以變更，但刑度應受原審判決之限制，此為量刑之內部界限　(C)可以，因為原審適用法條有誤　(D)可以，因為第二審不受第一審判決之拘束，以防止被告濫行上訴　【109司特五等－民事訴訟法大意與刑事訴訟法大意】	(C)
關於上訴的規定，下列何者錯誤？　(A)告訴人得為被告之利益上訴　(B)檢察官得為被告之利益上訴　(C)被告的配偶得為被告之利益上訴　(D)被告的法定代理人得為被告之利益上訴　【104司特五等－民事訴訟法大意與刑事訴訟法大意】	(A)
下列有關刑事訴訟第二審之敘述，何者錯誤？　(A)不服地方法院之第一審判決而上訴者，應向管轄第二審之高等法院為之　(B)原審法院認為上訴不合法律上之程式，應以判決駁回之　(C)除上訴不合法之情況外，原審法院應速將本案卷宗及證物送交第二審法院　(D)第二審上訴書狀應敘述具體理由　【104司特五等－民事訴訟法大意與刑事訴訟法大意】	(B)

上訴不可分

110年6月16日，刑事訴訟法第348條修正如下：

修正前	修正後
Ⅰ 上訴得對於判決之一部為之；未聲明為一部者，視為全部上訴。 Ⅱ 對於判決之一部上訴者，其有關係之部分，視為亦已上訴。	Ⅰ 上訴得對於判決之一部為之。 Ⅱ 對於判決之一部上訴者，其有關係之部分，視為亦已上訴。但有關係之部分為無罪、免訴或不受理者，不在此限。 Ⅲ 上訴得明示僅就判決之刑、沒收或保安處分一部為之。

■一 同一判決書中之數案件

刑事訴訟法第348條第1項規定：「上訴得對於判決之一部為之。」指數個案件中的其中一個案件，並非非犯罪事實之一部。

上訴書狀若未聲明係對於判決之一部或全部提起上訴，原審或上訴審法院為確認上訴之範圍，並基於訴訟照料之義務，自應進行闡明，曉諭上訴人以言詞或書面就其上訴範圍為必要之陳述。又若上訴審法院未闡明或誤認上訴範圍，現行已有就漏未判決部分得請求法院補充判決，或就訴外裁判情形得提起上訴或非常上訴等處理機制可資救濟，均併予敘明。

■二 同一判決書中之單一案件

刑事訴訟法第348條第2項規定：「對於判決之一部上訴者，其有關係之部分，視為亦已上訴。但有關係之部分為無罪、免訴或不受理者，不在此限。」

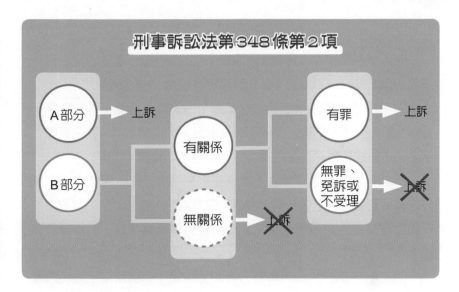

如判決之各部分具有在審判上無從分割之關係，因一部上訴而其全部必受影響者，該有關係而未經聲明上訴之部分，亦應成為上訴審審判之範圍。

例如：

㈠不論上訴權人係對實質上一罪或裁判上一罪之有罪或無罪、免訴、不受理部分上訴，其有關係之有罪部分，視為亦已上訴，此不僅可使各部分犯罪事實之確定時期一致，更有利於被告之量刑。

㈡但未經聲明上訴之部分，倘為無罪、免訴或不受理者，應使該無罪、免訴或不受理部分不生移審上訴審之效果而告確定，以避免被告受到裁判之突襲，並減輕被告訟累，且當事人既無意就此部分聲明上訴，將之排除在當事人攻防對象之外，亦符合當事人進行主義之精神。

㈢第2項但書所稱「無罪、免訴或不受理者」，並不以在主文內諭知者為限，即第一審判決就有關係之部分於理由內說明不另為無罪、免訴或不受理之諭知者，亦屬之。

　　刑事訴訟法第348條第3項規定：「上訴得明示僅就判決之刑、沒收或保安處分一部為之。」本項規定為前(2)項之例外規定。

　　㈠為尊重當事人設定攻防之範圍，並減輕上訴審審理之負擔，容許上訴權人僅針對刑、沒收或保安處分一部提起上訴，其未表明上訴之認定犯罪事實部分，則不在第二審之審判範圍。

　　㈡如為數罪併罰之案件，亦得僅針對各罪之刑、沒收、保安處分或對併罰所定之應執行刑、沒收、保安處分，提起上訴，其效力不及於原審所認定之各犯罪事實，此部分犯罪事實不在上訴審審查範圍。

　　㈢至對於認定犯罪事實部分提起上訴者，仍適用第二項前段規定，其效力及於相關之刑、沒收或保安處分部分。

　　㈣又定應執行刑係以其各罪宣告之刑為基礎，如僅針對各罪之刑提起上訴，而經第二審法院撤銷改判者，原審定應執行刑之基礎已有變更，其原定應執行刑部分應失其效力，此為當然之理，無待明文規定。

4 上訴第二審

　　除了認罪協商的案件外，通常程序中之上訴權人，不服地方法院的第一審判決，無論是被告或檢察官，都可以上訴到所管轄的高等法院，由3名法官組成合議庭，重新審核第一審判決是否正確。或在簡易程序中之上訴權人，不服地方法院獨任法官之第一審判決，上訴於第二審之地方法院合議庭。(刑訴§455-1Ⅰ、Ⅲ)

　　第二審法院為事實審，此外還有法律審的性質。不論是原審係事實認定之錯誤或法律適用之錯誤，均可上訴於第二審，也沒有限定上訴理由之必要，此即所謂的「覆審判」。換言之，只要是上訴權人有主觀上上訴之理由，都可以提出上訴，若客觀上沒有正確的上訴理由，只是為了上訴而上訴，這樣子的上訴也沒有什麼意義。

實務案例　陳致中洗錢案之上訴理由

　　例如陳致中洗錢案，一審遭判2年6個月徒刑，罰金1億5千萬元，陳致中上訴二審，也坦然認罪，並表示其主要是因為1億5千萬元罰金負擔太重，才會提出上訴。媳婦黃睿靚判處1年8個月，各罰金也是1億5千萬，緩刑5年，但要繳公庫2億元，也認為太重而提出上訴。

　　目前，我國共有臺灣高等法院及臺中、臺南、高雄、花蓮4個分院，以及外島的福建高等法院，基本資料與管轄範圍如右：

各高等法院基本資料與管轄範圍

臺灣高等法院
臺北市中正區重慶南路1段124號
02-23713261

管轄範圍
宜蘭、基隆、臺北、士林、
新北、桃園、新竹地方法院

臺灣高等法院臺中分院
臺中市南區五權南路99號
04-22600600

管轄範圍
臺中、彰化、南投、苗栗地
方法院

臺灣高等法院臺南分院
臺南市中西區中山路170號
06-2283101

管轄範圍
雲林、嘉義、臺南地方法院

臺灣高等法院高雄分院
高雄市鼓山區明誠三路586號
07-5523621

管轄範圍
高雄、屏東、澎湖地方法
院、高雄少年及家事法院

臺灣高等法院花蓮分院
花蓮市民權路127號
03-8225116

管轄範圍
花蓮、臺東地方法院

福建高等法院金門分院
金門縣金城鎮民權路178號
（082）321-564

管轄範圍
金門地方法院

連江巡迴法庭
連江縣南竿鄉馬祖村99-1號

管轄範圍
連江地方法院

一 第二審上訴狀的寫法

■聲明上訴，理由另補

　　重大的教育貪瀆景文弊案，承辦檢察官劉承武逾期上訴，導致高院駁回上訴，維持前教育部長楊朝祥等17人無罪判決，而遭到民眾非議。據稱案件複雜，來不及撰寫上訴理由書。

　　當事人如遇類似情況該怎麼辦呢？

　　實際上，如果來不及想出上訴的理由，可以先聲明上訴，理由另補。(刑訴§361Ⅲ)這種上訴狀的寫法如下：

刑事聲明上訴狀

案號：○○年度訴字第○○○○○○號　　股別：○股
聲請人：吳大毛　　住址：臺北市凱達格蘭大道1號
(即自訴人或被告)　　　　行動電話：0911-111111
送達代收人：　　　　　電話：

為聲明上訴事
上訴人不服臺灣臺北地方法院○○年度訴字第○○○○
○○○號判決，特於法定期間內依法提起上訴，除理由
另狀補陳外，謹先聲明如上。

此　致
臺灣臺北地方法院　轉送
臺灣高等法院　公鑒
證物名稱及件數：

　　　　　　　具狀人：吳大毛　印
　　　　　　　撰狀人：○○○　印

中　華　民　國　○○　年　○○　月　○○　日

> 寫下不服的判決法院與案號

> 須向原審法院提出，由原審法院轉送二審法院。請寫下原審法院與二審法院的名稱

至於上訴理由狀的部分，範本格式如下：

刑事上訴理由狀

案號：○○年度訴字第○○○○○○號　　股別：○股

聲請人：吳大毛　　　　　　住：臺北市凱達格蘭大道1號

　　　　　　　　　　　　　行動電話：0911-111111

送達代收人：　　　　　電話：

為補敘上訴理由事

上訴人因不服臺灣臺北地方法院○○年度訴字第○○○

○○○○號判決，前已於法定期間內提起上訴在案，謹

補敘上訴理由如下：

一、○○○○○○。

二、○○○○○○。

三、○○○○○○。

此　　　致

臺灣臺北地方法院　轉送

臺灣高等法院　公鑒

證物名稱及件數：

　　　　　　　　　　具狀人：吳大毛　印

　　　　　　　　　　撰狀人：○○○　印

中　華　民　國　○○　年　○○　月　○○　日

寫下不服的判決法院與案號

寫下對於原判決認定事實、適用法律或量刑不服的具體理由

如原審法院未通知相關卷證已送交二審法院，則仍向原審法院遞交反之，原審法院通知者則逕送二審法院

■請求檢察官上訴

　　法院判決結果如與檢察官預期相差甚多，通常都會提出上訴。若擔心檢察官不提出上訴，告訴人或被害人亦得具備理由，請求檢察官上訴。(刑訴§344Ⅲ)

刑事聲明上訴狀

案號：○○年度訴字第○○○○○○號　　股別：○股
聲請人：吳大毛　　　　住址：臺北市凱達格蘭大道1號
　　　　　　　　　　行動電話：0911-111111

送達代收人：

請求檢察官上訴事

一、被告吳大毛因強盜殺人案件，經貴署以○○年度○
　　字第○○○號提起公訴後，業經臺灣○○地方法院
　　判決○○○○○(96年度訴字第1000001號)。

二、聲請人對前述判決不服，理由如下：
　　㈠○○○○○○。
　　㈡○○○○○○。 ← 寫下不服的理由

三、依刑事訴訟法第344條第3項，請求貴署檢察官上
　　訴。

此　　致
臺灣臺北地方法院檢察署　公鑒 ← 寫下希望提起上訴的檢察機關
證物名稱及件數：

　　　　　　　具狀人：吳大毛　[印]
　　　　　　　撰狀人：○○○　[印]

中　華　民　國　○○　年　○○　月　○○　日

■為被告利益獨立上訴

　　被告的<u>法定代理人</u>或<u>配偶</u>享有「<u>獨立上訴權</u>」。所謂獨立上訴權，是指要不要提出上訴，並不會受到被告的意思所拘束，即使被告捨棄上訴或撤回上訴也不會影響獨立上訴權的存在。(刑訴§345)

刑事獨立上訴狀

案號：○○年度訴字第○○○○○○號　　股別：○股

上訴人：吳大輝　　　　住：臺北市凱達格蘭大道1號

(即被告之○○)　　　行動電話：0911-111111

送達代收人：

為被告吳大毛之利益獨立上訴

一、上訴人之○○吳大毛因強盜殺人案件，經臺灣臺北地方法院○○年度訴字第○○○○○○○號判決判處5年有期徒刑。上訴人為被告之利益，依刑事訴訟法第345條獨立提起上訴，請撤銷原判決，更為無罪之判決。

二、上訴理由如下：

　㈠○○○○○○○。

　㈡○○○○○○○。

此　　致

○○○○法院　轉送

○○○○法院　公鑒

證物名稱及件數：

　　　　　　　具狀人：吳大輝　[印]

　　　　　　　撰狀人：○○○　[印]

中　華　民　國　○○　年　○○　月　○○　日

寫下上訴人的身分，如被告之父(母、夫或妻)

寫下為誰提出的獨立上訴

寫下案件名稱

寫下判決的法院、字號，及所科刑罰

寫下希望提起上訴的檢察機關

■上訴之捨棄與撤回

當事人得捨棄其上訴權。(刑訴§353)

捨棄上訴權,應向原審法院為之。(刑訴§357 I)

撤回上訴,應向上訴審法院為之。但於該案卷宗送交上訴審法院以前,得向原審法院為之。(刑訴§357 II)

上訴於判決前,得撤回之。案件經第三審法院發回原審法院,或發交與原審法院同級之他法院者,亦同。(刑訴§354)

為被告之利益而上訴者,非得被告之同意,不得撤回。(刑訴§355)

自訴人上訴者,非得檢察官之同意,不得撤回。(刑訴§356)

捨棄上訴權或撤回上訴者,喪失其上訴權。(刑訴§359)

相關考題

上訴的捨棄以及撤回的發動及受理,下列何者正確? (A)辯護人得捨棄他的上訴權 (B)撤回上訴應向上訴審法院提出 (C)辯護人可獨立撤回他自己所提的上訴 (D)捨棄上訴應向上訴審法院提出 【104司特五等-民事訴訟法大意與刑事訴訟法大意】	(B)
依刑事訴訟法之規定,下列有關上訴之敘述,何者錯誤? (A)被告之妻子得為被告之利益獨立提起上訴 (B)自訴案件之無罪判決,自訴人不提起上訴,檢察官仍可提起上訴 (C)辯護人對於被告明示不願提起上訴之案件,仍應為被告之利益提起上訴 (D)自訴人於辯論終結後死亡,得由其父親提起上訴 【109司特五等-民事訴訟法大意與刑事訴訟法大意】	(C)

相關考題

下列關於上訴之敘述，何者正確？　(A)告訴人或被害人對於下級法院之判決有不服者，不得具備理由，請求檢察官上訴　(B)檢察官為被告之利益，不得上訴　(C)檢察官對於自訴案件之判決，不得獨立上訴　(D)自訴人上訴者，非得檢察官之同意，不得撤回 【108司特五等-民事訴訟法大意與刑事訴訟法大意】	(D)
關於刑事案件第二審上訴，下列敘述，何者正確？　(A)被告之輔佐人得為被告之利益獨立上訴　(B)被告之辯護人為被告之利益而上訴，其上訴期間 10 日係自送達判決於該辯護人後起算　(C)自訴人撤回其所提起之第二審上訴，應得檢察官之同意　(D)被告之配偶為被告之利益獨立上訴，其上訴人為被告 【107司特五等-民事訴訟法大意與刑事訴訟法大意】	(C)
關於刑事程序第二審之敘述，下列何者正確？　(A)不服地方法院之第一審判決而上訴者，應向管轄第二審之高等法院為之，但涉及法律重大爭議者，得由最高法院管轄　(B)上訴書狀未敘述上訴理由者，應以裁定駁回上訴　(C)上訴第二審，應於送達判決後 20 日內為之　(D)被告經合法傳喚，無正當之理由不到庭者，第二審法院應拘提其到場，不得逕行判決 【110司特五等-民事訴訟法大意與刑事訴訟法大意】	(C)

5 上訴第三審

不服高等法院所為的第二審或第一審判決，應向最高法院提起上訴。(刑訴§375 I)我國只有一個最高法院(地址：臺北市長沙街一段6號)，因原則上不開庭進行言詞辯論(刑訴§389 I)，所以還不致於讓住在臺北市以外的人會有舟車勞累的問題。

一 以輕微案件為限制

為求訴訟經濟與迅速結案，以達到減輕第三審法院負擔之目的，對於輕微案件並不得上訴第三審。亦即對於下列案件，經二審判決即告確定。但第一審法院所為無罪、免訴、不受理或管轄錯誤之判決，經第二審法院撤銷並諭知有罪之判決者，被告或得為被告利益上訴之人得提起上訴。(刑訴§376 I)依前(1)項但書規定上訴，經第三審法院撤銷並發回原審法院或發交其他第二審法院判決者，不得上訴於第三審法院。(刑訴§376 II)

不得上訴第三審的案件

(1)最重本刑為3年以下有期徒刑、拘役或專科罰金之罪。

(2)刑法第277條第1項之傷害罪。

(3)刑法第320條、第321條之竊盜罪。

(4)刑法第335條、第336條第2項之侵占罪。

(5)刑法第339條、第341條之詐欺罪。

(6)刑法第342條之背信罪。

(7)刑法第346條之恐嚇罪。

(8)刑法第349條第1項之贓物罪

(9)毒品危害防制條例第10條第1項之施用第一級毒品罪、第11條第4項之持有第二級毒品純質淨重20公克以上罪。

(刑訴§376 I)

二 以上訴理由為限制

上訴第三審的理由

上訴到第三審法院，非以原審判決違背法令為理由，不得為之。(刑訴§377)判決不適用法則或適用不當者，為違背法令。(刑訴§378)有下列情形時，其判決「當然違背法令」：(刑訴§379)

(1)法院之組織不合法者。

(2)依法律或裁判應迴避之法官參與審判者。

(3)禁止審判公開非依法律之規定者。

(4)法院所認管轄之有無係不當者。

(5)法院受理訴訟或不受理訴訟係不當者。

(6)除有特別規定外，被告未於審判期日到庭而逕行審判者。

(7)依本法應用辯護人之案件或已經指定辯護人之案件，辯護人未經到庭辯護而逕行審判者。

(8)除有特別規定外，未經檢察官或自訴人到庭陳述而為審判者。

(9)依本法應停止或更新審判而未經停止或更新者。

(10)依本法應於審判期日調查之證據而未予調查者。

(11)未與被告以最後陳述之機會者。

(12)除本法有特別規定外，已受請求之事項未予判決，或未受請求之事項予以判決者。

(13)未經參與審理之法官參與判決者。

(14)判決不載理由或所載理由矛盾者。

原審法院只是訴訟程序違背法令，而顯然於判決無影響者，就不可作為第三審上訴理由。(刑訴§380)

　　例如再次傳喚已到庭作證過的證人，原審法院當庭告知事證明確，無再傳必要，但並沒有將此理由記載在判決中，雖然違反刑訴法第310條第2款關於有罪判決書理由中，「對於被告有利之證據不採納者，其理由」之應記載事項規定，也只是訴訟程序違背法令而已。

目 上訴第三審的程序

　　上訴第三審，應向原審法院提出上訴狀，並且應在上訴狀中敘述上訴理由，否則應該在上訴後20日內補提理由書給原審法院，逾期仍未補提的話，原審法院不會通知補提，直接將相關卷證送交第三審法院，但第三審法院如發現上情，則可立即判決駁回上訴(刑訴§382、395)。

　　但20天內詳附理由上訴，有時候的確是強人所難，這時候可以把這20天跟上訴期間的20天相互搭配，爭取更多撰寫上訴狀的時間。

　　此外，在第三審法院還未判決前，上訴人隨時都可以追加上訴理由，但千萬不要因此以為可以在上訴時先草率寫個理由，日後再慢慢補狀，不然哪天法院突然給你駁回上訴，想補都來不及了！

四 言詞辯論與否？

　　刑事訴訟法第389條第1項規定：「第三審法院之判決，不經言詞辯論為之。但法院認為有必要者，得命辯論。」所以原則上不經言詞辯論，但例外情況，還是可以進行言詞辯論。同條第2項規定：「前項辯論，非以律師充任之代理人或辯護人，不得行之。」

相關考題

我國刑事訴訟上訴第二審之構造屬於： (A)覆審制　(B)續審制　(C)事後審查制　(D)法律審查制 【98五等司特-民事訴訟法大意與刑事訴訟法大意】	(A)
下列何者屬於「得上訴第三審」之情形？　(A)刑事訴訟法第376條所列各罪之案件，經第二審判決者　(B)訴訟程序雖係違背法令而顯然於判決無影響者　(C)第二審判決後，刑罰有廢止、變更或免除者　(D)僅以判決科刑過重或過輕為由上訴於第三審法院者 【98五等司特-民事訴訟法大意與刑事訴訟法大意】	(C)

解析：

(A)刑事訴訟法第376條所各罪之案件，經第二審判決者，不得上訴第三審。

(B)刑事訴訟法第380條規定：「除前條情形外，訴訟程序雖係違背法令而顯然於判決無影響者，不得為上訴之理由。」

(C)刑事訴訟法第381條規定：「原審判決後，刑罰有廢止、變更或免除者，得為上訴之理由。」

(D)刑事訴訟法第377條規定：「上訴於第三審法院，非以判決違背法令為理由，不得為之。」所以，僅以判決科刑過重或過輕為由上訴於第三審法院者，當然並非屬於「判決違背法令」之理由。

以下案件，何者不得上訴於第三審法院？　(A)刑法第230條與血親性交罪　(B)刑法第214條使公務員登載不實罪　(C)刑法第195條偽造貨幣罪　(D)刑法第251條妨害販運農工物品罪 【101五等司特-民事訴訟法大意與刑事訴訟法大意】	(B)

解析：(B)刑法第214條最重本刑為3年。

被告犯傷害罪，經第一審判決無罪，第二審撤銷改判有罪，下列何者不得提起第三審之上訴？　(A)檢察官　(B)自訴人　(C)與被告意思相反之配偶　(D)原審之辯護人 【107司特五等-民事訴訟法大意與刑事訴訟法大意】	(B)

相關考題

依刑事訴訟法規定與司法院釋字第752號解釋意旨,下列何種案件得上訴第三審法院? (A)最重本刑為3年以下有期徒刑、拘役或專科罰金之罪,一審法院為免刑判決、二審法院為有罪判決者 (B)依刑事訴訟法第376條第1項但書規定上訴,經第三審法院撤銷並發回原審法院判決者 (C)最重本刑為3年以下有期徒刑、拘役或專科罰金之罪,一審法院為無罪判決、二審法院撤銷一審判決並諭知有罪判決者 (D)刑法第349條第1項之贓物罪,一審、二審法院均為無罪判決者 【108司特五等-民事訴訟法大意與刑事訴訟法大意】 (C)

下列何項第二審判決之違誤屬於判決當然違背法令而可執為上訴第三審之理由? (A)未經參與審理之法官參與判決之宣示者 (B)單一案件中有已受請求之事項未予判決者 (C)數罪中之一罪有已受請求之事項未予判決者 (D)單一案件中潛在性事實未受請求予以判決者 【109司特五等-民事訴訟法大意與刑事訴訟法大意】 (B)

關於不得上訴於第三審法院之案件,下列敘述,何者正確? (A)被告被訴犯刑法第339條之詐欺取財罪,第一審及第二審均為同此罪名有罪之判決,被告及檢察官均得上訴於第三審法院 (B)被告被訴犯刑法第321條之加重竊盜罪,第一審為同此罪名有罪之判決,而第二審為無罪之判決,檢察官得上訴於第三審法院 (C)被告被訴犯刑法第342條之背信罪,第一審為無罪之判決,而第二審為同此罪名有罪之判決,被告得上訴於第三審法院 (D)被告被訴犯刑法第325條第1項之搶奪罪,第一審係論處被告搶奪罪刑,第二審則論處被告刑法第320條第1項之竊盜罪刑,被告得上訴於第三審法院 【107司特五等-民事訴訟法大意與刑事訴訟法大意】 (C)

相關考題　　第三審言詞辯論

關於刑事訴訟第三審之程序進行，以下何者正確？　(A)得經言詞辯論　(B)不得經言詞辯論　(C)應經言詞辯論　(D)僅行一造辯論 【99司特五等-民事訴訟法大意與刑事訴訟法大意】	(A)
被告犯下列何種罪名，得上訴第三審？　(A)刑法第325條第1項之搶奪罪　(B)刑法第339條之詐欺罪　(C)刑法第342條之背信罪　(D)刑法第321條之竊盜罪 【100司特五等-民事訴訟法與刑事訴訟法大意】	(A)
下列有關刑事訴訟第三審之敘述，何者錯誤？　(A)最重本刑為3年以下有期徒刑之罪，不得上訴第三審　(B)上訴第三審，僅限於判決違背法令為其理由　(C)法院之組織不合法者，應視其判決內容，方能認定判決是否違背法令　(D)訴訟程序違背法令而顯然於判決無影響者，不得為上訴之理由 【104司特五等-民事訴訟法大意與刑事訴訟法大意】	(C)

6 抗告

　　當事人不服法院的裁定時，除法律規定不得抗告外，可以在裁定宣告後，到收到裁定正本的次日起10天內，向原審法院提出抗告狀轉呈給直接上級法院，並敘明抗告的理由。(刑訴§403、406)

　　抗告，是指抗告權人對於法院尚未確定之中間裁定，表示不服而請求上級法院撤銷或變更之救濟程序。再抗告，是指抗告權人提出抗告後，法院對此抗告做出裁定，對此裁定仍然表示不服，可以再向其上級法院請求撤銷或變更之。

　　抗告，是對於法院之裁定，與上訴是針對法院之判決不服而為之訴訟行為，兩者有所不同。但是，因為兩者有類似之處，因此依據刑事訴訟法第419條規定：「抗告，除本章有特別規定外，準用第三編第一章關於上訴之規定。」

■ 抗告的限制

　　法律規定不得抗告的情形，包括：

(一)法院判決前關於管轄或訴訟程序的裁定

　　但(1)有得抗告之明文，或(2)關於羈押、具保、責付、限制住居、限制出境、限制出海、搜索、扣押或扣押物發還、變價、擔保金、身體檢查、通訊監察、因鑑定將被告送入醫院或其他處所之裁定，及依第105條第3項、第4項對羈押中被告所為的禁止或扣押裁定等情況，(3)對於限制辯護人與被告接見或互通書信之裁定，仍得加以抗告。(參見刑訴§404Ⅰ)

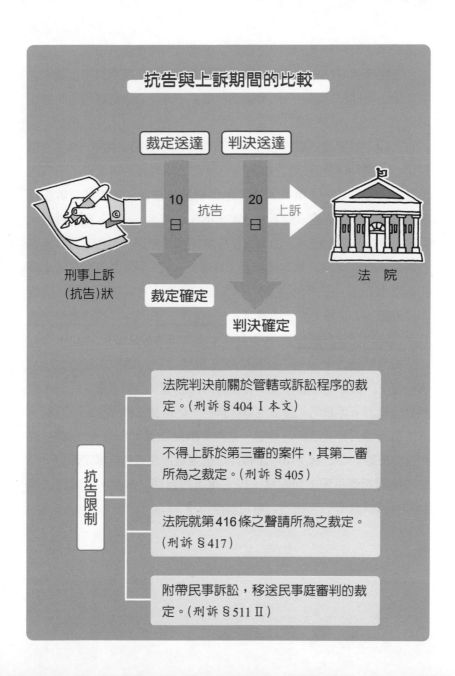

抗告與上訴期間的比較

裁定送達　判決送達

刑事上訴
(抗告)狀

10日　抗告　20日　上訴

法　院

裁定確定

判決確定

抗告限制

法院判決前關於管轄或訴訟程序的裁定。(刑訴§404 I 本文)

不得上訴於第三審的案件，其第二審所為之裁定。(刑訴§405)

法院就第416條之聲請所為之裁定。(刑訴§417)

附帶民事訴訟，移送民事庭審判的裁定。(刑訴§511 II)

● 審判中法院所為停止羈押之裁定，檢察官得否提起抗告？

　　依據釋字第665號解釋，檢察官對於審判中法院所為停止羈押之裁定是否得提起抗告，乃刑事訴訟制度之一環，立法機關自得衡量相關因素，以法律為合理之規定。

　　羈押之強制處分屬於<u>法官保留</u>事項，刑事訴訟法第403條第1項規定：「當事人對於法院之裁定有不服者，除有特別規定外，得抗告於直接上級法院。」第404條規定：「對於判決前關於管轄或訴訟程序之裁定，不得抗告。但下列裁定，不在此限：⋯⋯二、關於羈押、具保、責付、限制住居、搜索、扣押或扣押物發還、因鑑定將被告送入醫院或其他處所之裁定及依第105條第3項、第4項所為之禁止或扣押之裁定。」又第3條規定：「本法稱當事人者，謂檢察官、自訴人及被告。」是依上開法律規定，<u>檢察官對於審判中法院所為停止羈押之裁定自得提起抗告</u>。（註：解釋文內容仍為舊條文）

　　檢察官依上開規定對於審判中法院所為停止羈押之裁定提起抗告，並未妨礙被告在審判中平等獲得資訊之權利及防禦權之行使，自無違於武器平等原則；且法院就該抗告，應依據法律獨立公平審判，不生侵害權力分立原則之問題。是刑事訴訟法第403條第1項關於檢察官對於審判中法院所為停止羈押之裁定得提起抗告之規定部分，乃立法機關衡量刑事訴訟制度，以法律所為合理之規定，核與憲法第16條保障人民受公平審判之意旨並無不符。

檢察官針對法官羈押提起抗告

我認為阿扁沒有羈押的必要,決定將其當庭釋放。

阿扁不但有逃亡之虞,更可能有串供之實,當然有羈押的必要,我會向高院提出抗告。

法官

檢察官

這是法官的羈押,檢察官怎麼可以提起抗告?

當然可以,依據刑事訴訟法第3條規定,檢察官也是當事人。

當事人

檢察官

抗告不停止執行

抗告並無停止執行裁判的效力,但原審法院對於抗告法院做出裁定前,仍然可以自行斟酌,裁定停止執行。(刑訴§409 I)抗告法院亦可先行做出停止執行的裁定。因此,被告還是可以在抗告狀中,附帶理由聲請法院停止執行裁判。(刑訴§409 II)

㈡ 不得上訴於第三審法院的案件，其第二審法院所為裁定

如果是第三審法院的裁定，因為第三審也是終審法院，其所為的裁定，當然也不能抗告。（刑訴§405）

㈢ 法院就第416條之聲請所為之裁定

又稱之為準抗告，因為是對於法官或檢察官所為之處分不服，並不是針對裁定不服，所以是準用抗告程序，但是不得提起再抗告。得聲請準抗告的處分有兩種：

1. 關於羈押、具保、責付、限制住居、限制出境、限制出海、搜索、扣押或扣押物發還、變價、擔保金、因鑑定將被告送入醫院或其他處所之處分、身體檢查、通訊監察及第105條第3項、第4項所為之禁止或扣押之處分。

2. 對於證人、鑑定人或通譯科罰鍰之處分。

3. 對於限制辯護人與被告接見或互通書信之處分。

4. 對於第34條第3項指定之處分。（指定辯護人與偵查中受拘提或逮捕之被告或犯罪嫌疑人即時得為接見之時間或場所）

㈣ 附帶民事訴訟，移送民事庭審判的裁定。（刑訴§511Ⅱ）

二 可以再抗告嗎？

對於抗告法院的裁定，原則上不得再行抗告，但對於下列抗告所為的裁定，被告或其他受裁定之人還可以提「再抗告」：(刑訴§415 I)

(一)對於駁回上訴之裁定抗告者。

(二)對於因上訴逾期聲請回復原狀之裁定抗告者。

(三)對於聲請再審之裁定抗告者。

(四)對於第477條定刑之裁定抗告者。

(五)對於第486條聲明疑義或異議之裁定抗告者。

(六)證人、鑑定人、通譯及其他非當事人對於所受之裁定抗告者。

相關考題

下列有關「抗告」之敘述，何者正確？ (A)係當事人不服法院裁定之救濟方式 (B)抗告期間，除有特別規定外，為7日，自送達裁定後起算 (C)應以抗告書，敘述抗告之理由，提出於抗告法院為之 (D)提起抗告即發生停止執行裁判之效力	(A)
【98五等司特－民事訴訟法大意與刑事訴訟法大意】	

解析：

(A)刑事訴訟法第403條第1項規定：「當事人對於法院之裁定有不服者，除有特別規定外，得抗告於直接上級法院。」

(B)刑事訴訟法第406條規定：「抗告期間，除有特別規定外，為10日，自送達裁定後起算。但裁定經宣示者，宣示後送達前之抗告，亦有效力。」

(C)同(A)，直接上級法院。

(D)刑事訴訟法第409條規定：「I抗告無停止執行裁判之效力。但原審法院於抗告法院之裁定前，得以裁定停止執行。II抗告法院得以裁定停止裁判之執行。」

當事人對於法院之裁定不服者，得如何救濟？
(A)提出抗告　(B)提起上訴　(C)提起再審　(D)提起訴願　(A)
【97五等司特-民事訴訟法大意與刑事訴訟法大意】

解析：刑事訴訟法第1項規定：「當事人對於法院之裁定有不服
者，除有特別規定外，得抗告於直接上級法院。」

有關抗告之敘述，下列何者錯誤？　(A)抗告係對法院裁定不服之救
濟程序　(B)抗告法院認為抗告無理由者，應以裁定駁回之　(C)抗告
原則上有停止執行裁判之效力　(D)不得上訴於第三審法院之案件，
其第二審法院所為裁定，不得抗告　(C)
【100五等司特-民事訴訟法與刑事訴訟法大意】

以下的裁定，何者得提起抗告？　(A)駁回法官迴避聲請之裁定
(B)駁回交付審判聲請之裁定　(C)在不得上訴第三審法院案件，第二
審法院之裁定　(D)起訴後，第一次審判期日前，駁回檢察官證據保
全聲請之裁定　【102司特五等-民事訴訟法大意與刑事訴訟法大意】　(A)

解析：
(A)刑事訴訟法第23條規定：「聲請法官迴避經裁定駁回者，得提起抗告。」
(B)刑事訴訟法第258-3條第5項規定已修正為：「被告對於第2項准許提起
　自訴之裁定，得提起抗告；駁回之裁定，不得抗告。」
(C)刑事訴訟法第405條規定：「不得上訴於第三審法院之案件，其第二審
　法院所為裁定，不得抗告。」
(D)刑事訴訟法第219-4條規定。

關於抗告之敘述，下列何者錯誤？　(A)當事人對於法院之裁定有不
服者，除有特別規定外，得抗告於直接上級法院　(B)提起抗告，
應以抗告書狀為之　(C)抗告是對判決聲明不服的方法　(D)抗告書
狀，應提出於原審法院為之　(C)
【111司特五等-民事訴訟法大意與刑事訴訟法大意】

第九篇

再審與非常上訴

1

再審與非常上訴

■ 確定判決後的救濟

　　法院審判，是人在做神的工作，但人畢竟不是神，難免還是會有誤判，所以刑事訴訟創造了上訴制度，讓被告可以藉此獲得平反。然後，即使是最終的確定判決，也難保就一定正確。因此，刑事訴訟法另外設計再審與非常上訴兩個特別的救濟程序，使被告或檢察官等人在判決確定後，仍然有機會重掀舊案來發現真相與正義。

　　譬如眾所矚目的蘇建和案，歷經3次再審、4次非常上訴後，終於獲致一次無罪判決，最後，2012年8月31日，高等法院仍判決被告蘇建和等三人無罪。依刑事妥速審判法第8條規定，不能再上訴，本案定讞。

■ 再審──更正事實上的錯誤

　　再審，對於已經確定之判決，以認定事實不當為理由，請求原審法院重為審判，而撤銷或變更原判決的救濟程序。

■ 非常上訴──修正法律適用上的錯誤

　　非常上訴，是對於確定的判決，以審判違背法令為理由，由最高檢察署之檢察總長請求最高法院糾正原判決之救濟程序。

實務案例 到底有沒有捐款?

姜男因酒駕肇事,為免牢獄之災,逐與檢察官協商,同意捐款以換取緩起訴的處分。姜男依約捐款後,未向檢察官回報,檢察官多次傳喚姜某,姜某均未出庭,也查不出有捐款紀錄,所以撤銷緩起訴,向臺東地方法院聲請簡易判決,遭判處拘役55天。

檢方事後發現姜男實際上有捐款,主動提起非常上訴,最高法院以姜男已履約,依法不得撤銷緩起訴處分,而裁定公訴不受理,也撤銷臺東地院的判決。(參見刑訴§253-3)

看電影讀法律:刺激1995

電影「刺激1995」,原名是「The Shawshank Redemption」。

片中主角銀行家安迪,被指控殺妻而遭判無期徒刑確定,關進鯊堡監獄。在監獄服刑期間,憑著本身的金融知識,在獄中幫獄官報稅,甚至於幫典獄長洗錢。並且建立一座新英格蘭地區藏書最為豐富的監獄圖書館,幫獄友通過考試。

經過多年獄中生活,偶然的機會下,聽到某名獄友自稱知道真正的殺人兇手是誰,逐向典獄長求助,希望這項新事證能為他洗刷冤屈。男主角安迪就是希望透過「再審」之程序,重啟審判,還其清白。然而,典獄長為了讓安迪繼續為其洗錢,逐設計將該獄友殺害,安迪只好逃獄離開這一切。

2 再審

時　　機：有罪判決確定後
理　　由：確定判決所依據的事證出現問題
聲請時期：刑訴 § 423、424

一 為發現最後真實的非常制度 —— 再審

案件經法院判決確定後，如果發現有足以動搖該判決的事實證據，被告可以為了維護自己的正當權益，向原審法院聲請再審。

二 誰可以聲請再審？

除了受判決人本人外，該管法院的檢察官，以及受判決人的法定代理人或配偶，都可以為被告的利益聲請再審。如果受判決人已經死亡，其配偶、直系血親、三親等內的旁系血親、二親等內的姻親或家長、家屬，也可以為死去的受判決人聲請再審。(刑訴 § 427)

三 聲請再審的時機

(一) 刑事訴訟法第 420 條所列之情形

沒有限制，甚至在刑罰已經執行完畢後，或已不受執行時(譬如在假釋或緩刑期間)，都可以聲請再審。

(二) 刑事訴訟法第 421 條所列之情形

應該在送達判決後 20 天內聲請再審。(刑訴 § 424)

四 聲請再審的事由（為受判決人之利益）

被告受有罪判決確定後，如發現下列情形，就可以聲請再審：
（刑訴§420 I）

㈠原判決所憑之證物已證明其為偽造或變造者。

㈡原判決所憑之證言、鑑定或通譯已證明其為虛偽者。

㈢受有罪判決之人，已證明其係被誣告者。

㈣原判決所憑之通常法院或特別法院之裁判，已經確定裁判變更者。

㈤參與原判決或前審判決或判決前所行調查之法官，或參與偵查或起訴之檢察官，或參與調查犯罪之檢察事務官、司法警察官或司法警察，因該案件犯職務上之罪已經證明者，或因該案件違法失職已受懲戒處分，足以影響原判決者。

㈥因發現新事實新證據，單獨或與先前之證據綜合判斷，足認受有罪判決之人應受無罪、免訴、免刑或輕於原判決所認罪名之判決者。

但要注意，以上第1款至第3款及第5款情形的證明，以經判決確定，或其刑事訴訟不能開始或續行非因證據不足者為限，才能聲請再審。（刑訴§420 II）刑事訴訟法第420條第3項規定：「第1項第6款之新事實或新證據，指判決確定前已存在或成立而未及調查斟酌，及判決確定後始存在或成立之事實、證據。」

此外，不得上訴於第三審法院之案件，除以上規定的事由外，其經第二審判決確定有罪後，如就足生影響於判決的重要證據漏未審酌者，也可以為被告的利益，聲請再審。（刑訴§421）

五 為受判決人之不利益聲請再審

　　有罪、無罪、免訴或不受理之判決確定後,有左列情形之一者,為受判決人之不利益,得聲請再審:(刑訴§422)

㈠有第420條第1款、第2款、第4款或第5款之情形者。

㈡受無罪或輕於相當之刑之判決,而於訴訟上或訴訟外自白,或發見確實之新證據,足認其有應受有罪或重刑判決之犯罪事實者。

㈢受免訴或不受理之判決,而於訴訟上或訴訟外自述,或發見確實之新證據,足認其並無免訴或不受理之原因者。

實務案例 被害人死亡之再審

　　屏東縣38歲鄭姓男子在2010年借劉姓友人80塊錢買酒,鄭某花光後,又向劉某要錢未果,兩人發生口角,鄭某遂拿出隨身攜帶的鐵鎚揮擊劉某頭部兩次,造成重傷,檢方依殺人未遂罪起訴。

　　一審判決時,劉某尚未死亡,法官判處有期徒刑8年。判決後,檢察官後來發現劉不治死亡,聲請再審,2014年1月,屏東地方法院依殺人罪,改判處鄭男有期徒刑13年。(受無罪或輕於相當之刑之判決,發見確實之新證據,足認其有應受有罪或重刑判決之犯罪事實者。)

六 聲請再審的管轄法院

㈠原則：由判決的<u>原審法院</u>管轄(刑訴§426Ⅰ)

㈡對判決的一部分曾經上訴，一部分未上訴，但對於各部分都聲請再審：如果第二審法院就上訴審確定的部分已經為開始再審的裁定，被告對於在第一審確定的部分聲請再審，亦應由第二審法院管轄。(刑訴§426Ⅱ)

㈢對第三審確定判決聲請再審：除以第三審法院的法官有刑事訴訟法第420條第1項第5款「因該案件犯職務上之罪已經證明者，或因該案件違法失職已受懲戒處分，足以影響原判決」的事由外，應由第二審法院管轄。(刑訴§426Ⅲ)

七 聲請再審的程序

聲請再審，應以<u>再審書狀</u>敘述理由，附具原判決之繕本及證據，提出於管轄法院為之。但經釋明無法提出原判決之繕本，而有正當理由者，亦得同時請求法院調取之。(刑訴§429)如果是發現確實之新證據，其範本如下頁所示：

刑事聲請再審狀

案號：　　　　　　　　　股別：

聲請人：吳大毛　　　　　住址：臺北市凱達格蘭大道1號
　　　　　　　　　　　　行動電話：0911-111111

送達代收人：　　　　　　電話：

因發現確實之新證據，聲請再審事

一、按有罪之判決確定後，發現確實之新證據，足認受有罪判決
　　之人應受無罪、免訴、免刑或輕於原判決所認罪名之判決
　　者，為受判決人之利益，依刑事訴訟法第420條第1項第6款
　　之規定，得聲請再審。

二、聲請人因○○○○案件，經臺灣○○○○法院○○年度○○
　　字第○○○號判決判處確定。該確定判決認定聲請人犯罪，
　　是根據○○○○(寫明判決所憑之證據)。但是○○○○等情
　　(說明所發現之新事實)，有○○○○○(寫明所發現之新證
　　據)可資證明，足認聲請人應受無罪之判決。

三、聲請人因未發現前開證據，致未主張該有利於己之情事，始
　　被判處罪刑確定。為此，依法聲請再審，請貴院明察，裁定
　　准予開始再審。

此　　致
○○○○法院　公鑒
證物名稱及件數：

　　　　　　　　　　　　　具狀人：吳大毛　[印]
　　　　　　　　　　　　　撰狀人：○○○　[印]

中　華　民　國　○　○　年　○　○　月　○　○　日

如果是因為重要證據漏未審酌,則參考範例如下:

刑事聲請再審狀

案號:　　　　　　　　　股別:

聲請人:吳大毛　　　　　住址:臺北市凱達格蘭大道1號

　　　　　　　　　　　　行動電話:0911-111111

送達代收人:　　　　　　電話:

因重要證據漏未審酌,聲請再審事

一、按不得上訴於第三審法院之案件,經第二審確定之有罪判決,如就足生影響於判決之重要證據漏未審酌者,依刑事訴訟法第421條之規定,得為受判決人之利益聲請再審。

二、聲請人因○○○○案件,經臺灣○○○○法院○○年度○○字第○○○號判決判處確定。該確定判決認定聲請人犯罪,是根據○○○○(寫明判決所憑之證據)。但是○○○○等情(寫明原判決所漏未審酌之證據及其所能證明之事實),足生影響於原判決

三、原判決對前揭重要證據漏未審酌,聲請人為此依法聲請再審,請貴院明察,裁定准予開始再審。

此　　致

○○○○法院　公鑒

證物名稱及件數:

　　　　　　　　　　　具狀人:吳大毛　印

　　　　　　　　　　　撰狀人:○○○　印

中　華　民　國　○○　年　○○　月　○○　日

八 得委任律師

聲請再審，得委任律師為代理人。（刑訴§429-1 Ⅰ）關於聲請再審之案件，聲請人得否委任律師為代理人，以及聲請人委任之律師在聲請再審程序中之稱謂，原本並未明文規定，致實務上當事人欄之記載不一。為應實務上之需要，並期以律師之專業學識協助聲請人聲請再審，爰於109年度增訂之，以求明確。

前項委任，<u>應提出委任狀於法院</u>，並準用第28條及第32條之規定。（刑訴§429-1 Ⅱ）

第33條之規定，於聲請再審之情形，準用之。（刑訴§429-1 Ⅲ）

聲請再審之案件，除顯無必要者外，應通知聲請人及其代理人到場，並聽取檢察官及受判決人之意見。但無正當理由不到場，或陳明不願到場者，不在此限。（刑訴§429-2）再審制度之目的係發現真實，避免冤抑，對於確定判決以有再審事由而重新開始審理，攸關當事人及被害人權益甚鉅。為釐清聲請是否合法及有無理由，除聲請顯屬程序上不合法或顯無理由而應逕予駁回，例如非聲請權人聲請再審，或聲請顯有理由，而應逕予裁定開啓再審者外，原則上應賦予聲請人及其代理人到庭陳述意見之機會，並聽取檢察官及受判決人之意見，俾供法院裁斷之參考；惟經通知後無正當理由不到場，或已陳明不願到場者，法院自得不予通知到場

聲請再審得同時釋明其事由聲請調查證據，法院認有必要者，應為調查。（刑訴§429-3 Ⅰ）原法並無再審聲請人得聲請調查證據之規定；惟對於事實錯誤之救濟，無論以何種事由聲請再審，皆需要證據證明確有聲請人主張之再審事由，諸如該證據為國家機關所持有、通信紀錄為電信業者所保管、監視錄影紀錄為私人或鄰里辦公室所持有

等情形，若無法院協助，一般私人甚難取得相關證據以聲請再審，故本項規定賦予聲請人得釋明再審事由所憑之證據及其所在，同時請求法院調查之權利，法院認有必要者，應為調查，以填補聲請人於證據取得能力上之不足，例如以判決確定前未存在之鑑定方法或技術，就原有之證據為鑑定，發現其鑑定結果有足以影響原判決之情事，倘該鑑定結果為法院以外其他機關所保管，聲請人未能取得者，自得聲請法院調取該鑑定結果。

　　法院為查明再審之聲請有無理由，得依職權調查證據。（刑訴§429-3Ⅱ）按刑事訴訟乃為確定國家具體刑罰權之程序，以發現真實，使刑罰權得以正確行使為宗旨。是關於受判決人利益有重大關係之事項，法院為查明再審之聲請有無理由，俾平反冤抑，自得依職權調查證據，以發揮定讞後刑事判決之實質救濟功能。

九 聲請再審後，我是不是可以先不用被關？

　　錯！聲請再審並沒有停止刑罰執行的效力。

　　雖然管轄法院的檢察官在法院就再審聲請做出裁定前，可以命停止執行，但這裁量權在檢察官，絕對不是被告說停就停的！（刑訴§430）

聲請再審並沒有停止刑罰執行的效力哦！

✚ 法院對再審聲請的處置

聲請再審程序違背規定	裁定駁回，但其不合法律上之程式可以補正者，應定期間先命補正。(刑訴§433)
無再審理由	裁定駁回(刑訴§434 I)
有再審理由	裁定開始再審，並得以裁定停止對被告執行刑罰(刑訴§435 I、II)

　　為被告的利益而開始再審的裁定確定後，法院就會依該審級的通常程序，重新開始審判，如果仍然認為應該諭知有罪的判決，其所判的刑度也不會比原判決所諭知的刑重。(刑訴§439)

　　如果是諭知無罪的判決，法院還會將該判決書刊登在公報或其他報紙上。(刑訴§440)

相關考題　　**再審**

下列有關「再審」之敘述，何者正確？　(A)聲請再審，由判決之上級審法院管轄　(B)開始再審之裁定確定後，法院應依其審級之通常程序，更為審判　(C)基於禁止不利益變更原則，再審判決得諭知重於原判決之刑　(D)於刑罰執行完畢後，或已不受執行時，即不得聲請再審　　【98司特五等 - 民事訴訟法大意與刑事訴訟法大意】	(B)

解析：

(A)刑事訴訟法第426條第1項規定：「聲請再審，由判決之原審法院管轄。」

(B)刑事訴訟法第436條規定：「開始再審之裁定確定後，法院應依其審級之通常程序，更為審判。」

(D)刑事訴訟法第423條規定：「聲請再審於刑罰執行完畢後，或已不受執行時，亦得為之。」

相關考題 再審

依刑事訴訟法第421條規定,因重要證據未審酌而聲請再審者,應於送達判決後多少日內為之? (A)20日 (B)30日 (C)10日 (D)15日 【98司特五等-民事訴訟法大意與刑事訴訟法大意】	(A)

解析:刑事訴訟法第424條規定:「依第421條規定,因重要證據漏未審酌而聲請再審者,應於送達判決後20日內為之。」

有罪之判決確定後,若以發現新證據為由,為受判決人之利益提起再審者,下列敘述何者錯誤? (A)所謂新證據,限於判決確定後始存在或成立之事實、證據,不包括判決確定前已存在或成立而未及審酌者 (B)必須因發現之新證據,單獨或與先前之證據綜合判斷,足認該有罪判決應受無罪或免訴、免刑或輕於原判決所認罪名之判決者 (C)聲請再審,原則上無停止刑罰執行之效力 (D)為受判決人利益聲請再審者,法院如仍認為應諭知有罪判決者,不得重於原判決所諭知之刑 【106司特五等-民事訴訟法大意與刑事訴訟法大意】	(A)
依刑事訴訟法規定與實務見解,針對下列何種裁判,得提起再審? (A)確定之簡易判決 (B)確定之應不受理而誤予以受理之判決 (C)確定裁定 (D)確定之程序上駁回上訴判決 【108司特五等-民事訴訟法大意與刑事訴訟法大意】	(A)
關於再審之敘述,下列何者錯誤? (A)聲請再審,原則上沒有期間的限制 (B)聲請再審,可以為受判決人之不利益而為之 (C)聲請再審,可以為受判決人之利益而為之 (D)判決確定後,即不可聲請再審,只能提起非常上訴 【111司特五等-民事訴訟法大意與刑事訴訟法大意】	(D)
有罪判決確定後,原判決所憑之證物已證明其為偽造或變造,為受判決人之利益,得提起何種程序? (A)再審 (B)再議 (C)交付審判 (D)非常上訴 【110司特五等-民事訴訟法大意與刑事訴訟法大意】	(A)

解析:(C)已無「交付審判」機制。

3 非常上訴

一 什麼是非常上訴？

判決確定後，被告如果發現該案件的審判有違背法令的地方，可以聲請最高法院檢察署檢察總長向最高法院提起非常上訴。因此，非常上訴不同於再審，屬於「法律審」，而且，還必須向檢察總長聲請核准後，透過檢察總長向最高法院提起，並非被告想提起就能提起的！

非常上訴的主要目的，在於統一解釋法令，達成法令適用一致性之目的。因此，只要法律見解發生錯誤，就應該提起非常上訴，至於對於被告有利或不利，則在所不問。

(一)非常上訴之提起權人

非常上訴的提起權人，專屬於最高法院檢察署之檢察總長。依據刑事訴訟法第441條規定：「判決確定後，發見該案件之審判係違背法令者，最高法院檢察署檢察總長得向最高法院提起非常上訴。」

(二)書面審理為原則

非常上訴之判決，不經言詞辯論為之。(刑訴§444)

亦即非常上訴以書面審理為原則，即便認為有必要，也不能進行言詞辯論，與第三審法院之審理，有必要時，得命辯論，(刑訴§389Ⅰ)兩者有所不同。

二 非常上訴的理由

非常上訴的理由，必須是發現該案件確定判決的審判「違背法

令」，被告向檢察總長聲請為其提起非常上訴時，就需要詳附理由說明。然而，此看似與上訴第三審的理由相同，但司法實務上，卻常把違背證據法則的情形，認為僅屬於再審的理由，並且將刑事訴訟法第379條所列當然違背法令的情形，認為只有下列情形屬於<u>判決違背法令</u>，可以直接以此為由提起非常上訴：

- 法院所認管轄之有無係不當者（刑訴§379④）。
- 法院受理訴訟或不受理訴訟係不當者（刑訴§379⑤）。
- 依本法應於審判期日調查之證據而未予調查者（刑訴§379⑩）。
- 除本法有特別規定外，已受請求之事項未予判決，或未受請求之事項予以判決者（刑訴§379⑫）。
- 判決所載理由矛盾者（刑訴§379⑭後段）。

　　至於刑事訴訟法第379條其他違背法令的情形，司法實務上則認為僅是「<u>訴訟程序</u>」違背法令而已，必須另外主張該違背法令<u>足以影響判決結果</u>，才能提起非常上訴。

相關考題	非常上訴提起權人

提起非常上訴，應由何人為之？　(A)檢察總長　(B)最高檢察署檢察官　(C)起訴檢察官　(D)執行檢察官 【99五等司特-民事訴訟法大意與刑事訴訟法大意】	(A)
解析：刑事訴訟法第441條規定：「判決確定後，發見該案件之審判係違背法令者，最高法院檢察署檢察總長得向最高法院提起非常上訴。」	
有關非常上訴，下列敘述，何者錯誤？　(A)非常上訴由最高法院檢察署檢察總長提起　(B)非常上訴由最高法院審理　(C)以案件之審判係違背法令者才可以提起非常上訴　(D)非常上訴之判決，應經言詞辯論　【100五等司特-民事訴訟法與刑事訴訟法大意】	(D)

目 聲請檢察總長提起非常上訴範本

聲請檢察總長提起非常上訴的範本：

聲請非常上訴狀

案號：　　　　　　　　股別：

聲請人：吳大毛　　　　住址：臺北市凱達格蘭大道1號

　　　　　　　　　　　行動電話：0911-111111

送達代收人：　　　　　電話：

> 寫下被告姓名及案件名稱

一、被告〇〇〇因〇〇〇〇案件，經臺灣〇〇〇〇法院
　　〇〇年度〇〇字第〇〇號判決判處確定。因該案確
　　定判決違背法令，謹具理由，依刑事訴訟法第441
　　條聲請提起非常上訴，以資救濟。

> 寫下判決確定的法院名稱及案號

二、理由如下：

　(一)〇〇〇〇〇。

　(二)〇〇〇〇〇〇。

> 寫下非常上訴之理由

附件：〇〇〇〇〇〇法院〇〇年度〇〇字第〇〇號確定
判決影本。

謹　　狀
最高法院檢察署

　　　　　　　　　具狀人：吳大毛　[印]

　　　　　　　　　撰狀人：〇〇〇　[印]

中　華　民　國　〇〇　年　〇〇　月　〇〇　日

四 法院審理非常上訴的流程

　　最高法院檢察總長核准被告非常上訴的聲請後，會以非常上訴書敘述理由，向<u>最高法院</u>提起非常上訴，而最高法院也僅會在檢察總長所提非常上訴理由範圍內進行調查，並依調查結果做出下列的判決：

上訴無理由	判決駁回（刑訴§446）	
上訴有理由	①	<u>原判決違背法令者，將違背之部分撤銷。</u>但原判決不利於被告者，應就該案件另行判決，其效力並及於被告。如係誤認為無審判權而不受理，或其他有維持被告審級利益之必要者，得將原判決撤銷，由原審法院依判決前之程序更為審判，但不得諭知較重於原確定判決之刑。（刑訴§447 I ①、447 II、448）
	②	訴訟程序違背法令者，撤銷其程序，但其效力不及於被告，不就該案件另行判決。（刑訴§447 I ②、448）

相關考題

依刑事訴訟法應用辯護人之案件或已指定辯護人之案件，審判期日未經辯護人到庭辯護而直接審判，並因而判決確定者，應如何救濟之？　(A)上訴　(B)再審　(C)非常上訴　(D)抗告　【98五等司特 - 民事訴訟法大意與刑事訴訟法大意】	(C)

解析：依據刑事訴訟法第379條第1項第7款規定，「依本法應用辯護人之案件或已經指定辯護人之案件，辯護人未經到庭辯護而逕行審判者」，屬於當然違背法令。另依據刑事訴訟法第441條規定：「判決確定後，發見該案件之審判係違背法令者，最高法院檢察署檢察總長得向最高法院提起非常上訴。」

實務見解 違背刑事訴訟法第 379 條第 1 項第 7 款之救濟

　　刑事訴訟法第441條之審判違背法令，包括判決違背法令及訴訟程序違背法令，後者係指判決本身以外之訴訟程序違背程序法之規定，與前者在理論上雖可分立，實際上時相牽連。第二審所踐行之訴訟程序違背同法第379條第1項第7款、第284條之規定，固屬判決前之訴訟程序違背法令。但非常上訴審就個案之具體情形審查，如認判決前之訴訟程序違背被告防禦權之保障規定，致有依法不應為判決而為判決之違誤，顯然於判決有影響者，該確定判決，即屬判決違背法令。案經上訴第三審，非常上訴審就上開情形審查，如認其違法情形，第三審法院本應為撤銷原判決之判決，猶予維持，致有違誤，顯然影響於判決者，應認第三審判決為判決違背法令。(91年台非字第152號判決)

【刑事訴訟法第379條第1項第7款】

　　有左列情形之一者，其判決當然違背法令：

……

七、依本法應用辯護人之案件或已經指定辯護人之案件，辯護人
　　未經到庭辯護而逕行審判者。

……

【刑事訴訟法第284條】

　　第31條第1項所定之案件無辯護人到庭者，不得審判。但宣示判決，不在此限。

相關考題 非常上訴

甲涉犯殺人罪嫌，檢察官提起公訴，法院依法審判諭知有罪並經三審定讞，依實務見解，下列敘述何者正確？ (A)甲認為確定判決違背法令，故甲自己得提起非常上訴 (B)提起非常上訴須確定判決違背法令，所謂違背法令係僅指實體法法條之適用違背法令 (C)非常上訴主要在糾正適用法律錯誤 (D)非常上訴之判決，須經言詞辯論為之 【110司特五等-民事訴訟法大意與刑事訴訟法大意】	(C)

第十篇

沒收特別程序

1 沒收特別程序

■範圍

本法所稱沒收，包括其替代手段。（刑訴§3-1）本法關於沒收之規定為國家剝奪人民財產之正當程序，沒收及其替代手段追徵等同應遵循。

■財產可能被沒收之第三人得聲請參與沒收程序

財產可能被沒收之第三人得於本案最後事實審言詞辯論終結前，向該管法院聲請參與沒收程序。（刑訴§455-12 I）為賦予因刑事訴訟程序進行結果，財產可能被沒收之第三人程序主體之地位，俾其有參與程序之權利與尋求救濟之機會，以保障其權益。

前項聲請，應以書狀記載下列事項為之：（刑訴§455-12 II）

一、本案案由及被告之姓名、性別、出生年月日、身分證明文件編號或其他足資辨別之特徵。

二、參與沒收程序之理由。

三、表明參與沒收程序之意旨。

第三人未為第1項聲請，法院認有必要時，應依職權裁定命該第三人參與沒收程序。但該第三人向法院或檢察官陳明對沒收其財產不提出異議者，不在此限。（刑訴§455-12 III）依卷證顯示本案沒收可能涉及第三人財產，而該第三人未聲請參與沒收程序時，基於刑事沒收屬法院應依職權調查事項之考量，法院自應依職權裁定命該第三人參與。但第三人已陳明對沒收不異議者，法院自無命該第三人參與沒收程序之必要。

前三項規定，於自訴程序、簡易程序及協商程序之案件準用之。（刑訴§455-12Ⅳ）

■沒收第三人財產之通知義務

檢察官有相當理由認應沒收第三人財產者，於提起公訴前應通知該第三人，予其陳述意見之機會。（刑訴§455-13Ⅰ）

檢察官提起公訴時認應沒收第三人財產者，應於起訴書記載該意旨，並即通知該第三人下列事項：（刑訴§455-13Ⅱ）

一、本案案由及其管轄法院。

二、被告之姓名、性別、出生年月日、身分證明文件編號或其他足資辨別之特徵。

三、應沒收財產之名稱、種類、數量及其他足以特定之事項。

四、構成沒收理由之事實要旨及其證據。

五、得向管轄法院聲請參與沒收程序之意旨。

檢察官於審理中認應沒收第三人財產者，得以言詞或書面向法院聲請。（刑訴§455-13Ⅲ）

■參與沒收程序聲請裁定前之通知義務

法院對於參與沒收程序之聲請，於裁定前應通知聲請人、本案當事人、代理人、辯護人或輔佐人，予其陳述意見之機會。（刑訴§455-14）

■沒收之聲請顯不相當者法院得免予沒收

案件調查證據所需時間、費用與沒收之聲請顯不相當者，經檢察官或自訴代理人同意後，法院得免予沒收。(刑訴§455-15Ⅰ)

檢察官或自訴代理人得於本案最後事實審言詞辯論終結前，撤回前項之同意。(刑訴§455-15Ⅱ)

■聲請參與沒收程序之駁回

法院認為聲請參與沒收程序不合法律上之程式或法律上不應准許或無理由者，應以裁定駁回之。但其不合法律上之程式可補正者，應定期間先命補正。(刑訴§455-16Ⅰ)

法院認為聲請參與沒收程序有理由者，應為准許之裁定。(刑訴§455-16Ⅱ)

前項裁定，不得抗告。(刑訴§455-16Ⅲ)

■法院所為第三人參與沒收程序之裁定應記載事項

法院所為第三人參與沒收程序之裁定，應記載訴訟進行程度、參與之理由及得不待其到庭陳述逕行諭知沒收之旨。(刑訴§455-17)

■經法院裁定參與沒收程序者，適用通常程序審判

行簡易程序、協商程序之案件，經法院裁定第三人參與沒收程序者，適用通常程序審判。(刑訴§455-18)

依刑事訴訟法規定，有關於第三人參與沒收程序部分，下列敘述何者錯誤？　(A)檢察官提起公訴時認應沒收第三人財產者，應於起訴書記載該意旨，並即通知該第三人　(B)行簡易程序、協商程序之案件，經法院裁定第三人參與沒收程序者，適用各該簡易或協商程序審判　(C)法院所為第三人參與沒收程序之裁定，應記載訴訟進行程度、參與之理由及得不待其到庭陳述逕行諭知沒收之旨　(D)財產可能被沒收之第三人得於本案最後事實審言詞辯論終結前，向該管法院聲請參與沒收程序

(B)

【108司特五等－民事訴訟法大意與刑事訴訟法大意】

■參與人就沒收其財產事項之準用規定

參與人就沒收其財產之事項，除本編有特別規定外，準用被告訴訟上權利之規定。(刑訴§455-19)

■審判期日及沒收財產事項文書之通知及送達

法院應將審判期日通知參與人並送達關於沒收其財產事項之文書。(刑訴§455-20)

■參與人及委任代理人到場之準用規定

參與人得委任代理人到場。但法院認為必要時，得命本人到場。(刑訴§455-21Ⅰ)

第28條至第30條、第32條、第33條第1項及第35條第2項之規定，於參與人之代理人準用之。(刑訴§455-21Ⅱ)

第1項情形，如有必要命參與人本人到場者，應傳喚之；其經合法傳喚，無正當理由不到場者，得拘提之。(刑訴§455-21Ⅲ)

第71條、第72條至第74條、第77條至第83條及第89條至第91條之規定，於前項參與人之傳喚及拘提準用之。(刑訴§455-21Ⅳ)

■審判長應於審判期日向到場之參與人告知事項

審判長應於審判期日向到場之參與人告知下列事項：(刑訴 §455-22)

一、構成沒收理由之事實要旨。

二、訴訟進行程度。

三、得委任代理人到場。

四、得請求調查有利之證據。

五、除本編另有規定外，就沒收其財產之事項，準用被告訴訟上權利之規定。

■參與沒收程序不適用交互詰問規則

參與沒收程序之證據調查，不適用第166條第2項至第6項、第166-1條至第166-6條之規定。(刑訴 §455-23)

刑事被告詰問證人之權利，屬憲法第8條第1項所指之正當法律程序，為憲法第16條所保障之人民訴訟權之一環(司法院釋字第582號解釋意旨參照)。刑事沒收程序參與人就沒收其財產之事項，與被告享有相同之訴訟上權利，自亦應有詰問證人之權利。惟參與沒收僅係附麗被告本案訴訟之程序，為避免其程序過於複雜，致影響被告本案訴訟程序之順暢進行，參與人依本法第166條第1項規定，詰問證人、鑑定人或被告，已足以保障參與人訴訟上權益，爰於本條明定參與人詰問權之行使，不適用交互詰問規則。

■言詞辯論之順序及程序

參與人就沒收其財產事項之辯論，應於第289條程序完畢後，依同一次序行之。(刑訴 §455-24 I)

參與人經合法傳喚或通知而不到庭者，得不待其陳述逕行判決；其未受許可而退庭或拒絕陳述者，亦同。(刑訴§455-24Ⅱ)

■撤銷參與沒收程序之裁定

法院裁定第三人參與沒收程序後，認有不應參與之情形者，應撤銷原裁定。(刑訴§455-25)

■判決及其應載事項

參與人財產經認定應沒收者，應對參與人諭知沒收該財產之判決；認不應沒收者，應諭知不予沒收之判決。(刑訴§455-26Ⅰ)

前項判決，應記載其裁判之主文、構成沒收之事實與理由。理由內應分別情形記載認定事實所憑之證據及其認定應否沒收之理由、對於參與人有利證據不採納之理由及應適用之法律。(刑訴§455-26Ⅱ)

第1項沒收應與本案同時判決。但有必要時，得分別為之。(刑訴§455-26Ⅲ)

■對判決提起上訴其效力應及於相關之沒收判決

對於本案之判決提起上訴者，其效力及於相關之沒收判決；對於沒收之判決提起上訴者，其效力不及於本案判決。(刑訴§455-27Ⅰ)被告違法行為存在，為沒收參與人財產前提要件之一。為避免沒收裁判確定後，其所依附之前提即關於被告違法行為之判決，於上訴後，經上訴審法院變更而動搖該沒收裁判之基礎，造成裁判上之矛盾，非但有損裁判公信力，且滋生沒收裁判之執行上困擾，故對本案關於違法行為或沒收之裁判上訴者，其效力應及於相關之沒收部分。反之，沒收係附隨於被告違法行為存在之法律效果，而非認定違法行為之前提，若當事人就本案認定結果已無不服，為避免因沒收參與程序部分

之程序延滯所生不利益，僅就參與人財產沒收事項之判決提起上訴者，其效力自不及於本案之判決部分。

沒收程序之參與人，為該程序之主體，沒收其財產之判決，亦以其為諭知對象，故參與人本人即為受判決人，依本法自有<u>單獨提起上訴之權利</u>。至其上訴之效力，是否及於本案中關於違法行為部分之判決，則應適用本法上訴編章之規定，非本條規範之範圍。

參與人提起第二審上訴時，不得就原審認定犯罪事實與沒收其財產相關部分再行爭執。但有下列情形之一者，不在此限：(刑訴§455-27 II)

一、非因過失，未於原審就犯罪事實與沒收其財產相關部分陳述意見或聲請調查證據。

二、參與人以外得爭執犯罪事實之其他上訴權人，提起第二審上訴爭執犯罪事實與沒收參與人財產相關部分。

三、原審有第420條第1項第1款、第2款、第4款或第5款之情形。

刑事本案當事人未提起上訴，即對原判決認定之犯罪事實已不爭執時，為避免法院僅因附隨本案之參與沒收程序參與人提起上訴即重新審查犯罪事實，所造成裁判矛盾或訴訟延滯之結果。

惟因<u>非可歸責於參與人之事由</u>，致其未能於原審就犯罪事實中與沒收其財產相關部分陳述意見、聲請調查證據，自不宜遽而剝奪其於上訴審程序爭執該事實之權利；又參與人以外之其他上訴權人若亦提起上訴，且依法得爭執並已爭執沒收前提之犯罪事實中與沒收其財產相關部分者，即無限制參與人爭執該事實之必要；另原審若有本法第420條第1項第1款、第2款、第4款或第5款各款情形，已明顯影響原審判決關於犯罪事實之認定時，基於公平正義之維護，亦不宜限制參與人爭執該事實之權利。

相關考題 沒收455-27

對於財產可能被沒收之第三人，刑事訴訟法上所提供之保障，下列何者錯誤？ (A)檢察官有相當理由認為應沒收第三人財產時，於提起公訴前應予通知，給予陳述意見之機會 (B)該第三人得於本案最後事實審言詞辯論終結前，向該管法院聲請參與沒收程序 (C)行簡易程序或協商程序之案件，若法院裁定第三人參與沒收程序者，則適用通常程序審判 (D)對於本案之判決提起上訴者，其效力不及於相關之沒收判決

(D)

【106司特五等-民事訴訟法大意與刑事訴訟法大意】

■參與沒收程序審判、上訴及抗告之準用規定

參與沒收程序之審判、上訴及抗告，除本編有特別規定外，準用第二編第一章第三節、第三編及第四編之規定。(刑訴§455-28)

■第三人得聲請撤銷沒收之確定判決

經法院判決沒收財產確定之第三人，非因過失，未參與沒收程序者，得於知悉沒收確定判決之日起30日內，向諭知該判決之法院聲請撤銷。但自判決確定後已逾5年者，不得為之。(刑訴§455-29 I)

前項聲請，應以書面記載下列事項：(刑訴§455-29 II)

一、本案案由。

二、聲請撤銷宣告沒收判決之理由及其證據。

三、遵守不變期間之證據。

■聲請撤銷沒收確定判決無停止執行之效力

聲請撤銷沒收確定判決，無停止執行之效力。但管轄法院之檢察官於撤銷沒收確定判決之裁定前，得命停止。(刑訴§455-30)

■聲請撤銷沒收確定判決之陳述意見

法院對於撤銷沒收確定判決之聲請，應通知聲請人、檢察官及自訴代理人，予其陳述意見之機會。(刑訴§455-31)

■聲請撤銷沒收確定判決之駁回

法院認為撤銷沒收確定判決之聲請不合法律上之程式或法律上不應准許或無理由者，應以裁定駁回之。但其不合法律上之程式可以補正者，應定期間先命補正。(刑訴§455-32Ⅰ)

法院認為聲請撤銷沒收確定判決有理由者，應以裁定將沒收確定判決中經聲請之部分撤銷。(刑訴§455-32Ⅱ)

對於前二項抗告法院之裁定，得提起再抗告。(刑訴§455-32Ⅲ)

聲請撤銷沒收確定判決之抗告及再抗告，除本編有特別規定外，準用第四編之規定。(刑訴§455-32Ⅳ)

■撤銷沒收確定判決之裁定確定後，更為審判

撤銷沒收確定判決之裁定確定後，法院應依判決前之程序，更為審判。(刑訴§455-33)

■單獨宣告沒收之裁定

單獨宣告沒收由檢察官聲請違法行為地、沒收財產所在地或其財產所有人之住所、居所或所在地之法院裁定之。(刑訴§455-34)

■聲請單獨宣告沒收之書狀應載事項

前條聲請，檢察官應以書狀記載下列事項，提出於管轄法院為之：(刑訴§455-35)

一、應沒收財產之財產所有人姓名、性別、出生年月日、住居

　　　　所、身分證明文件編號或其他足資辨別之特徵。但財產所有

　　　　人不明時，得不予記載。

二、應沒收財產之名稱、種類、數量及其他足以特定沒收物或財

　　　　產上利益之事項。

三、應沒收財產所由來之違法事實及證據並所涉法條。

四、構成單獨宣告沒收理由之事實及證據。

■聲請單獨宣告沒收之駁回

　　法院認為單獨宣告沒收之聲請不合法律上之程式或法律上不應准

許或無理由者，應以裁定駁回之。但其不合法律上之程式可以補正

者，應定期間先命補正。(刑訴§455-36Ⅰ)

　　法院認為聲請單獨宣告沒收有理由者，應為准許之裁定。(刑訴

§455-36Ⅱ)

　　對於前二項抗告法院之裁定，得提起再抗告。(刑訴§455-36Ⅲ)

■準用第三人參與沒收程序之規定

　　本編關於第三人參與沒收程序之規定，於單獨宣告沒收程序準用

之。(刑訴§455-37)

第十一篇

執行程序

1 執行程序

　　有罪判決確定後，法院會將案件移交給原管轄的地方法院檢察官執行。但是若卷宗多在上級法院，為了方便執行，則由上級法院之檢察官指揮執行。

　　裁判執行，除了依據刑事訴訟法外，常見者還包括下列規定，藉國家公權力，以實現確定裁判之內容：

- 監獄行刑法
- 行刑累進處遇條例
- 外役監條例
- 保安處分執行法
- 感訓處分執行辦法

　　裁判執行的內容可分為下列兩大類：

■ 刑罰之執行

　　包括死刑、徒刑、拘役、罰金等主刑，或褫奪公權、沒收等從刑。

(一) 死刑之執行

　　諭知死刑之判決確定後，檢察官應速將該案卷宗送交司法行政最高機關(刑訴§460)，也就是由法務部長簽署死刑執行的同意書。但是最近法務部長卻一直無限期延宕死刑的執行，表現出一種悲天憫人之胸懷，使得被害家屬永遠無法獲得安寧。

實務見解 美籍DJ巧克力遭驅逐出境案

美籍DJ巧克力(本名馬查理)曾在電台擔任DJ，並與臺灣女子結婚，但是他的妻子控訴其行為不檢，與其他女子亂來，還染上性病，將性病傳染給她。雖然巧克力表示來臺之前非常健康，但將法定傳染病傳染給他人的結果，已經違反了入出國及移民法，而遭警方強制驅逐出境。

【入出國及移民法】

外國人有下列情形之一者，入出國及移民署得禁止其入國……患有足以妨害公共衛生之傳染病或其他疾病。(第18條第1項第8款)

外國人有下列情形之一者，移民署得強制驅逐出國……入國後，發現有第18條第1項及第2項禁止入國情形之一。(第36條第2項第1款)

實務見解 王清峰與死刑犯

王清峰擔任法務部長時，公開發表「理性與寬恕」一文，首度以部長身分，明確表達主張應暫停執行死刑，認為死刑是最危險的刑罰，殺人無法償命，只會造成另一個家庭的傷害。但是，最後在社會輿論壓力之下，只好黯然下台，但也重啓死刑政策之公聽會。

死刑，應經司法行政最高機關令准，於令到3日內執行之。但執行檢察官發見案情確有合於再審或非常上訴之理由者，得於3日內電請司法行政最高機關，再加審核。(刑訴§461)

死刑，於監獄內執行之。(刑訴§462)

執行死刑，應由檢察官蒞視，並命書記官在場。(刑訴§463Ⅰ)

執行死刑，除經檢察官或監獄長官之許可者外，不得入行刑場內。(刑訴§463Ⅱ)

受死刑之諭知者，如在心神喪失中，由司法行政最高機關命令停止執行。(刑訴§465Ⅰ)

受死刑諭知之婦女懷胎者，於其生產前，由司法行政最高機關命令停止執行。(刑訴§465Ⅱ)

依前二項規定停止執行者，於其痊癒或生產後，非有司法行政最高機關命令，不得執行。(刑訴§465Ⅲ)

(二)徒刑或拘役之執行

處徒刑及拘役之人犯，除法律別有規定外，於監獄內分別拘禁之，令服勞役。但得因其情節，免服勞役。(刑訴§466)

受徒刑或拘役之諭知而有下列情形之一者，依檢察官之指揮，於其痊癒或該事故消滅前，停止執行：(刑訴§467)

1. 心神喪失者。

2. 懷胎5月以上者。

3. 生產未滿2月者。

4. 現罹疾病，恐因執行而不能保其生命者。

依本法第467條第1款(心神喪失)及第4款(現罹疾病，恐因執行而不能保其生命)情形停止執行者，檢察官得將受刑人送入醫院或其他適當之處所。(刑訴§468)

二 保安處分之執行

包括感化教育、監護、禁戒、強制工作、保護管束、強制治療、驅逐出境等保安處分之執行。

相關考題 死刑之執行

死刑應於何處執行之？ (A)看守所內 (B)監獄內 (C)看守所內或監獄內均可 (D)檢察總長指定之執行處所 【99五等司特-民事訴訟法大意與刑事訴訟法大意】	(B)

解析：刑事訴訟法第462條規定：「死刑，於監獄內執行之。」

相關考題 徒刑或拘役之執行

受刑人受徒刑或拘役之諭知，下列何種情形，依檢察官之指揮，於其痊癒或該事故消滅前，不屬於停止執行之情形(原因)？ (A)懷胎5月以上者 (B)出國工作者 (C)生產未滿2月者 (D)現罹疾病，恐因執行而不能保其生命者 【100五等司特-民事訴訟法與刑事訴訟法大意】	(B)

第十二篇

自訴

1

自訴

一 基本概念

　　李敖算是自訴的高手，幾乎任何訴訟都不假檢察官之手，自己蒐集證據，自己向法院提出告訴，無論是劉泰英、三一九槍擊案的承辦檢察官、立法院立委同仁，讓人聞之色變。

　　所謂自訴，是指自訴人未經檢察官之偵查程序，而逕行請求法院確定被告罪刑之訴。大多數的公訴程序，都可以適用於自訴程序。

實務見解 陳聰明狀告邱毅案

　　陳聰明曾於擔任檢察總長之際，針對李濤、邱毅二人評論有關魚翅宴之事件，自訴狀告二人誹謗罪。

　　為何陳聰明不向檢察官提出告訴？

　　蓋因其時任檢察總長，若透過檢察官進行偵查，若果真起訴，恐生操弄司法之嫌。故以其身分與處境，自然以提出自訴為宜。無論兩人間之誹謗官司孰是孰非，而後監察院通過對陳聰明之彈劾案，其因此下台，留下許多遺憾。

實務見解 洪仲丘律師自訴

　　2014年1月6日，疑似遭虐致死之洪仲丘案委任律師顧立雄，向桃園地院提出542旅人事官石永源提共同職權妨害自由自訴狀、軍醫官王邵中業務過失傷害自訴狀。

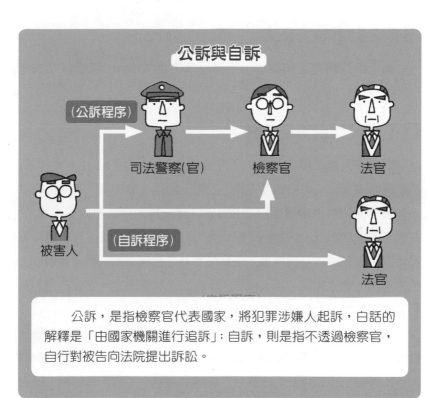

公訴與自訴

（公訴程序）

司法警察(官)　檢察官　法官

被害人

（自訴程序）

法官

　　公訴，是指檢察官代表國家，將犯罪涉嫌人起訴，白話的解釋是「由國家機關進行追訴」；自訴，則是指不透過檢察官，自行對被告向法院提出訴訟。

法律大補丸　【自訴的限制】

(1)對於直系尊親屬或配偶，不得提起自訴。但依第258-3第2項後段裁定而提起自訴者，不在此限。(刑訴§321)

(2)已不得告訴或請求之案件。(刑訴§322)

(3)同一案件經檢察官依第228條規定開始偵查。(刑訴§323 I 本文)但告訴乃論之罪經犯罪之直接被害人提起自訴，或依第258-3條第2項後段裁定而提起自訴者，不在此限。(刑訴§323 I 但)

二 提起自訴後之效力

　　同一案件經提起自訴者，不得再行告訴或為第243條之請求。（刑訴§324）

三 不得提起自訴之案件

　　對於直系尊親屬或配偶，不得提起自訴。（刑訴§321本文）與直系血親對簿公堂，恐怕有違人倫之要求，所以明文加以限制。在配偶之部分，大法官會議曾做出第569號解釋，其內容摘要如下：「對於配偶不得提起自訴，係為防止配偶間因自訴而對簿公堂，致影響夫妻和睦及家庭和諧，乃為維護人倫關係所為之合理限制，尚未逾越立法機關自由形成之範圍；且人民依刑事訴訟法相關規定，並非不得對其配偶提出告訴。」

　　告訴或請求乃論之罪，已不得為告訴或請求者，不得再行自訴。（刑訴§322）例如已經撤回告訴之人，不得再行告訴。（刑訴§238Ⅱ）同一案件經檢察官依第228條規定開始偵查者，不得再行自訴。但告訴乃論之罪，經犯罪之直接被害人提起自訴，或依第258-3條第2項後段裁定而提起自訴者，不在此限。（刑訴§323Ⅰ）

　　為避免利用自訴程序干擾檢察官之偵查犯罪，或利用告訴，再改提自訴，以恫嚇被告，同一案件既經檢察官依法開始偵查，告訴人或被害人之權益當可獲保障。過去曾發生檢察官許阿桂偵辦「華隆集團炒作股票案」時，因為舊法規定只要偵查還沒有終結之前，都可以提起自訴，所以告訴權人在許檢察官偵查終結之前，以「自訴」程序技術性迫使檢察官無法偵查，惟許檢察官認為自訴不合法而拒絕停止之，並因此而記過一次。

於開始偵查後，檢察官知有自訴在先或前項但書之情形者，應即停止偵查，將案件移送法院。但遇有急迫情形，檢察官仍應為必要之處分。(刑訴§323Ⅱ)

四 自訴之撤回

告訴或請求乃論之罪，自訴人於第一審辯論終結前，得撤回其自訴。(刑訴§325Ⅰ)撤回自訴之人，不得再行自訴或告訴或請求。(刑訴§325Ⅳ)

法院或受命法官，得於第一次審判期日前，訊問自訴人、被告及調查證據，於發見案件係民事或利用自訴程序恫嚇被告者，得曉諭自訴人撤回自訴。(刑訴§326Ⅰ)此即所謂「以刑逼民」，例如很多單純欠債不還的案件，當事人就提起詐欺自訴，逼迫當事人出面解決。

本法第326條第1項訊問及調查結果，如認為案件有第252條(不起訴處分)、第253條(微罪不起訴)、第254條(無益不起訴)之情形者，得以裁定駁回自訴，並準用第253-2條第1項第1款至第4款、第2項及第3項之規定。(刑訴§326Ⅲ)駁回自訴之裁定已確定者，非有第260條第1項各款情形之一，不得對於同一案件再行自訴。(刑訴§326Ⅵ)

五 不受理判決之範圍

不得提起自訴而提起者，應諭知不受理之判決。(刑訴§334)其具體內容包括下列情況：

㈠非犯罪之被害人提起自訴。(刑訴§319Ⅰ本文，但書有例外規定)

㈡對於直系尊親屬或配偶，不得提起自訴。但依第258-3條第2項後段裁定而提起自訴者，不在此限。(刑訴§321)

㈢告訴或請求乃論之罪，已不得為告訴或請求而再行自訴者。（刑
　訴§322）

㈣同一案件經檢察官依第228條規定開始偵查再行自訴者。（刑訴
　§323Ⅰ本文，但書有例外規定）

㈤撤回自訴之人再行自訴。（刑訴§325Ⅳ、326Ⅰ）

㈥駁回自訴之裁定已確定者，非有第260條第1項各款情形之一，
　不得對於同一案件再行自訴。（刑訴§326Ⅳ）

㈦自訴人未委任代理人，法院應定期間以裁定命其委任代理人；逾
　期仍不委任者，應諭知不受理之判決。（刑訴§329Ⅱ）

㈧自訴代理人無正當理由仍不到庭者，應諭知不受理之判決。
　（刑訴§331後段）

六 一定要請律師：強制律師代理制

　　實際上，除了李敖之外，還有許多幾乎可以稱之為「職業訴訟專
家」，造成各法院充斥著濫訴的現象。從某個角度觀察，自訴的條件
過於寬鬆，容易造成濫訴的結果；從另一個角度觀察，自訴權利的存
在，卻是人民憲法上訴訟權利保障的具體實踐。

　　或許是某些人士到處亂告，造成訴訟資源的浪費。因此，我國刑
事訴訟法對於自訴，要求一定要委任律師，由於律師費用一審通常
4～8萬元不等，透過增加自訴人的訴訟成本，也就是「外部成本內
部化」，或許能夠解決自訴氾濫的情況。

【刑事訴訟法第319條第2項】

前項自訴之提起，應委任律師行之。

七 被害人才可以提起自訴

Q：哪些人可以提起自訴呢？

A：只有犯罪的<u>被害人</u>才可以提起自訴。

　　但是有些案件，犯罪的被害人可能已經死亡、無行為能力人，或是限制行為能力人，仍可以由犯罪被害人的法定代理人、直系血親或配偶提起自訴。(刑訴§319)

　　所謂無行為能力人，是指未滿7歲的未成年人。心神喪失者也是屬於無行為能力人；限制行為能力人，是指7歲以上的未成年人。

　　法定代理人，例如父母是未成年子女的法定代理人，監護人為受監護人的法定代理人。

【刑事訴訟法第319條第1項】

　　犯罪之被害人得提起自訴。但無行為能力或限制行為能力或死亡者，得由其法定代理人、直系血親或配偶為之。

相關考題 　**自訴之撤回**

自訴人提起自訴後，欲撤回自訴，下列敘述何者正確？　(A)無論告訴乃論或非告訴乃論之罪均不得撤回　(B)無論告訴乃論或非告訴乃論之罪均得撤回　(C)告訴乃論之罪得撤回，但非告訴乃論之罪不得撤回　(D)可以隨時撤回自訴	(C)
【98五等司特 - 民事訴訟法大意與刑事訴訟法大意】	

解析：依據刑事訴訟法第325條第1項規定：「告訴或請求乃論之罪，自訴人於第一審辯論終結前，得撤回其自訴。」

自訴狀（範例）

自訴人：陳大毛　　　　　　　住居所：○○○
自訴代理人：莊阿發律師
被告：邱易　　　　　　　　　住居所：○○○
為被告涉犯加重誹謗罪，依法提起自訴事：

一、查被告於○年○月○日在TMB節目中，以自訴人喜好與政商名流享用魚翅宴為題，公然向民眾捏造子虛烏有之事實，嚴重影響自訴人之名譽，涉嫌觸犯刑法第310條之誹謗罪：「意圖散布於眾，而指摘或傳述足以毀損他人名譽之事者，為誹謗罪，處1年以下有期徒刑、拘役或1萬5千元以下罰金。」

二、按刑事訴訟法第319條第1項規定：「犯罪之被害人得提起自訴。」查自訴人為被告涉犯誹謗罪之直接被害人，爰依上開條文規定提出自訴，懇請鈞院鑒核，就被告涉犯法條依法判決，以維權益，並懲不法。

謹狀
臺灣臺北地方法院刑事庭　公鑒

相關證物：
○○年○月○日○○節目錄影光碟乙片。

自　訴　人：陳　大　毛 [印]
自訴代理人：莊阿發律師 [印]
中　華　民　國　○○　年　○○　月　○○　日

相關考題　不受理判決之範圍

不得提起自訴而提起者，法院應諭知何種判決？　(A)不受理判決　(B)管轄錯誤判決　(C)免訴判決　(D)無罪判決　【99五等司特-民事訴訟法大意與刑事訴訟法大意】	(A)

解析：依據刑事訴訟法第334條規定：「不得提起自訴而提起者，應諭知不受理之判決。」

相關考題　整合題型

關於自訴，下列敘述，何者正確？　(A)對於直系卑親屬，不得提起自訴　(B)撤回自訴之人，不得再行自訴，但得提出告訴　(C)告訴乃論之罪，雖逾告訴期間而不得告訴，但得再行自訴　(D)自訴之提起，應委任律師行之　【99五等司特-民事訴訟法大意與刑事訴訟法大意】	(D)

解析：

(A)基於尊重尊長者之基本倫理要求，刑事訴訟法第321條規定：「對於直系尊親屬或配偶，不得提起自訴。但依第258-3條第2項後段裁定而提起自訴者，不在此限」

(B)刑事訴訟法第325條第4項規定：「撤回自訴之人，不得再行自訴或告訴或請求。」

(C)刑事訴訟法第322條規定：「告訴或請求乃論之罪，已不得為告訴或請求者，不得再行自訴。」

以下關於自訴的敘述，何者錯誤？　(A)告訴或請求乃論之罪，自訴人於第一審判決前，得撤回其自訴　(B)同一案件經檢察官依第228條規定開始偵查者，不得再行自訴　(C)自訴之提起，應委任律師行之　(D)告訴或請求乃論之罪，已不得為告訴或請求者，不得再行自訴　【101五等司特-民事訴訟法大意與刑事訴訟法大意】	(A)
有關自訴之敘述，下列何者正確？　(A)未成年的被害人得自行提起自訴　(B)提起自訴無須委任律師為之　(C)自訴得以言詞為之　(D)自訴狀應記載犯罪事實及證據並所犯法條　【111司特五等-民事訴訟法大意與刑事訴訟法大意】	(D)

2 自訴不可分

　　自訴不可分，因自訴準用公訴之規範，故自訴人就犯罪事實一部起訴者，其效力及於全部（刑訴§343準用§267），其要件與公訴不可分相同，均須具備：起訴與未起訴部分均為有罪，且均具備訴追條件。

　　惟自訴不可分與公訴不可分仍有所區別，依據刑事訴訟法第319條第3項之規定：「犯罪事實之一部提起自訴者，他部雖不得自訴亦以得提起自訴論。但不得提起自訴部分係較重之罪，或其第一審屬於高等法院管轄（第4條所指內亂罪、外患罪及妨害國交罪），或第321條（對於直系尊親屬或配偶，不得提起自訴）之情形者，不在此限。」因此原則上單一性案件一部得自訴、一部不得自訴，全部皆得自訴。

　　例如單純保護國家、社會法益的犯罪，並無被害人，或是自訴章所規定不得自訴的情形（刑訴§322～323），惟在例外情形，不得自訴部分屬於刑事訴訟法第319條第3項但書所列情形時，「全部」不得自訴，如此亦可達到限制自訴的目的。

實務見解

　　舉個實務上的例子，刑法第213條之公務員知不實之事項而登載於職務上所載公文書，雖原得提起自訴，但與較重而不得自訴之公務員圖利罪具有方法結果之牽連關係時，即不得提起自訴。（83台上3654判決）

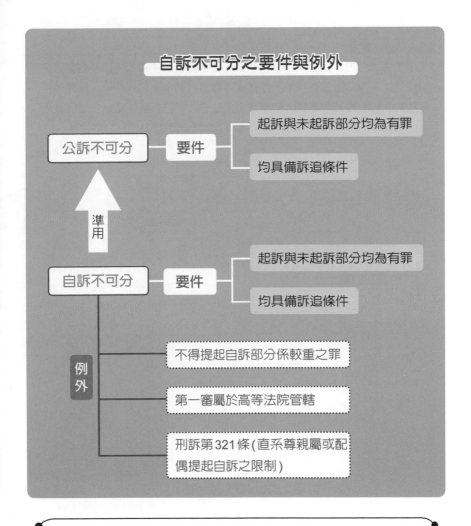

自訴不可分之要件與例外

公訴不可分 —— 要件 ——
- 起訴與末起訴部分均為有罪
- 均具備訴追條件

準用

自訴不可分 —— 要件 ——
- 起訴與末起訴部分均為有罪
- 均具備訴追條件

例外
- 不得提起自訴部分係較重之罪
- 第一審屬於高等法院管轄
- 刑訴第321條(直系尊親屬或配偶提起自訴之限制)

【刑事訴訟法第321條】

　　對於直系尊親屬或配偶，不得提起自訴。但依第258-3條第2項後段裁定而提起自訴者，不在此限。

某甲於臺北市內,以概括犯罪之意思,先後對其兒子某乙,以及向某乙分租房間的某丙竊盜既遂。某丙握有某甲竊盜行為全程之錄影帶,於是委任律師針對自己被竊之事實,向臺灣臺北地方法院自訴某甲竊盜。試問某丙所提本件之自訴,其效力如何?臺灣臺北地方法院應為如何之判決?

【92-律師】

思考重點

一、父親甲竊取兒子乙之財物,兒子乙可否提起自訴?

二、其是否有「自訴不可分」之效力?也就是乙若不得自訴,丙可否提起自訴?

第十三篇

刑事附帶民事訴訟

1 刑事附帶民事訴訟

一 什麼是刑事附帶民事訴訟

刑事附帶民事訴訟程序，乃是指因為犯罪而受有損害的人，在刑事訴訟程序中，附帶提起民事訴訟，請求回復原狀或損害賠償。由於犯罪者往往會產生民事及刑事的雙重責任，為了讓犯罪受害人不必雙重應訴，法院也可以避免重複審判，節省精力與費用，才有此一制度之產生。

二 原則免納裁判費

刑事附帶民事訴訟（刑訴§487～512），須於檢察官起訴或被害人提起自訴，也就是刑事案件已經繫屬於第一審法院後，才能提起。必須特別注意的一件事，提起刑事附帶民事訴訟並不需要繳納裁判費，對於刑事案件的受害人，可以減輕不小負擔。

如果法院認為案情複雜，而將民事部分移送民事庭審理，也不用繳納裁判費。但是，如果有追加擴張請求範圍，則就必須在追加擴張的範圍內繳交裁判費。

但免納裁判之優惠僅限民事第一審，該附帶民事訴訟敗訴之一方，無論是原告或被告，如欲上訴仍應徵納第二審裁判費用。

三 刑事為民事參考依據

刑事案件判決被告有罪時，通常都會裁定移送民事庭繼續審理，不會直接就刑事附帶民事訴訟判決賠償金額。如果刑事案件上訴第二

審，刑事附帶民事訴訟仍留在第一審法院民事庭，審理速度大都會放慢，以待刑事案件的判決結果，以作為民事判決的參考依據。

　　刑事無罪，並不代表民事上不必負擔責任。因為，刑事的成立較為困難，例如美國著名的足球明星辛普森殺妻案，刑事判決無罪，可是民事賠到破產。

四 怎麼撰寫刑事附帶民事訴狀

　　基本上，刑事附帶民事訴訟狀的寫法與一般民事訴訟的訴狀差不多，只是必須註明刑事案件已經起(上)訴。另外，還需要特別注意的情況，為了避免日後因為被告判決無罪、免訴或不受理之判決等情形，而將刑事附帶民事訴訟駁回，再重新起訴時，會面臨時效抗辯風險，可以在起訴狀中，或另外以聲請狀請求移送民事庭審理。

　　接著以車禍事件為例，提供刑事附帶民事的起訴狀範例如下：

刑事附帶民事訴訟起訴狀

案號：○○

股別：○○

訴訟標的金額或價額：○○

原告：○○○　　　　住居所：○○○○○○

被告：○○○　　　　住居所：○○○○○○

為被告涉嫌○○案件，謹提起刑事附帶民事訴訟事：

訴之聲明

一、被告應給付原告新臺幣(下同)○○元，及自起訴狀繕本送達翌日起至清償日止，按年利率百分之○計算之利息。

二、原告願供擔保，請准宣告假執行。

（續下頁）

(承上頁)

事實及理由

一、被告於民國(下同)○○年○○月○○日下午○時○分，駕駛車號○○○—○○○之自小客車，沿忠孝東路往東行駛，行經光復南路口時，應注意能注意而不注意，竟闖紅燈，追撞沿光復南路往北行駛機車之○○○，導致○○○左腿骨折及機車毀損之結果。而被告涉嫌過失致傷之案件，業經 鈞院○○年度○○字第○○號案審理中。

二、被告○○○上開過失行為，導致原告受有損害，依據民法第184、191-2條等規定請求侵權行為損害賠償。

三、原告請求之明細如下：

　(一)醫療費用……。(證一)

　(二)汽車修理費用：……。(證二)

　(三)慰撫金：……。

以上總計○○元。

四．爰此懇請 鈞院鑒核，賜准判如訴之聲明，以維權利，實感德便。

此致

○○地方法院 公鑒

證物名稱及件數

一、○○。

二、○○。

　　　　　　　　具狀人：○○○　　印

中　華　民　國　○　○　年　○　○　月　○　○　日

　　前文提到為避免時效抗辯風險，可以在起訴狀中，或另外以聲請狀請求如刑事訴訟諭知無罪、免訴或不受理判決時，請仍將附帶民事訴訟移送民事庭審理。以下提供聲請移送民事庭訴狀範例：

刑事附帶民事訴訟聲請狀

案號：○○

股別：○○

訴訟標的金額或價額：○○

原告：○○○　　　　　　住居所：○○○○○○

被告：○○○　　　　　　住居所：○○○○○○

為刑事附帶民事○○案件，謹聲請移送民事庭事：

因本案○○發生迄今已近2年，而本刑事案審理迄今尚未能於短時間內結束，為免日後重新起訴恐罹於時效，懇請　鈞院鑒核，賜准於本案若諭知被告無罪、免訴、不受理或裁定駁回時，能將本○○事件，移送　鈞院民事庭審理。

此致

○○地方法院刑事庭　公鑒

證物名稱及件數

　　　　　　　　　　　　具狀人：○○○　印

中　華　民　國　○○　年　○○　月　○○　日

在檢察官提起公訴的案件中，被害人要在起訴之後，才得以提起附帶民事訴訟（刑訴§488）。但現在許多案件都是聲請簡易判決處刑，往往從起訴到判決，一晃眼就判決結束了。

有些當事人為了省裁判費，變成必須要再上訴，再提出附帶民事訴訟。如此一來，少了一個審級的利益。因此，若要提出刑事附帶民事的當事人，要特別注意提起的時間點。

相關考題

提起附帶民事訴訟應於何時為之？　(A)向檢察官告訴時　(B)刑事訴訟起訴後第二審辯論終結前　(C)第一審辯論終結後提起上訴前　(D)第二審辯論終結後 【98五等司特-民事訴訟法大意與刑事訴訟法大意】	(B)

解析：(A)刑事訴訟法第488條規定：「提起附帶民事訴訟，應於刑事訴訟起訴後第二審辯論終結前為之。但在第一審辯論終結後提起上訴前，不得提起。」

國家圖書館出版品預行編目資料

圖解刑事訴訟法：國家考試的第一本書
錢世傑 著 — 第六版．
臺北市：十力文化，2023 年 10 月
頁數：464 頁；14.8×21 公分
ISBN　978-626-97556-1-5（平裝）
1. 刑事訴訟法
586.2　　　　　　　　　112015737

國考館　**S2304**

圖解刑事訴訟法／國家考試的第一本書（第六版）

作　　　者　錢世傑

責任編輯　吳玉雯
封面設計　陳琦男
書籍插圖　劉鑫鋒
美術編輯　林子雁

出 版 者　十力文化出版有限公司

發 行 人　劉叔宙
公司地址　11675 台北市文山區萬隆街 45-2 號
聯絡地址　11699 台北郵政 93-357 信箱
劃撥帳號　50073947
電　　話　(02) 2935-2758
電子郵件　omnibooks.co@gmail.com

ISBN　978-626-97556-1-5

出版日期　第六版第一刷　2023 年 10 月
　　　　　第五版第一刷　2021 年 5 月
　　　　　第四版第一刷　2018 年 5 月
　　　　　第三版第一刷　2015 年 5 月
　　　　　第二版第一刷　2013 年 1 月
　　　　　第一版第一刷　2010 年 6 月

定 價　680元

十力文化出版有限公司　企劃部收

地址：11699 台北郵政 93-357 號信箱

傳真：（02）2935-2758

E-mail：omnibooks.co@gmail.com

　　無論你是誰,都感謝你購買本公司的書籍,如果你能再提供一點點資料和建議,我們不但可以做得更好,而且也不會忘記你的寶貴想法喲!

姓名／　　　　　　　　性別／□女 □男　　生日／　　　年　　　　月　　　　日
聯絡地址／　　　　　　　　　　　　　連絡電話／
電子郵件／

職業／□學生　　　　□教師　　　　□內勤職員　　□家庭主婦　　□家庭主夫
　　　□在家上班族　□企業主管　　□負責人　　　□服務業　　　□製造業
　　　□醫療護理　　□軍警　　　　□資訊業　　　□業務銷售　　□以上皆是
　　　□以上皆非　　□請你猜猜看
　　　□其他:

你為何知道這本書以及它是如何到你手上的?
　　　請先填書名:
　　　□逛書店看到　□廣播有介紹　　□聽到別人說　　□書店海報推薦
　　　□出版社推銷　□網路書店有打折　□專程去買的　　□朋友送的　　□撿到的

你為什麼買這本書?
　　　□超便宜　　　□贈品很不錯　　□我是有為青年　□我熱愛知識　□內容好感人
　　　□作者我認識　□我家就是圖書館　□以上皆是　　　□以上皆非
　　　其他好理由:

哪類書籍你買的機率最高?
　　　□哲學　　　　□心理學　　　　□語言學　　　　□分類學　　　　□行為學
　　　□宗教　　　　□法律　　　　　□人際關係　　　□自我成長　　　□靈修
　　　□型態學　　　□大眾文學　　　□小眾文學　　　□財務管理　　　□求職
　　　□計量分析　　□資訊　　　　　□流行雜誌　　　□運動　　　　　□原住民
　　　□散文　　　　□政府公報　　　□名人傳記　　　□奇聞逸事　　　□把哥把妹
　　　□醫療保健　　□標本製作　　　□小動物飼養　　□和賺錢有關　　□和花錢有關
　　　□自然生態　　□地理天文　　　□有圖有文　　　□真人真事
　　　請你自己寫: